정오표 잘못 인쇄된 부분을 다음과 같이 수정하시기 바랍니다

p 56

$$\text{정기 적금의 세전 이자} = \frac{\text{월불입액} \times \text{정기 적금 금리}}{12} \times \text{월적수}$$

$$\frac{10만원 \times 0.05}{12} \times 78(12개월 \text{ 만기 정기 적금의 월적수}) = \frac{5,000}{12} \times 78 = 32,500$$

p 115~117

표 3-7

1월 5일에 개설하여 월불입액이 10만 원인 12개월 만기 정기 적금

납입회차	1회	2회	3회	4회	5회	6회	7회	8회	9회	10회	11회	12회
납입일	1/5	2/5	3/5	4/5	5/5	6/5	7/5	8/5	9/5	10/5	11/5	12/5
납입액	60만 →						←					60만
선납일	0	+31	+59	+90	+120	+151						
누적선납일	0	+31	+90	+180	+300	**+451**						
지연일							−153	−122	−91	−61	−30	0
누적 지연일							−153	−275	−366	−427	−457	**−457**

...남극성의 제1시뮬레이션에 의해 누적선납일은 451일,...누적선납일보다 누적지연일이 6일 더 많다. 따라서 이를 총 납입 횟수인 12로 나눈 후($\frac{6}{12} = 0.5$) 소수점 이하를 올림처리하면,...

표 3-8

1월 5일에 개설하여 월불입액이 10만 원인 12개월 만기 정기 적금

납입회차	1회	2회	3회	4회	5회	6회	7회	8회	9회	10회	11회	12회
납입일	1/5	2/5	3/5	4/5	5/5	6/5	7/5	8/5	9/5	10/5	11/5	12/5
납입액	60만 →						10만 ←					50만
선납일	0	+31	+59	+90	+120	+151						
누적 선납일	0	+31	+90	+180	+300	**+451**						
지연일							−147	−122	−91	−61	−30	0
누적 지연일							−147	−269	−360	−421	−451	−451

11월 29일에 7회분 10만 원의 조커를 구해 납입하여 지연일 −147일 발생

지인으로부터 12월 5일보다 6일 앞선 11월 29일에...7월 5일에 납입해야 하는 7회차의 불입액을 11월 29일에 납입하면 147일의 지연일이 발생한다...457일의 총지연일은, 451일의 총선납일을 상계 처리하기에는 부족하므로 만기의 이연이 발생한다. 그렇기 때문에 이 이연을 방지하기 위해 1회분의 조커를 마련하여 허겁지겁 11월 29일에 10만 원을 납입한 것이다.

p 148

$$2x_2 + (x \times 10) = 2(37,705) + (18,462 \times 10)$$
$$= 75,410 + 184,620$$
$$= 260,030$$

거짓과 위선에 맞서다 불의의 사고로 유명을 달리한
남성인권운동가 성재기成在基(1967~2013)의 명복을 빌며

예·적금 풍차 돌리기의 모든 것

발행일_ 2016년 8월 8일 초판 1쇄 발행
저자_ 남극성
발행인_ 신우현
발행처_ 광창미디어
디자인_ 다인디자인

주소_ 157-872 서울시 강서구 화곡본동 102-85
전화_ 070-7619-0369
팩스_ 02-6935-1904
이메일_ umpire29@naver.com
등록번호_ 제315-2012-000057호
등록일자_ 2012년 5월 24일

ISBN 978-89-97948-01-7 93420
값 22,000원

파본은 구입하신 서점에서 교환해 드립니다.한국저작권위원회에 등록된 『구르는 돈에는 이끼가 낀다』(제 C-2016-006892호)와 『예·적금 풍차 돌리기의 모든 것』을 무단 복사, 복제 및 전재하는 행위는 저작권법에 저촉되어 민형사상의 처벌을 받습니다.
표절은 지적 절도행위이자 사기행위입니다. 이점을 혜량하시어 부디 폐가망신하지 마시기 바랍니다. 문서로 작성된 허락 없이 이 책의 고유한 공식과 수식을 무단 인용하는 행위를 엄금합니다.

예·적금 풍차 돌리기의 모든 것

Good-bye Windmill Theory,
Hello Nam Geuk-sung's Theory

남극성 Nam, Geuk-sung 지음

광창미디어

머리말

    2012년 9월 24일, 나는 생일을 기념하여, 금리소득 극대화를 위한 지침서 『구르는 돈에는 이끼가 낀다』[1]를 출판했다. 다소 복잡한 내용을 담고 있었는데도 불구하고, 다행스럽게도 입소문이 좋게 나서인지 망신은 면할 정도로 책이 팔리는 중이다. 몇몇 재테크 싸이트에서 졸저가 좋게 언급되기도 한 탓에, 무명작가의 결과치고는 그리 나쁘지 않았다. 그러나 책이 출판되어 시장의 반응이 나오기 전까지, 나의 시도에 대해서 상당히 무모하다는 평가가 중론衆論이었다. 왜냐하면 여태껏 아무도 주목하지 않았던 정기 적금의 특징을 분석하여 금리소득을 극대화하는 계산식들을 문자언어로 나열하였으니, 비교적 쉬운 내용의 재테크 서적에 익숙한 독자들에게는 상당한 파격과 동시에, 이해하기 어려운 괴물처럼 다가왔을 것이다. 책을 펴내고 금전적으로 실패하지는 않았지만, 큰 반향을 일으킬 정도로 출판계에 충격을 주지는 못했다.

    그러나 반응은 엉뚱한 곳에서 일어났다. 필자의 책이 아마존닷컴 www.amazon.com과 영국의 아마존 www.amazon.co.uk에서 복수複數의 판매자

---

[1] 이하 『구르는 돈~』, 혹은 전작(前作)으로 표기한다. 이 책의 부제는 '적금 풍차 돌리기의 이론과 실제'다.

들sellers에 의해 비싼 가격에 팔리는 것을 발견했다. 주변의 작가들에게 물어보니 도무지 영문을 아는 사람이 없었다. 왜냐하면 한국에서 출판된 책이 외국의 판매대행사에 팔리는 경우는 거의 없기 때문이다. 자세한 내막을 모르는 사람들은 내가 해외 대행사agency와 출판계약을 맺은 줄 착각했다. 아마존의 판매자들은 내 책을 한국어판Korean edition을 정가에 수입하고는 번역도 하지 않고 그대로 팔았다. 내가 정한 영어 제목과는 다른 엉뚱한 제목을 올려놓고 아마존에서 판매중이다. 그러니까 내 책의 한국어 제목을 알고 영어를 할 줄 아는 교포들을 상대로 파는 것은 분명 아니라는 얘기다. 내 책의 존재와 영어를 좀 아는 한국 사람이라면, 책 겉면에 적힌 영어 제목을 모를 리 없기 때문이다.

  나의 이론을 인정한 곳은 해외의 아마존이다. 왜 그들이 나의 이론과 공식에 관심이 있었는지 나중에야 알았다. 그들은 한국어를 전혀 몰라도, 내가 다소하게 지루하게 기술記述한 방정식과 공식을 이해하면 돈을 버는 걸 간파했다. 그들은 눈치가 정말 빠르다. 피 냄새를 맡고 쇄도하는 상어처럼 기가 막히게 돈의 향기를 감지했다. 나중에는 몇몇 해외교민들이 졸저의 내용을 문의하기 시작했다. 어쨌든 잘 팔리니 다행이었다.

  나는 아마존에 판매자로 등록하고 미국의 판매자들보다 조금 싼 가격으로 파는 계획에 대해 잠시 고민했다. 왜냐하면 국내 가격보다는 아마존의 가격이 2~3배 비싸기 때문이다. 그러나 아마존에 판매자로 활동하려면, 미국 국세청에 계좌등록을 해야 하는 번거로운 과정을 밟아야 한다고 해서 그냥 관망하기로 했다. 아마존의 그들은 내 책을 한국에서 정가로 수입하고는 몇 배의 가격으로 팔고 있다. 조선시대의 '봉이 김선달'을 오늘날 구경하고 싶다면, 그들이 외국에서 내 책을 파는 장면을 보면 된다.

책이 잘 팔리니 파리 떼가 들끓었다. 나에게 접근해서는 졸저의 특정부분을 문의한 인간이 있었다. 그리고는 필자가 운영하는 전예협(전국예금자협의회)에서 나와 같은 방식으로 돈을 굴리고, 정모에 참여한 회원을 나에게 소개받았다. 그리고는 얼마 안 있어 자기 책을 펴내고는, 나의 지식을 내가 소개한 전예협 회원에게 전수받은 것처럼 위장했다. 이 모든 과정은 한 달 안에 감쪽같이 일어났다. 교묘한 표절이었다. 대담하게도 한국저작권위원회에 등록된 나의 책에서 언급한 내용을 베끼고는, 엉뚱하게도 출처를 표기하면서 필자가 소개한 지인을 동원했다. 이 표절꾼의 만행은 여기서 끝나지 않았다. 나에게 집중적으로 전수받은 내용을 마치 자신의 지식인 양 방송에 출연해 떠들기 시작했다. 해당 프로그램은 내가 제작 PD에게 표절문제를 지적하고 난 후 곧 없어졌다.

표절은 꼬리가 잡힌다. 지적인 재산의 절도가 일상화하지만, 이를 감시하는 전문가의 눈에는 당연히 포착된다. 짧은 시간동안 정신없이 베끼며 지적재산권을 훔치는 어리석은 도둑은 숱한 흔적을 남긴다. 나는 이를 잘 알고 있다. 모든 자료를 채증 완료했다. 재미있는 사실은, 그들은 책으로 출판하여 증거를 스스로 남긴다는 것이다. 표절꾼과 계약한 해당출판사에 내용증명을 보냈지만 해당출판사는 침묵을 지키고 있다. 그들은 입만 뻥끗해도 자살골을 넣게 된다는 것을 너무 잘 알고 있다. 출판계는 완전히 썩었다. 그들은 한통속이다. 악마의 변호사

an advocate of devil가 누구인지 정체는 드러났다. 나는 만일에 대비해서 날짜별로 기록한 모든 증거를 지인들에게 보관케 했다. 범죄에 연루된 자들은 마피아처럼 쉬쉬하고 있으며, 숨죽이고 눈치를 보는 쥐새끼처럼 행동한다. 세상의 분위기가 이러니, 적당한 시간이 지나면, 학력 위조하다 걸린 사람이 다시 기어 나오고, 남의 책을 베낀 사람이 당당히 큰소리를 치는 일은 대한민국에서 너무나 당연한 풍경이 되었다.

상황이 이렇게 아수라장이 되니, 제1금융권에서 상품을 소개하며 '풍차 돌리기'를 운운하며 형편없이 낮은 금리로 고객들을 유인하기 시작했다. 내가 주장한 '풍차 돌리기'의 본뜻은 완벽히 사라졌다. 전라도 사투리로 말하면, 완전히 '베려버렸다'. 출처를 철저히 숨기고, 저자인 남극성의 존재를 슬쩍 은폐하며 주인 행세하는 표절꾼들과 용어의 뜻을 제멋대로 바꾸는 업계 종사자들이 그 의미를 왜곡했다. 원래 이 책의 제목을 『풍차 돌리기와 사기꾼들의 정체』라고 지으려고 했다. 내가 직접 그들을 만나 본 적도 있다. 분명한 사실은, 그들이 학문적 에세이를 써본 적이 없거나 완성할 능력이 전혀 없다는 점이다. 그들의 강의 수준은 엉망이다. 그리고 자존심이 없기 때문에 천연덕스럽게 남의 지식과 용어를 베끼고는 부끄러운 줄 모르며, 그들의 죄상을 물으면 끝까지 잡아뗀다. 전 국민이 지켜보는 곳에서 3분만 직접 만나서 토론하면, 그들의 죄상을 일목요연하게 드러내고 출판계에서 영원히 추방할 수 있다. 다시 말하지만 필요한 시간은 오직 3분이다. 그들은 걸리지 않게 남의 글을 교묘히 베끼며 고상한 척을 한다. 그러나 유감스럽게도 범죄의 증거들을 남겼으니 어떡하랴? 저자인 나를 만나서 책의 내용을 전수받고는, 교묘하게 제3자를 허수아비로 내세워서 출처reference의 바꿔치기를 감행했다. 표지갈이를 하다가 걸린 몇몇 교수들보다 더 추악하다. 마치 한탕을 끝낸 소매치기처럼 필요 없는 지갑은 버리고 돈만 쏙 뽑아간다. 그리고는 잘못된 정보를 독자들에게 유포하며 저효율적인 방법을 횡설수설 지껄인다.

이래서는 안 되겠다는 생각이 들었다. 왜냐하면 전 세계로 팔리는 나의 공식이 남에게 제3자의 이름으로 도적질당하는 꼴을 가만히 지켜볼 수는 없기 때문이다. 모리배들은 6·25때 인민군에게 학살당한 나의 조부祖父처럼 나를 때려죽이고 싶을 것이다. 그러나 그들의 바람대로 내가 조용히 사라질 수는 없다. 만약 내가 비명횡사한다면 그들이 사주했다고 보면 된다.

양아치들은 평생 이해하지 못하겠지만, 그들은 나의 직업이 작가作家라는 사실을 망각했다. 양심 따위는 어린 시절에 엿 바꿔 먹은 지 오래됐지만, 나에게는 진실을 말할 권리가 있다. 진리는 간단히 증명할 수 있다. 왜냐하면 남극성 이론은 어디까지나 수학을 바탕으로 하고 있고, 수학은 답이 정해져 있기 때문이다. 이를 애써 부정하며 어리광을 부리는 놈들은 진리의 적敵이다. 그들은 이미 나에게 사형선고를 받은 셈이다. 그들이 남의 지적재산을 도둑질하고도 독자나 청중, 혹은 방청객 앞에서 뻔뻔하게 으스대는 꼴이 얼마나 오래 갈지는 모르겠다. 왜냐하면 사리분별 능력이 떨어지는 대중大衆을 잠깐 속일 수는 있어도, 수학의 답을 부정할 수는 없기 때문이다. 표절꾼들의 일거수일투족을 지켜보는 것도 약간은 재미있다. 쌍절곤을 휘두르는 리샤오룽(이소룡)李小龍, Bruce Lee(1940~1973)처럼 포효咆哮하며 뛰어올라 최후의 1인까지 사기꾼들을 응징할 것이다.

사실 나는 표절당한 후, 자살까지 심각하게 고민했지만, 곧 마음을 고쳐먹었다. 시장市場이 나를 인정하듯이 독자들도 언젠가 이 모든 사건의 진상을 알게 될 것이며, 출판계의 위선은 곧 드러날 것이다. 몇 년간의 연구 끝에 겨우 완성해서 책으로 낸 나의 이론을, 도둑놈들이 관심 있는 척하며, 저자에게 접근해서는 직접 전수받고는 곧바로 표절한다. 이제 '풍차 돌리기'라는 말을 하는 사람은 사기꾼, 혹은 사기에 야합한 잡놈이라는 결론을 내렸다. 그래서 새롭게 '남극성 이론'을 출범시켰다. 양심과 지성이 있는 독자는 '남극성 이론'을 주장할 것이고, 출판계 사기꾼들의 농간에 놀아나는 사람들은 계속 '풍차 돌리기'를 말할 것이다. 그들의 어리석음과 비열한 작태가 어디까지 갈지 지켜보기 바란다. 이제 무협영화의 마지막 장면에 다다른 듯싶다. 그들이 나의 심판의 칼을 받을 차례다. 돌이킬 수 없는 지옥행 막차의 편도 탑승권은 발권되었다. 그 기차표를 움켜쥔 악인들의 최후를 모두가 똑똑히 지켜보기 바란다.

필자가 규명한 금리소득 극대화의 방법론을 이해하고 새로운 세계에 발을 들여놓은 독자도 많다. 그런 분들의 호의好意로 여러 재테크 싸이트와 인터넷 까페에 졸저의 내용이 소개되었지만, 안타깝게도 필자의 부족한 설명으로 인해 내용을 완전히 이해하지 못한 독자들에게 의문을 남겨놓은 것도 사실이다.

더구나 필자의 이론을 규명한답시고 마르틴 하이데거Martin Heidegger(1889~1976)의 형이상학이나 알베르트 아인슈타인Albert Einstein(1879~1955)의 이론물리학을 끌어들였으니, 다소 생소한 내용에 부담을 느꼈을 독자들이 많았으리라 생각한다. 그러나 이 점에 대해서 조금도 후회하지 않는다. 왜냐하면 내가, 하이데거의 실존철학과 아인슈타인의 상대성원리를 통해, 시간과 공간을 비틀고, 정기 적금 계좌의 본질과 금리소득을 극대화하는 방법에 대해서 설명을 시도한 일이 의미 있다고 생각하기 때문이다. 이런 주장을 하는 유기체는 태양계에서 아직까지 나밖에 없다. 머리회전이 빠른 독자라면 벌써 눈치 챘겠지만, 나에게는 이렇게 풍차를 향해 돌진하는 돈키호테와 같은 기질이 있다. 그러나 장담하건대, 아무리 내가 무모하다는 소리를 들을지언정, 절대로 표절은 안 한다. 나는, 나의 이론을 몰랐을 경우, 물거품처럼 사라졌을 법한 현금을 다시 되찾아주며, 독자들이 죽을 때까지 영원히 알지 못했을 금융지식을 나눠준다.

이 책에서는 『구르는 돈~』보다 간결하고 명확하게 설명하려고 노력했다. 그러나 하드보일드 소설의 문체처럼 간결한 문장을 사용하기는 여전히 힘든 일이다. 왜냐하면 시간과 공간을 넘나드는 저축자산의 생명력 넘치는 흐름을 짧은 문장으로 묘사하기란 간단치 않은 작업이기 때문이다. 하긴 이런 설명방식을 문자언어로 풀어 쓴 사람은 아마 필자가 처음이 아닌가 싶다. 따라서 『구르는 돈에는 이끼가 낀다』를 읽으며 복잡한 수식을 따라가다가 다소 지친 독자들도 있으리라 생각한다. 그러나 이 책이 전작前作처럼 수학식의 나열로 점철되지는 않았다. 방정식의 기술을 대폭 줄였다. 아무튼 분명한 점은, 나의 책에 담긴 계산식의 이해를 포기하는 순간, 만족할 만한 금리소득의 확보는 멀리 달아난다는 것이다. 아마 죽을 때까지 이자수입의 매력을 경험하지 못할 것이다. 차근차근 기초를 다지며 책을 이해한 사람들은 1

년만 지나면 다달이 예금 금리보다 높은 '적금 금리+α(알파)'의 이자소득 확보가 가능하다.

『구르는 돈에는 이끼가 낀다』가 심화편이라면 이 책은 기초편에 해당한다. 결국 출판의 순서가 뒤죽박죽 섞인 셈이다. 나는 심화편 내용을 이해하지 못한 독자들의 의문사항을 접하면서, 더 늦기 전에 기초편의 출판을 서둘러야겠다고 결심했다. 어쩌면 내가 처음부터 너무 앞서나갔거나, 혹은 일반대중의 눈높이를 맞추는 데 실패했을 수도 있다. 여하튼 첫 번째 책에 대한 반응을 보고, 여러 의견교환이 오고 가는 과정에서 두 번째 책의 출판을 결심한 것은 사실이다.

이 책을 내면서 다짐한 것이 있다. 결코 돌려서 말하지 않겠다는 것이다. 전작에서 보여줬던 여러 비유와 예시는 이 책에서 과감히 생략했다. 물론 비유적 설명방식이나 현학적 문장을 좋아하는 사람도 있다. 그런 사람들에게는 감히 『구르는 돈~』의 일독一讀을 권한다. 분명히 말하건대, 이번에는 의도적으로 첫 번째 책과는 조금 다른 설명방식을 추구했다. 내 성격이 원래 이렇다. 그 변화의 중심에는 컨텐츠를 수출하는 전업專業 작가作家로서의 자부심과, 표절을 감행하고도 묵묵부답으로 일관하는 지적인 사기꾼들을 응징하는 분노가 자리 잡고 있다. 이 책은 도서 분류의 편의상 경제나 경영서적으로 구분될 가능성이 크다. 그러나 내가 고민한 이론물리학이나 철학의 개념들은, 이 책에 대한 세속적 평가를 거부한다. 만약 누군가 저절로 부자가 되는 과학을 수학적으로 연구한다면, 언젠가 이 책을 언급할 것이다. 그리고 화폐의 양이 증가하는 과정을 수학과 물리학을 동원해 설명하기 위해, 이 책을 참고하는 사람도 있을 것이다.

주식이나 펀드, 혹은 부동산 투자와 같은 공격적 투자자와는 달리, 저축을 통한 금리소득의 확보를 추구하는 예금자들은 대개 안정지향적인 성격의 소유자들이다. 그러나 '남극성 이론'이라는 방식의 도입은 다소 적극적인 자세를 요구한다. 남극성 이론을 실천하는 사람에게는 단기필마單騎匹馬로 적진을 휘저을 만한 각오가 요구된다. 분명히 얘기하지만, 헛된 호언장담 따위는 필요 없다. 중요한 것은, 작은 실천부터 하나하나 실행하려는 노력과 의지이다. 그리고 치밀한 계산을 이해하는 두뇌도 필요하다. 물론 '얼마나 많은 독자들로 하여금 행동의 변화를 이끌어낼 수 있는가?'에 대한 구체적 질문은, 여전히 나의 숙제다. 왜냐하면 나는 아직도 대부분의 인간이 비이성적인 존재라고 믿기 때문이다.

경험상으로 말하건대, 모든 사람들이 이 책의 방식을 따르지는 않을 것이다. 나의 이론을 접하고도, 인간이 자산관리에서 감성적인 성향을 완벽히 떨쳐버리기란 쉬운 일이 아니다. 아직 이 책을 다 읽지도 않은 독자들에게 벌써 이런 결론을 제시한다는 점에서, 나의 태도는 약간 허무주의적 경향에 가깝다. 그러나 그 이면裏面에 또 다른 희망이 도사리고 있는 것도 사실이다. 한편으로는 부자가 되고 안 되고는, 팔자에 달렸다고 믿는 운명론자의 견해도 나는 가지고 있다. 그러나 졸저의 방식을 충실히 이행하는 독자들은 그렇지 않은 사람들보다 상대적으로 많은 금리소득을 올릴 것이며, 재정적으로 풍요로워질 것임을 확신한다. 아울러 노년에 재정적으로 안정적인 단계에 도달할 가능성이 크다. 2012년에 『구르는 돈에는 이끼가 낀다』를 접하고 실천에 옮긴 사람들은 이미 정기 예금보다 높은 정기 적금의 금리로 매달 금리소득을 챙기고 있다. 그렇지 않은 사람들은 이미 그들보다 적어도 수년 이상 늦은 셈이다.

 이 책을 읽고 충격을 받은 사람은, 더 이상 머뭇거릴 시간이 없다고 생각할 것이다. 만약 그들이 과거를 정확히 분석하고 비판한다면, 그동안 무의미하고 비효율적으로 나이만 먹은 사실에 한탄할 것이다. 그러나 졸저를 접할 운명을 지니지 못한 사람은, 시간을 낭비했다는 사실조차 마지막 숨을 내쉴 때까지 모를 것이다. 불행하게도 그들은 지금도 아무 의미 없이 저효율의 시간을 속절없이 흘려보낸다. 이런 방식으로 재테크의 효율성을 끊임없이 비교한다는 점에서 나는 상대주의적 태도를 견지한다. 시간의 상대성을 깨닫고 구체적인 계획을 세우는 순간, 새로운 미래가 놓여있다고 믿는다.

 나는 자신의 운명을 결정하는 데 있어서 체념이란 결코 있을 수 없다고 생각한다. 금융기관에 소액이라도 예치한 사람이, 금리소득을 조금이라도 증가시켜서 큰돈을 모으려면, 이 책의 저자인 남극성의 방법을 따르라고 권하고 싶다. 하루라도 빨리 이 책의 방법론을 실천하여 죽기 전에 경제적 자유를 누리기 바란다. 시간은 지금도 죽음을 향해 달려가고 있다. 야비한 사기꾼과 표절꾼들의 바람대로, 나는 일찍 죽지 않을 것이다. 나의 지인들과 함께 악마들의 몰락을 하나하나 지켜볼 것이다. 내가 글을 써야할 이유가 또 하나 생겼다. 분명히 말하지만, 나는 지적재산권을 보유한 작가이며, '남극성 이론'의 창시자다.

잡동사니로 가득한 골방에서
2016년이 된 후 며칠 지난 겨울날

감사의 말

전작 『구르는 돈에는 이끼가 낀다』가 출판되고 나서, 필자가 운영하는 네이버 까페 전예협(전국예금자협의회)의 회원들은 책의 방법론에 대한 수많은 질문을 던졌다. 나는 일일이 댓글을 달며 설명하면서도, 한편으로는 나의 서술방식에 문제가 있는 것은 아닌지 심각하게 고민했다. 물론 내가 설명을 마친 후에 그들은 대개 수긍하였으나, 1차 자료인 책을 통해서 그들을 이해를 시키지 못한 점이 못내 아쉬웠다. 이야기를 좀 더 쉽게 풀어낼 수도 있었다는 반성이 들자 전작의 여러 가지 문제점이 보이기 시작했다. 새로운 책의 출판을 이끌어낸 그들의 질문을 소중히 여긴다.

2014년 12월에 발목이 부러졌다. 빙판길에 미끄러져서 꽤 심하게 다쳤다. 예후를 장담할 수 없는 심각한 상황이었다. 목동 홍익병원에서 치료해주신 박재규 과장님과 간호사님들께 감사드린다. 그분들의 헌신이 아니었다면, 나는 장애인 등록부에 이름을 남겼을지도 모른다. 병실에서 시간을 보내며 많은 생각을 했다. 전작을 기술하면서 잘못한 점이 무엇인지 고민했다. 병원이라는 색다른 환경에 머문 경험이, 이 책의 집필에 도움이 되었다. 석고붕대를 하고 누운 채 아무것도 못하며 신음하는 나는 정말 하잘 것 없는 존재였다. 그러나 고통스런 과정을 체험한 것이 시간낭비는 아니었다. 휠체어에 앉고 목발에 의지하면서, 마음껏 들이마시는 공기처럼 그동안 당연히 받아들였던 건강한 신체에 새삼 고마움을 느꼈다.

대부분의 사람들은 인생의 결과에 상관없이 치열하게 산다. 정상正常에 가까운 사람은 남에게 폐를 끼치지 않으려고 신경 쓸 뿐이다. 그 와중에 이따금 발생하는 우발적 사고를 모두 피할 수는 없다. 그저 시간은, 내 의지와 상관없이 미래를 향해 흐를 뿐이다. 생로병사를 피한 인간은 없다. 어쩌면 운명은 이미 결정되었을 지도 모른다. 나의 발목을 부러지게 한 길바닥의 얼음과 지구의 중력에 대해서 더 이상 유감스럽게 생각하지 않기로 했다.

이 책의 스타일을 이끌어낸 동기는 절대적으로 일본의 영화감독 스즈키 세이준鈴木淸順(1923~)에게 있다. 빠른 속도와 비약으로 가득한 그의 초창기 작품 몇 편을 스크린에서 접하며, 문득 나도 저런 빠른 템포의 전개를 글로 표현해보고 싶다는 생각이 들었다. 그리고 전작 『구르는 돈~』에서 문장구조의 문제점은 무엇이었는지 곰곰이 고민했다. 돌이켜보니, 읽고 이해하기 위해서는 다소 긴 호흡이 필요한 문장이 많았다. 물론 스릴러 소설에나 어울릴 법한 박력과 속도감이 넘치는 문장을, 세세한 설명이 필요한 책에서 펼치기란 쉬운 일이 아니다. 그러나 나는 도전하기로 결정했다. 그 이유를 말하자면 단지 '스즈키 세이준의 몇몇 영화들이 나에게 그렇게 명령했기 때문이다'라고 밖에 말할 수 없다.

나의 이런 노력을 방해하며, 표절을 은폐하거나 정당화하는 모든 세력들에게 피스톨을 당기겠다고 이를 악물고 다짐을 하며 싸우듯이 글을 썼다. 결국 이 책을 쓰게 된 이유를 따져보니, 나의 존경심은 스즈키 세이준에게 바쳐져야 마땅하다고 생각한다. 그의 영화에 등장하는 주인공들이 보여준 의분심義奮心에 경의를 표한다. 형편없이 타락했을지도 모르는 내가 다시 일어서도록 영감靈感을 받았다. 나로 하여금 실존의 의미를 깨닫게 한 몇몇 장면들은 죽을 때까지 잊지 못할 것이다. 스즈키 세이준이 연출한 영화의 결말처럼, 나의 지적인 재산을 가로챈 악당들은 그냥 빨리 죽기 바란다! 우습게도 그들은, 그들의 죄악을 가리는 변명수단으로 나의 모국어인 한국어를 학대하며 모독하고 있다. 이들의 죄상을 밝히고 지구별에서 사라지게 하는 데 이 책의 목표가 있다. 이 책을 읽은 독자와 글쟁이들이 지적재산권에 대한 경각심을 느낀다면, 대한민국의 정의가 조금은 바로 설 것이다. 나처럼 때가 많이 묻은 인간이 몽둥이를 들고 나설 정도로, 출판계는 개판이 됐다.

목차

머리말 • 004
감사의 말 • 014

01 풍차 돌리기 바로 알기

1-1 이 책을 읽지 말아야 할 사람 • 025
1-2 이 책을 읽어야 할 사람 • 029
1-3 풍차, 그 아름답고도 모호한 이야기 • 034
1-4 정기 예금 풍차 돌리기의 실체 • 038
1-5 정기 예금 풍차 돌리기의 문제점 • 041
1-6 정기 예금과 정기 적금에 대해 널리 유포된 오해 • 044
1-7 정기 예금과 정기 적금의 정확한 비교 • 048
1-8 정기 적금의 월적수月積數에 대한 올바른 이해 • 055

02 남극성 이론 바로 알기

2-1 고민의 시작 • 063
2-2 가짜 신화神話와의 전쟁 • 067
2-3 수학의 중요성 • 072
2-4 모든 돈을 정기 적금의 금리로 운용한다면? • 077
2-5 정기 적금 금리가 높은 이유 • 080
2-6 위대한 의심의 시작 • 085
2-7 학습의 필요성과 음울한 현실 • 089
2-8 늘어나는 평균수명과 남극성 이론 • 093

03 이론의 기초

3-1 선납, 지연, 그리고 이연 • 101
3-2 남극성의 제1시뮬레이션 • 104
3-3 남극성의 제2시뮬레이션 • 108
3-4 남극성 시뮬레이션의 응용 • 111
3-5 조커란 무엇인가? • 115
3-6 당일치기 조커의 발견 • 120
3-7 조커와 계좌 쪼개기 • 125
3-8 당일치기 조커의 극단적 활용 • 129

04 남극성의 제1공식

4-1 불가능한 등차수열과 잘못된 상상 • 137
4-2 78칸의 분산 1년차 • 141
4-3 78칸의 분산 2년차 • 143
4-4 변수의 발견 • 150
4-5 변수의 적용 • 153
4-6 2년차 1월의 지출 • 159
4-7 금융언어의 창시와 문맹, 그리고 새로운 권력 • 166
4-8 주정뱅이들을 위한 친절한 상상력 • 170

05 남극성 이론과 현실의 몰이해

5-1 착한 딸 앨리스 · 179
5-2 신용카드는 내 친구 · 182
5-3 월 추가수입 30만 원의 달성 · 189
5-4 이자보다 중요한 절약의 습관 · 193
5-5 토마 피케티에 대한 나의 견해 · 197
5-6 앵거스 디턴의 도전 정신 · 202
5-7 고소영 씨를 위한 변명 · 207
5-8 집단의 광기가 의미하는 것 · 211

06 고정관념과의 싸움

6-1 시간은 도대체 무엇인가? · 219
6-2 늙지 않는 방법 · 224
6-3 현실의 한계와 영화적 상상력 · 229
6-4 영화 설국열차를 보고 · 234
6-5 머니볼의 교훈 · 238
6-6 본질에 가까운 숫자놀이 · 242
6-7 그들이 두려워하는 것들 · 247
6-8 조커, 조장助長의 긍정적 의미 · 252

07 남극성의 제2공식

7-1 시간을 고려하지 않는 사람들 • 259
7-2 남극성의 제2공식 • 267
7-3 남극성의 제1공식과의 비교 • 278
7-4 돈의 중력과 시간의 근저당 • 281
7-5 1년차에 가능한 방정식 • 289
7-6 극단적인 시간저축 • 295
7-7 재테크는 과정이다 • 300
7-8 세상에 아무 부럼 없어라 • 305

08 기억의 저편

8-1 기록의 중요성 • 313
8-2 기록을 다시 들춰보는 이유 • 318
8-3 어느 일요일에 일어난 일 • 324
8-4 나는 고발한다 • 333
8-5 남극성 이론을 내세우는 이유 • 342
8-6 인터넷 전문은행과 핀테크의 전망 • 347
8-7 금융업계의 조작과 명예훼손 • 353
8-8 이성의 구심력과 감성의 원심력 • 360

맺음말 • 366

제1장

풍차 돌리기 바로 알기

(운행 중인 승용차 뒷좌석에서 칸노와 역도산이 대화를 나누고, 앞좌석에는 요시마치가 운전중이다)
칸노 : 역도산, 부자가 되는 지름길을 알려줄까?
역도산 : 그런 게 있습니까?
칸노 : (앞좌석의 운전사 요시마치를 바라보며) 요시마치, 네가 아는 지름길은 무엇이냐? 알려줘라.
요시마치 : 부자가 되려면 지출을 줄이고 수입을 늘리면 됩니다.

— 송해성 감독의 영화 『역도산(2004)』에서의 한 장면

1-1 이 책을 읽지 말아야 할 사람

우선 시간낭비를 막기 위해서 이 책을 읽지 말아야 할 사람의 유형부터 추려보겠다. 이 책에 대한 접근을 막는 이유는, 내가 사치와 낭비 및 무절제에 가까운 사람들의 생활태도를 존중하기 때문이다. 나는 그들이 이 책을 읽음으로써 무의미하게 시간을 보내는 것을 원하지 않는다. 독자들이 읽을 책을 선택하는 것처럼, 나도 독자들을 고를 권리가 있다.

나는 소비에 집착하는 인간을 절대 미워하거나 무시하지 않는다. 방탕한 자산관리를 통해 파멸의 길로 들어서는 사람들의 습관은 쉽게 바뀌지 않는다. 따라서 파멸로 이끄는 태도를 선택한 그들의 자유를 절대적으로 존중한다. 그러한 자기 파괴적인 존재들이 많을수록, 검소한 생활습관으로 굳건하게 자산을 관리해 온 사람들의 노력은 더욱 빛난다. 승자가 있으면 패자가 있는 것은 당연지사이거늘, 이러한 숙명을 가르는 인생의 승부를 부정할 수도 없고 부정해서도 안 된다. 세상은 냉정하다. 인정이 메마르고 동정同情이 없는 재테크 전장戰場에서, 패배자에게는 시베리아 고기압이 드리운 것처럼 찬바람이 휘날린다.

자산관리의 무대에서 승자의 환희를 빛나게 하려면 주변의 어둠 같은 존재가 반드시 필요하다. 경제관념이 발달하지 않은 사람들의 존재는 이렇듯 역설적이다. 그들이 없으면 자본주의 사회에서, 승리자의 영광이 빛나지 않는다. 빛이 있으면 그늘이 있듯이, 부자들의 존재는 빈곤한 계층과 함께, 동전의 앞뒷면처럼 서로 반대방향을 바라보며 존재한다. 동전의 양면 중 어느 한 쪽에 빛을 비추면 다른 쪽에는 그늘이 진다. 타인과의 비교나 차이는 늘 상대적이다. 어둠속에 머물러있는 삶을 선택한 주체는, 다름 아닌 제 발로 암흑으로 걸어 들어간 패배자들이다. 그리 길지 않은 내 인생의 경험을 통해 솔직히 말하자면, 얼치기 이상주의자들처럼 사회의 구조적인 문제를 제기한다고 해서 세상이 곧바로 나아지는 일은 별로 없다. 동화 같은 세상에서나 통용될 법한 고상한 발언은, 실질적인 도움을 주지 않을뿐더러, 곤경에 빠진 자가 문제해결을 위해 구체적으로 무언가를 실천하는 출발시점만 늦출 뿐이다.

    누구도 흑암黑暗의 길을 강요하지 않았다. 따라서 그늘 속에 살고 있는 어둠의 자식들의 자율의지와 선택을 존중한다면, 그들이 얻게 될 비효율적인 경제활동의 결과 또한 당연히 이해해야 한다. 초등학교를 졸업한 사람이라면, 열심히 일한 개미를 비웃으며 여름철에 허송세월했던 베짱이가 등장하는 이솝 우화의 줄거리를 잘 알고 있을 것이다. 베짱이가 겨울이 되어서야 자신의 나태함을 깨닫고 후회하는 결말은 측은지심을 불러일으키지만, 이 이야기를 단지 근로와 근면의 중요성에 대한 교훈으로만 받아들이기에는 세상일이 그리 간단하지가 않다. 젊은 시절 재테크에 소홀한 사람이 인생의 겨울철인 노후에 겪게 되는 곤궁함은, 개미를 찾아가는 베짱이가 느끼는 참담함과 별로 다를 게 없다. 따뜻한 우화와는 반대로, 냉혹한 현실에서는 베짱이를 도와주는 개미와 같은 착한 사마리아 인a good Samaritan을 만나기가 어렵다. 재테크 게임의 법칙은 승자의 노획물과 함께, 나락으로 떨어진 패자의 처참한 운명도 결정한다. 2012년부터 그리스 같은 나라에서는 연금이 삭감되면서 연금제도가 흔들리게 되자 큰 사회문제가 되었다. 이제 국가가 주도하는 사회보장제도의 안정성도 믿을 수 없는 세상이 되었다. 대책 없는 베짱이가 의지할 곳은 갈수록 사라진다.

결국 나는, 저축에 몰두하는 습관과는 반대로 행동하려는 베짱이들은, 이 책을 읽지 않는 것이 낫겠다는 결론을 내렸다. 자신의 수입으로 감당하기 어려운 금액의 물품을 선뜻 신용카드로 구매하는 사람들의 행태는 이 책의 지향과 어울리지 않는다. 이런 사람들은 늘 저축할 돈이 없다. 아니면 늘 저축할 돈이 없다고 투덜댄다. 저축은커녕, 자신의 지출마저 감당할 수 없어서 계속 빚이 늘어나는 지경일진대, 그렇다면 이 책의 내용을 아무리 설파한들, 그들에게는 갈 수 없는 먼 나라의 이야기처럼 들릴 뿐이다. 나는 그들이 도저히 이해할 수 없는 이상한 나라의 낯선 이야기를 듣느라 시간과 정력을 낭비하지 않기를 바란다.

재테크 도서에서 치유와 회복을 얻으려는 한심한 기대를 조금이라도 가지고 있다면, 지금 이 순간부터 그런 생각은 접는 것이 낫다. 서슬이 퍼런 칼날의 위협이 도처에 도사리는 비정한 세상에서, 결혼식 주례사의 수사학으로 점철된 언어로 위안을 얻으려는 나약한 생각은 금물이다. 인생은 실전이다. 미래는 오직 성실하게 노력하고 철저히 준비하며 자기를 희생한 사람들을 위해 존재할 뿐이다. 밝은 미래가 도래到來할지, 아니면 절망적인 미래가 다가올지의 여부는, 현재 본인이 어떤 준비를 하고 있느냐에 달려있다.

이 책의 내용을 숙지하고 만족할 만한 이자수입을 발생시키려면 적어도 1년의 시간이 필요하다. 최소 1년도 기다리지 못하고 열심히 노력하지 않는 사람에게 이 책은 무용지물이다. '남극성 이론'을 깨우친 후, 1년이 지나 상대적으로 높은 금리의 첫 이자가 발생할 때까지 기다릴 수 없다면, 이 책을 덮고 그냥 하늘에서 돈이 떨어지는 그날을 기다리며 허공만 쳐다보는 편이 낫다. 물론 그날이 올 가능성만큼이나 그날을 기다리는 사람이 부자가 될 가능성은 0%에 가깝다. 같은 일을 반복하면서 미래의 다른 결과를 기대한다면, 정신감정을 받는 편이 낫다.

이 책에서 나는 최소한의 계산식들을 유도할 것이다. 미리 밝혀두지만 현명한 독자들은 곧 나의 공식유도과정을 재미있게 따라올 것이다. 하지만 유감스럽게도 태생적으로 수학과 친하지 않은 비이성적인 사람이 존재한다는 사실도 경험상 잘 알고 있다. 그리고 안타깝지만 주입식 교육의 폐해로 인해 스스로 사고하는 능력을 상실한 둔재鈍才들의 존재도 인정해야한다. 그러나 내가 강조하고 싶은 것은, 이 책에 기술된 숫자의 나열들이 수학전문가들의 복잡한 공식이 아니라, 단지 초등학교 저학년 수준의 계산일뿐이라는 사실이다. 그러니 너무 겁먹을 필요는 없다.

내가 간단한 계산들을 풀어서 전개하는 이유는, 어디까지나 독자들의 이해를 돕기 위해서이다. 따라서 이 책을 읽고 금리소득을 극대화하려는 사람은 억지로라도 산수(어려운 '수학'이 아닌)와 친해져야 한다. 다시 당부하지만, 이 책을 이해하는 데 필요한 연산演算은, 무시무시한 고등수학이 아니라 4칙 연산의 간단한 나열일 뿐이다. 어린 아이도 이해할 수 있는 계산식을 거부하는 사람이 자신의 총자산액을 정확히 알고 있을 리가 없다. 이런 사람에게 이 책을 통해 해마다 증가하는 금리소득을 확보하는 재미를 아무리 설명한들 쇠귀에 경 읽기일 뿐이다. 자신이 현재 가지고 있는 재산을 기록하지 않는 사람이, 제대로 자산을 관리한다고 말할 수 없다.

따라서 지금까지 언급한 사항에 하나라도 해당하는 사람이라면, 이 책을 덮고 비효율의 길을 소신 있게 걸어가기 바란다. 나는 절대로 그런 사람들을 말리거나 붙잡고 싶지 않다. 이 책을 읽고 생각을 달리하여 행동이 바뀌고 새로운 운명을 개척하여 영광스런 행보를 취할 사람들을 돕는 데도 나는 바쁘다. 그들 곁에서 그들의 성공을 물끄러미 바라보며 고작 박수나 치며 부러워하거나, 혹은 시샘할 사람들에게, 이 책은 그저 따분한 활자들의 행진으로 여겨질 것이다. 그러나 경제적으로 성공한 부자들을 그저 멍하니 넋 놓고 바라보는 태도를 경멸하고, 현실의 삶에 적극적으로 뛰어들며 새로운 주인공이 되려는 사람들도 있다. 그들에게 졸저는 재테크의 첫 관문을 여는 열쇠가 될 것임을 확신한다.

1-2 이 책을 읽어야 할 사람

바로 앞선 장에서는 이 책을 읽지 말아야 할 부류를 대충 추려보았다. 이번 장에서는 이 책의 정독精讀을 통해서 만족할만한 수익을 낼 수 있는 사람들의 특징에 대해서 말해보겠다.

근검과 절약이 몸에 밴 사람들이 재테크를 시작하는 데 이 책은 유용한 도움을 줄 것이다. 이런 사람들이 좀처럼 택시를 타지 않고 걷거나 대중교통수단을 이용한다면, 일단 최소한의 자격을 갖추었다. 이들은 커피전문점에서 비싼 커피를 마시는 일도 꺼릴 것이다. 식당에서 점심식사 후에 공짜로 제공하는 커피 한 잔을 마시면서, 그렇지 않았을 경우 커피전문점에서 비싼 대가를 지불했을지도 모르는 커피 값을 벌었다고 기뻐하며 스스로 만족할 공산이 크다. 소비를 줄이고 한 푼이라도 아껴서 저축계좌에 투입하여 1원이라도 이자소득을 증가시켜야 한다는 강박관념을 가진 사람이라면, 지갑에 필요이상의 현금을 소지하기보다는, 자투리 돈을 CMA계좌에 보관했다가, 필요할 때 꼭 필요한 만큼의 현찰만 인출할 것이다.

하루라도 빨리 저축계좌를 개설하면 만기일자가 그만큼 더 앞당겨진다. 이 책의 뒷부분에서 '남극성 이론' 을 설명할 때 밝히겠지만, 만기일에 이자와 더불어 받는 만기액을 곧바로 다른 정기 적금계좌로 이체시키면 이자소득의 극대화를 위한 계좌관리가 원활해진다. 그래서 가급적 빨리 계좌를 개설해야 한다. 계좌 개설일이 앞당겨지면 만기가 되어 이자가 발생하는 시점도 빨라지고, 그 이자를 다시 다른 계좌에 투입하여 증식시키는 재생산 과정의 속도 또한 증가한다. 한마디로 돈의 세포분열과 번식이 빠르게 이루어진다. 결론적으로 이런 과정을 간파한 사람은, 남보다 많은 돈을, 남보다 빨리 모을 수 있다. 이 책을 완전히 이해한 독자들은, 버는 돈의 양도 중요하지만, 빨리 돈을 버는 빠르기도 무시할 수 없다는 결론에 도달할 것이다. 이 책의 방법론을 이해하지 못하는 사람의 돈이 증식하는 속도는 상대적으로 느리다. 계획을 재빨리 행동에 옮기는 실천력을 발휘할 수 없다면, 저축자산은 점점 굼뜨게 늘어나거나 소비에 노출되어 소진될 것이다. 따라서 확보된 현금을 낭비하는 일 없이, 생산력 있는 정기적금계좌로 신속히 이동시켜야 한다는 강박적 의무감을 가진 사람에게 이 책은 적격이다.

노동을 통한 수입의 증가를 통해 저축액수를 늘릴 수도 있지만 소비를 줄여서도 저축을 증가시킬 수 있다. 이런 개념을 가지고 있는 사람이, 비싼 소매가로 편의점에서 물건을 사는 일은 좀처럼 없다. 가급적 대형 매장에서 필요한 물건을 염가에 구매할 것이다.

인간이 경제활동을 하는 이상, 화폐를 전혀 사용하지 않을 수는 없다. 그러나 소비를 줄여 지출액을 감소시킨 만큼 저축액으로 환원할 수 있다면, 수입을 늘려서 저축액을 증가시킨 것과 동일한 효과를 거둘 수 있다. 1만 원을 더 벌어서 저축액을 늘릴 수 있지만, 평소보다 지출을 1만 원 줄인 만큼 그 돈을 저축계좌에 입금할 수 있다. 수입의 증대뿐만 아니라 소비의 긴축을 통해서 얻은 잉여현금을 저축자산으로 전환할 수 있는 사람이라면 이 책의 독자로서 훌륭한 자질을 가지고 있다고 본다.

시간을 소중히 여기고 아껴 써야 한다는 말에는 누구나 동의할 것이다. 그러나 아무리 철저히 시간관리를 하는 사람도 어떤 방식으로든 시간을 낭비하게 마련이다. 주어진 모든 시간을 1초의 낭비도 없이 완전무결하게 관리하는 사람은 지구상에 없다고 봐도 무방하다. 단지 남들보다 조금 더 효율적으로 시간을 활용하는, 비교적 똑똑한 사람들만이 존재할 뿐이다. 시간관리를 통한 자산의 효율적 증진에 관심이 많은 사람은, 이 책으로부터 모종의 영감을 얻을 것이다. 이 책의 뒷부분에서도 정리하겠지만, 나는 독자들에게 현금의 액수만큼이나 소중한 시간의 가치 또한 확고히 정립시킬 것이다.

남극성 이론을 통해 저축자산 관리에 있어서 100% 시간활용의 가능성을 깨달은 사람은 절대로 돈이 놀게끔 그냥 놔두지 않는다. 어떻게 해서든지 수익이 나는 계좌에 노는 돈을 집어넣고 굴려서 금리소득을 조금이라도 더 확보하려고 노력할 것이다. 이런 사람은, 마치 악덕고용주가 피고용인이 조금이라도 쉬는 것을 싫어하는 것처럼, 돈이 노는 것을 견디지 못한다. 돈을 놀리지 않고 계속 굴린다고 해서 인간성이나 도덕성을 의심받거나 사회적 지탄의 대상이 되지는 않는다. 왜냐하면 돈은 단지 가치교환의 수단이기 때문이다. 종이, 혹은 금속에 불과한 화폐에 인격성은 존재하지 않는다. 따라서 아무리 돈을 부려먹어도, 돈은 병가病暇를 내지도 않고 묵묵히 일하니, 인력관리의 필요가 전혀 없다.

이 책을 온전히 이해한 사람은, '그깟 이자가 얼마나 되겠어?'라는 맥 빠진 넋두리를 늘어놓는 사람들을 비웃을 것이다. 왜냐하면 저축원금이 팽창하는 가속도의 위력을 실감하기 때문이다. 내가 '가속도'라는 단어를 선택한 이유는, '가속도'와 '속도'는 엄연히 다르기 때문이다. 가속도는 시간의 진행에 따라 점점 더해지는 속도다. 시간의 흐름에 따라 속도가 더해진다고 가정할 때, 충분한 시간이 지난 후에 증가한 속도는 처음의 속도와는 확연히 다르다. 초반의 속도와는 비교할 수 없을 만큼 증가한 빠르기로 저축자산이 팽창하는 것을 체험한 사람은, '이자의 양'이 아닌 '이자가 커지는 가속도'에 주목한다.

저축과 금리소득의 매력을 느끼지 못하는 사람은 저축할 돈이 없다고 하소연한다. 물론 그런 사람들이 저축을 위해 소비와 지출을 줄일 가능성은 거의 없다. 그러나 원금이 해마다 증가하는 '남극성 이론'의 패턴에 주목하는 사람은, 현재 가지고 있는 금액의 크기보다 금액이 증가하는 속도에 초점을 맞춘다. 사정이 이러니 사회생활에 첫발을 내딛는 초년생일수록 남극성 이론에 대한 개념을 명확히 설정해야한다. 이 말을 달리 표현하자면, 빨리 이 책의 내용을 파악하고 일찍 실천할수록 좋다는 말이다.

세상에는 잘 알지도 못할 뿐더러 자기는 전혀 실천하지 않으면서, 남에게 감 놔라 배 놔라 주문하거나 시비를 걸고 비아냥대는 저질 인간들이 꽤 있다. 이러한 사람들이 제공하는 그릇된 정보를 회피하는 능력도 큰 축복이다. 그러나 원치 않는 인간관계를 피할 수 없는 일도 인간사人間事의 흔한 일이다. 사람노릇하기 힘든 세상이다. 분명한 사실은, 수준이 떨어지는 인간들이 놓은 가짜 정보의 덫으로부터 탈출하는 데 이 책의 진가가 빛난다는 것이다.

눈먼 자들의 세상에서는 시력視力을 가진 사람이 비정상이다. 그러나 나는 오히려 이런 절망적인 상황에서 모종의 가능성을 감지한다. 왜냐하면 어수룩한 사람들이 많을수록 약간의 발상전환으로 쉽게 이익을 얻을 수 있는 여지가 많기 때문이다. 역사를 돌이켜보면 천동설의 미신을 물리치는 데도 시간이 필요했다. 한번 널리 퍼진 보편적 거짓말의 몽매함으로부터 탈출하기란 쉬운 일이 아니다. 나는 그릇된 정보로 독자들을 오도誤導하는 나쁜 재테크 서적의 가짜 상식과 맞서 싸울 용감한 사람들과 함께하고 싶다.

젊은 사람들보다 재테크가 다소 늦었다고 생각하는 나이든 독자들도 있을 것이다. 그렇다고 자산관리를 포기할 수는 없다. 극소수를 제외하고 가난한 채로 죽기를 원하는 사람은 없기 때문이다. 시간과 에너지를 상대적으로 덜 들이고도 돈이 자동적으로 불어나는 방법을 안다면, 늘그막에 경제적 불안이 영혼을 잠식할 가능성은 분명 줄어든다. 돈을 체계적으로 관리해서 돈이 따르는 사람은, 돈 문제를 회피하지 않고 늘 정면에 맞서 싸운다. 어떻게 효율적으로 돈을 모으고, 보람 있게 쓸 것인지 진지하게 고민하는 사람에게, 이 책은 진정한 자산관리의 첫걸음이 될 것이라 믿어 의심치 않는다.

1-3 풍차, 그 아름답고도 모호한 이야기

풍차는 바람의 힘을 이용해 기계장치의 작동을 가능케 하는 장치이다. 바람에 정면으로 맞서서 돌아가는 날개의 회전으로 동력을 얻는 원리다. 재테크의 현상을 설명하기 위해 '풍차'라는 말을 쓰게 된 이유는, 회전하는 풍차처럼 순환하는 저축성 자금의 흐름이 만족할 만한 이익을 끊임없이 창출하기 때문이다.

특별한 노력을 들이지 않고도 시간의 흐름에 따라 저절로 돈이 생긴다면 여간 신나는 일이 아닐 수 없다. 금리소득이란 이런 것이다. 채무자에게는 시간이 지날수록 갚아야 할 이자가 늘어나지만, 채권자는 자고 일어나면 받을 이자가 생긴다. 예금자는 은행에 돈을 빌려주고 이자를 받는 채권자다. 꼬박꼬박 돈을 갚아야 하는 채무자가 되는 것이 나은지, 아니면 채권자의 여유로움이 좋은지 더 이상 얘기하지 않겠다.

　풍차를 돌리기 위해서는 바람이라는 자연의 힘이 필요하다. 그러나 저축자산의 풍차를 돌리기 위해서는 저축과 계산이라는 인간의 노력이 필요하다. 그러나 이 과정이 익숙해져서 시간의 흐름에 따라 지속적인 금리소득의 확보가 가능해지면, 별다른 인간의 힘人力을 쓰지 않고도 저절로 운용되는 금리소득 생성 시스템이 구축된다. 거의 무제한인 풍력風力에 의해 풍차가 돌아가는 과정과 비슷하다는 생각이 들 수도 있다. 아마 이런 순환의 과정을 설명하려다가 누군가 풍차라는 비유를 사용하기 시작했을 것이다. 사실 나는 저축자산의 물리적 순환보다는 계좌의 시간흐름을 이용하여 금리소득을 극대화하는 방법에 더 큰 관심을 갖고 있었다. 따라서 그동안 의도적으로 '풍차 돌리기'라는 용어를 거의 쓰지 않았다.[1] 그러나 내가 조금씩 발전시킨 자산운용과정의 순서를 밝히기 위해 '풍차 돌리기'라는 시중의 용어를 사용하지 않을 수 없을 정도로 인터넷상의 여러 재테크 게시판에는 '풍차 돌리기'라는 말이 이미 유포되었다.

　풍차 돌리기라는 용어가 여기저기서 무분별하게 사용되고, 잡다한 선무당들이 풍차 돌리기의 개념을 멋모르고 사용하여 수학적 오류가 발생하는 사례를 필자는 많이 목격했다. 여기서 '수학적 오류가 발생하는 사례'란 최고의 금리소득을 생성하는 방법과는 지나치게 동떨어지거나, 보통 사람이 운용 가능한 최적의 모델과는 괴리가 발생하

---

[1] 나의 첫 번째 책, 『구르는 돈에는 이끼가 낀다』의 표지를 제외한 본문에서는 의도적으로 '풍차 돌리기'라는 단어를 사용하지 않았다. 왜냐하면 '풍차 돌리기'의 개념을 왜곡하는 사람이 있었기 때문이다. 굳이 정신병 환자들의 실명을 거론하지는 않겠다.

여 도저히 납득하기 어려운 어설픈 설명들이다. 따라서 풍차라는 말이 그럴듯하게 들리지만, 이론을 확고하게 정립하지도 않고, 무작정 '풍차 돌리기'의 주문을 외는 광신도들로 인해 그 신뢰성이 떨어진 것도 사실이다.

이런 연유로 전작前作 『구르는 돈~』의 본문에서 필자는 표지를 제외하고 단 한차례도 '풍차 돌리기'라는 용어를 사용하지 않았다. 그러나 이제 어설픈 잡설雜說들을 정리하지 않을 수 없는 때가 왔다. 독자들에게 명확한 개념을 확립시키지 않고서는 체계적인 이론을 펼치기 힘든 상태가 되었다. 이 책을 이해하기 위해서는 용어의 혼란을 바로잡고 개념을 명확히 해야 한다. 이런 노력의 산물로, '풍차 돌리기'라는 논란이 많은 용어 대신에, '남극성의 이론'이라는 새로운 명칭과 개념은 탄생했다. 매혹적으로 들리면서도 한편으로는 끊임없이 오해를 일으키는 '풍차 돌리기'의 개념을 정리할 때가 됐다. 이러한 혼란을 바로 잡는 것이 이 책의 1차 과제라 하겠다. 그렇지 않고서는 초심자들이 수익률을 극대화하는 모델의 개념을 정립하기 어렵다.

시중의 개념으로 분류하자면, '풍차 돌리기'는 크게 정기 예금 풍차 돌리기와 정기 적금 풍차 돌리기로 나눌 수 있다. 이 책에서 필자는 주로 정기 적금 풍차 돌리기 위주로 설명할 것이다. 그 이유는 간단하다. 2014년 11월 현재, 같은 액수의 돈과 동일한 시간이 주어졌을 때, 정기 적금 풍차 돌리기의 수익이 정기 예금 풍차 돌리기를 통한 수익보다 높기 때문이다. 정기 적금 풍차 돌리기가 훨씬 이익이고, 그 이자소득까지 원금으로 삼아 운용했을 시 시간이 지날수록 그 이자소득은 더욱 커진다. 그래서 이자를 많이 얻으려면 적금 풍차 돌리기를 고수하지 않을 수 없다. 그러나 적금 풍차 돌리기에도 어려운 점이 있다. 적금 풍차 돌리기를 통해서 수익을 올리기 위해서는 약간의 두뇌회전과 순발력이 필요하다. 따라서 머릿속이 복잡해지는 번거로운 과정을 수반한다. 특히 초기에는 여러 계산식을 이해하고 적용하는 과정에서, 지적인 훈련이 되어있지 않은 사람들은 정신적 스트레스를 받을 수도 있다. 그러나 약간의 두뇌활동을 통해 돈을 더 많이 번다면, 이 정도 수고는 감수해야 한다. 돈을 버는 일이 어디 쉽던가? 이런 개념을 문자언어로 표현하는 작가의 숙명을 지닌 필자 또한 독자들이 쉽게 이해할 수 있도록 설명하기 위해 상당한 고민의 시간이 필요했다.

그러나 너무 긴장하지는 마시라. 미리 말하건대 이 과정에 1년 정도 익숙해지면, 그다음부터는 별다른 어려움 없이 저축자산을 능수능란하게 운용하는 여유가 생긴다. 그 방법을 완전히 이해할 때까지 단계를 차근차근 밟아나가면 금리소득을 극대화하는 방법에 저절로 눈뜰 것이다.

앞서 말한 바와 같이 '풍차 돌리기'는 현재 각종 재테크 싸이트에서 누리꾼들에 의해 상당히 자주 언급되는 단어이다. 하지만 이 단어가 수익성에 대한 냉철한 계산과 고민 없이 무분별하게 사용되다 보니 무수한 오해와 혼동을 야기했다. 따라서 어쩔 수 없이, 풍차 돌리기의 개념이 잘못 사용되는 예와 그 이유까지 밝혀야 하는 상황이 되었다. 풍차 돌리기가 오용誤用되는 사례를 하나하나 밝혀내고 그 오류를 바로 잡는다면, 진정한 '남극성 이론'의 개념에 가까워질 것이다. 진실에 다가서기 위해서는 이렇게 거짓과 씨름해야 한다. 풍차 돌리기의 참모습을 보기 위해서는 우선 기존의 거짓말과 허풍쟁이의 정체부터 파악해야 한다. 이렇듯 '풍차 돌리기'라는 용어는, 도둑고양이처럼 살금살금 다가와 고수익의 매력을 주지만, 수학적 지성이 떨어지는 사람들을 착각하게 할 수도 있다. 역사는, 선험적인 영역인 수학마저 망령되게 일컫는 자들이 재테크 작가로 행세하며, 21세기에도 기승을 부렸다는 사실을 준엄히 기록할 것이다.

독자들은 이 책을 통해 혼란의 수렁에서 스스로 빠져나와야 한다. 그렇지 않고서는 아마 평생 동안, 금리소득 극대화에 이르는 길에서 멀리 떨어진 엉뚱한 자리에서 헤맬 수도 있다. 사실 대부분의 사람들이 이런 한심한 상태에 놓여있음을 나는 잘 알고 있다. 나는 내 책의 독자들이 적어도 금리 소득에 있어서만큼은 깨어있는 소수가 되기를 희망한다.

1-4 정기 예금 풍차 돌리기의 실체

앞서 이미 정기 예금 풍차 돌리기보다는 정기 적금 풍차 돌리기의 수익률이 높다고 언급했다. 2014년 11월 현재, 분명 정기 예금 풍차 돌리기의 효율은 정기 적금 풍차 돌리기보다 떨어진다. 물론 2012년 9월 『구르는 돈에는 이끼가 낀다』가 출판됐을 때도 이런 결론이 도출되는 상황은 마찬가지였다. 그러나 그럼에도 불구하고 정기 예금 풍차 돌리기에 대해서 설명하지 않을 수 없다. 이미 정기 예금 풍차 돌리기의 비효율성이 확인된 이상, 정기 예금 풍차 돌리기에 대한 설명이 시간낭비라고 생각할 수도 있다. 그러나 필자의 저축자산 운용방식이 정기 적금 풍차 돌리기로 진화하는 과정에서, 정기 예금 풍차 돌리기를 고민한 단계가 존재했고, 그 과도기적 상황을 냉철히 분석하기 위해서라도 분명히 짚고 넘어가야하는 내용이 있으므로 이를 밝히고자 한다. 아직까지 정기 예금 풍차 돌리기의 수익성이 더 좋다는 그릇된 믿음을 여기저기 퍼뜨리는 원시인도 있으므로 그들의 지적인 사기詐欺를 잘 지켜보기 바란다. 그들에게 죄가 있다면, 아직 남극성을 모른다는 사실이다.

정기 예금 풍차 돌리기는 비교적 간단한 방법이다. 월급여로 생활하는 사람이 다달이 저축 가능금액을 '정기 예금'으로 저축하는 방법이다. 예를 들어 매달 급여가 지급되는 급여생활자가 있다고 가정해보자. 이 사람이 매달 10일에 월급을 받는데, 100만 원을 정기 예금에 예치할 여력이 있어서 정기 예금 풍차를 돌린다고 가정해 보자. 이 사람은 10일이 공휴일이나 주말에 해당되지 않는 이상, 즉 10일이 은행영업일이라면, 2014년 1월 10일에 100만 원을 '정기 예금'으로 예치하고, 한 달 후인 2014년 2월 10일에도 100만 원을 '정기 예금'으로 계좌를 개설할 것이다. 그리고 매달 정기 예금계좌를 개설하고 12개월이 지나면 2015년 1월 10일에, 2014년 1월에 예치한 금액의 만기일에 만기액인 100만 원과 소정의 이자(a=알파)를 받는다. 그리고 이를 쓰지 않고 고스란히 모아서 2015년 1월의 저축가능금액 100만 원과 합쳐, 200만 원 이상의 금액을 원금으로 삼는 계좌를 개설할 수 있다. 이런 과정을 유지하면 1년에 12개의 정기 예금통장을 관리하며 저축원금을 점차 늘릴 수 있다. 끊임없는 바람에 의해 쉬지 않고 돌아가는 풍차처럼 현금흐름이 중단되지 않으니 정기 예금 풍차라고 불리는 것이다.

표 1-1

	2014년 (1년차)												2015년 (2년차)	
	1/10	2/10	3/10	4/10	5/10	6/10	7/10	8/10	9/10	10/10	11/10	12/10	1/10	2/10
	100만 ──► 200만+α													
		100만 ──► 200만+α												
			100만 ──────────────────────────────────────►											
				100만 ────────────────────────────────────►										
					100만 ──────────────────────────────►									
						100만 ────────────────────────────►								
							100만 ──────────────────────────►							
								100만 ────────────────────────►						
									100만 ──────────────────────►					
										100만 ────────────────────►				
											100만 ──────────────────►			
												100만 ────────────────►		
	1년차 원금총합 = 1,200만 원													

(α 는 1년차 1회분 100만 원을 정기 예금으로 예치한 후 만기 시 받는 이자액)

물론 매달 꼭 100만 원을 납입할 의무는 없다. 사정이 생겨서 지출이 늘어날 경우, 100만 원보다 적은 금액을 예치할 수도 있고, 상여금을 받는 달처럼 여유가 있으면 100만 원 이상을 납입할 수도 있다. 필자도 저축자산을 정기 적금 풍차 돌리기로 굴리기 전에는 모든 돈을 정기 예금 풍차 돌리기의 방식으로 운용했었다. 그때는 월급을 받을 때마다 지난달에 쓰고 남은 돈을 동전까지 모아서 새로운 예금계좌를 개설했다. 왜냐하면 새로 받은 월급에서 저축액을 제하고도 생활비의 충당이 가능했기 때문이다. 매달 급여보다 지출액이 적으면 그 차액을 다음 급여를 받을 때까지 보관하고 있다가 새로 월급을 받으면 쓸 일이 없으니, 고스란히 새로 개설하는 정기 예금계좌에 불입할 수 있다.

어쨌든 이런 식으로 계좌를 매달 개설하면 1년 후부터 매달 정기 예금의 이자인 a에 해당하는 이자소득을 올릴 수 있다. 매달 이자를 받는 재미가 이 방식의 매력이다. 그러나 나는 이보다 더 많은 이자소득을 올릴 수 있는 방법을 곧 알게 되었다. 그 내용은 이 책의 뒷부분에서 차차 설명하겠다. 그 방법의 이름은 '남극성의 이론'을 적용한 정기 적금 풍차 돌리기다. 물론 현실에서는, 효율이 낮은 정기 예금 풍차 돌리기마저 행하지 않고 내일을 준비하지 않는 사람이 수두룩하다.

1-5 정기 예금 풍차 돌리기의 문제점

나는 한때 정기 예금 풍차 돌리기 선수였다. 여기서 '한때'를 강조하는 이유는 지금은 그렇지 않기 때문이다. 지금도 정기 예금 풍차 돌리기를 찬양하는 글을 보면 하품이 난다. 철지난 옛날 방식이기 때문이다. 아무튼 정기 예금 풍차 돌리기에 빠져있을 때는, 급여일이 되면 급여에서 예상 생활비를 제외한 저축가능금액과 앞선 달에 사용하고 남은 돈을 합쳐 정기 예금계좌를 개설했다.

매달 최고 정기 예금금리를 조회하여 서울시내에서 가장 높은 예금 금리를 고시한 금융기관을 방문했다. 내가 방문한 곳은 주로 제2금융권으로 분류되는 저축은행이나 신협, 혹은 새마을금고였다. 왜냐하면 일반적으로 제2금융권이, 제1금융권으로 분류되는 일반 시중은행보다 금리가 높기 때문이다. 급여가 지급되면 그달의 예상된 생활비를 제외한 금액을 저축 가능금액으로 산정한 다음, 방안에 굴러다니는 십 원짜리 동전까지 모아서 은행으로 가져갔다.

이런 식으로 1년이 지나면 2년차에 접어들면 매달 전년도에 정기예금상품에 가입한 금액의 만기가 도래하기 시작한다. 급여일에 급여뿐만 아니라 1년 전에 가입한 상품의 만기지급액도 받게 되니 월급을 2번 받는 기분이 들었다. 1년 전에 가입한 정기 예금의 만기액과 새로 받은 월급에서 저축 가능금액을 합쳐서 새로 개설하니, 매달 예치액이 늘어났다. 해가 바뀜에 따라 이자액도 늘어남은 물론이었다. 이런 과정은 다음 〈표 1-2〉를 보면 알 수 있다.

표 1-2

	1년차				2년차		
1/10	2/10	3/10		1/10	2/10	3/10	
A_1			→	$A_1+\alpha_1+B_1$			
	A_2		→		$A_2+\alpha_2+B_2$		
		A_3	→			$A_3+\alpha_3+B_3$	

(A=1년차 매월 저축액, α=1년차 매월저축액에 대한 이자, B=2년차 매월저축액)

그런데 이런 방식을 진행하다 보니 만족스럽지 못한 점이 발견되었다. 계좌 개설 후 1년이 지나면 만기액과 함께 급여에서 예상 생활비를 떼어낸 돈(저축가능금액)을 합쳐서 새로 계좌를 개설한다. 그런데 만약 급여일이 10일이라고 했을 때, 10일이 은행이 문을 열지 않는 공휴일이거나 토요일, 혹은 일요일에 해당하면, 새로 계좌를 개설하는 날은 10일이 아니라 11일, 혹은 12일로 미뤄질 수밖에 없다.

표 1-3

1년차 (2014년)				2년차 (2015년)		
1/10 금	2/10 월	3/10 월		1/12 월	2/10 화	3/10 화
A_1				$A_1+\alpha_1+B_1$		
	A_2				$A_2+\alpha_2+B_2$	
		A_3				$A_3+\alpha_3+B_3$

〈표 1-3〉을 보면 1년차 1월에 개설한 예금의 가입일은 2014년 1월 10일 금요일이다. 그런데 이 예금의 만기일은 2년차 2015년 1월 10일 토요일이다. 토요일은 은행의 영업일이 아니다. 따라서 만기 해지 및 새로운 계좌의 개설이 불가능하다. 1년차에 개설한 예금의 만기액과 2년차 1월의 저축가능금액을 합쳐서 새로 통장을 개설할 수 있는 날은 2년차 1월 12일 월요일이 된다. 월급여 생활자가 정기 예금 풍차 돌리기를 할 때 이런 식으로 만기 지급일이나 급여일이 은행휴무일과 겹치면, 새로운 계좌의 개설일도 계속 늦춰야 한다. 이런 점이 바로 정기 예금 풍차 돌리기의 문제점이다. 정기 예금 풍차 돌리기에서 한 번 늦춰진 계좌 개설일을 앞으로 당기는 일은 쉽지가 않다(나중에 '조커'를 설명할 때 자세히 말하겠지만, 정기 적금 풍차 돌리기에서는 계좌 개설을 앞으로 당기는 일이 상대적으로 쉽다는 것을 미리 밝힌다). 계좌 개설일이 늦춰지면 이자가 발생하는 시점도 덩달아 늦춰진다.

물론 이 경우에 있어서 예정일인 1월 10일보다 이틀 후로 만기지급이 늦춰진 만큼 추가이자가 발생할 수 있다. 그러나 대개 만기 후에 받게 되는 이자는, 계좌 개설 시 설정된 정기 예금 금리의 약정이율보다 낮은 경우가 대부분이다.

1-6 정기 예금과 정기 적금에 대해 널리 유포된 오해

아직도 상당수의 재테크 책에는 정기 예금이 정기 적금보다 이자가 많다고 적혀있다. 이런 내용이 적힌 재테크 책은 집어 던져 버리든가 돈을 주고 사는 일을 멈춰야 한다. 독자를 기만하고 허황된 내용이 적힌 서적을 속아내는 일도 재테크의 일부분이다. 틀린 내용을 배우기 위해 책값을 치루는 돈도 아깝지만, 한심한 내용을 읽느라 무의미하게 날리는 시간도 아껴야 하기 때문이다. 그릇된 정보로 인한 금전적 손해나 그 잘못을 바로잡는 데까지 걸리는 시간의 낭비는 누가 책임질 것인가? 버젓이 책에 기재된 잘못된 정보로 인해 형성된 고정관념을 바로잡기란 쉽지 않다. 이를 교정하지 못하면 죽을 때까지 상대적인 손실을 보는 셈이다. 어떤 책에서는 정기 예금을 찬양하고 정기 적금을 비하하기 위해 '적금이 시시하다'고 표현한 대목을 본 적도 있다. 이 정도면 가짜 재테크 정보는 환경오염문제 차원에서 다루어야 한다.

이런 오염된 헛소리들이 범람하는 이유는 무엇일까? 어리석은 재테크 저자들의 한심한 비교는 대개 다음과 같은 논리로 전개된다. 그들은, 표면적으로는 정기 적금 금리가 정기 예금보다 높지만, 만기 시 받는 금액은 정기 적금이 적다고 주장한다. 결론부터 말하면 이런 비교는 틀렸다. 2014년 11월 현재 최고 정기 적금금리는 5.0%이고, 최고 정기 예금금리는 3.2%인데 일단 이 금리들을 기준으로 삼아 논의를 전개하여 정확히 비교를 하겠다. 일단 정신 나간 저자들의 틀린 판단기준으로 정기 적금과 정기 예금을 비교해보겠다.

우선 매월 10만 원씩 12개월 동안 불입하는 정기 적금상품에 가입해서 5.0%의 금리를 적용하면, 1년 후에 원금 120만 원과 32,500원의 이자를 받는다. 이 이자에서 일반세율 15.4%를 적용하면 실제로 받는 이자의 실수령액은 27,495원이다.[2]

표 1-4 정기 적금의 이자계산 방법

1개월	2개월	3개월	4개월	...	9개월	10개월	11개월	12개월	만기액
10만 원	10만 원	10만 원	10만 원	...	10만 원	10만 원	10만 원	10만 원	1,227,495원

(5.0%금리, 12개월 만기 정기 적금 상품)

그리고 120만 원을 한 번에 예치하여 1년 후에 만기액을 지급받는 정기 예금에 가입하면, 3.2%의 복리금리를 적용했을 때(참고로 정기 적금은 대개 단리식이다), 38,968원의 이자를 받는다. 여기에서 일반세율 15.4%를 적용하면 실수령 이자는 32,967원이다.

표 1-5 정기 예금의 이자계산 방법

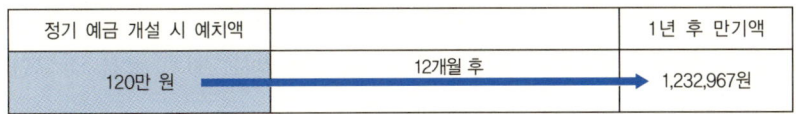

(3.2%금리, 12개월 만기 정기 예금상품)

수준이 낮은 작자들의 주장처럼, 월 10만 원씩 12회 불입하여 총 불입액이 120만 원(10만 원×12)인 정기 적금과 일시불로 120만

---

2) 이 책의 모든 금리계산은 검색엔진 네이버의 이자계산기를 통한 계산임을 밝힌다.

원을 납입한 정기 예금의 원금을 동일하다고 착각하고(물론 나중에 밝히겠지만 절대로 동일한 조건이 아니다) 정기 적금과 정기 예금의 금리를 비교하면, 정기 예금의 실수령 이자가 5,472(32,967-27,495=5,472)원 더 많은 것처럼 보인다.

분별력이 떨어지는 한심한 저자들은 이런 차이에 주목하여 정기 예금이 정기 적금보다 수익이 높다고 주장한다. 그리고는 수치상으로 높은 것처럼 보이는 적금 금리가 일으키는 착시현상에 빠져들지 말라고 독자들에게 어쭙잖은 충고까지 한다. 정작 착각에 빠져있는 존재들이 자신들인지 모른다. 그들은 12개월 정기 적금의 세전 수령액 32,500을, 총불입액 120만 원에 대한 이자액으로 '제멋대로' 산정하고는 정기 적금의 수익률은 표면금리로 따지면 5.0%이지만, 실제로는 2.70%에 지나지 않는다는 황당한 계산을 내놓기도 한다.[3] 그리고는 적금의 실제 금리가 2.70%에 불과하므로 3.2%인 정기 예금의 수익률보다 떨어진다고 당당히 주장한다.

무식하면 용감한 법이다. 이런 궤변을 늘어놓는 재테크 도서의 저자들이 한둘이 아니다. 그리고 더욱 한심한 일은, 이런 글을 참고한 후발 재테크 저자들이 동일한 내용을 참고하여 똑같은 헛소리를 반복하고 있다는 점이다. 1997년에 송능한 감독이 연출한 영화 『넘버 3』에서 극중 인물인 '시인 랭보(박광정)'가 문하생인 '현지(이미연)' 앞에서 거만하게 내뱉는 대사처럼, '개가 소를 베끼고, 소가 개를 베

---

[3] 월 10만 원 불입 12개월 정기 적금의 총 원금 120만 원에 대한 세전이자 32,500원의 이율을, '멍청한' 두뇌의 소유자들이 백분율로 계산하면 대략 2.70%다.

끼는' 일이 재테크 출판계에서 빈번하게 일어난다. 너무나 많은 저자들이 얼빠진 헛소리를 유포시키니 짜증나는 일이 아닐 수 없다. 나 개인이 느끼는 불쾌함은 참을 수 있다. 그러나 독자들이 혼동에 빠지는 일은 막아야 한다. 틀린 내용을 계속 앵무새처럼 지껄이는 악순환을 끊어야 한다. 한심한 작자들이 내놓는 엉터리 계산을 마치 수학적으로 증명된 정리인 양 포장하고 책으로 엮어서 돈을 받고 팔아먹고 있으니, 독자들을 우롱해도 보통 우롱하는 일이 아니다. 재테크 출판계가 야바위 노름판 수준으로 전락했다.

  재테크 서적에서 이런 주장이 난무하니 상태의 심각성을 파악한 필자로서는 분개하지 않을 수 없는 노릇이다. 잘못된 정보로 독자들을 그릇된 길로 이끈다면 그로 인한 피해는 누가 보상할 것인가? 더구나 이건 돈과 관련된 내용이 아닌가? 잘못된 유언비어를 퍼뜨려서 독자들에게 돈과 시간의 낭비를 초래한다면, 이는 재테크를 빙자한 사기다. 이제 이런 거짓말은 대한민국의 재테크 이론의 장場에서 박멸되어야 한다. 바로 다음 장에서 이런 혼동이 비롯된 원인을 밝히고, 오류를 바로잡겠다. 다시금 강조하지만, 만약 정기 예금의 수익률이 비록 정기 적금보다 수치상으로 낮지만 실제 수익은 높다고 주장하는 책이 있다면, 읽기를 중단하고 당장 쓰레기통에 던져버려도 좋다. 주정뱅이 같은 작자들이 소위 재테크 작가 행세한답시고 수학적 인지장애를 범하며 기술記述한 책의 나머지 부분은 안 봐도 뻔하기 때문이다.

1-7 정기 예금과 정기 적금의 정확한 비교

정기 예금은 처음 계좌를 개설 시 한 번에 맡긴 원금을 만기일에 이자와 함께 돌려받는 저축방식이다. 이를 '목돈 굴리기 상품' 이라고 한다. 만족할만한 금리소득을 얻기 위해서는 주로 12개월 이상 예치하는 것이 좋다. 계약기간이 6개월인 상품과 12개월인 상품의 기간 차이는 6개월이다. 계약기간이 12개월인 상품과 18개월인 상품의 기간 차이 또한 6개월이다. 그러나 금리의 차이는 계약기간과 동일하게 비례하지 않는다.

다음은 2014년 11월 15일 현재 모 저축은행의 정기 예금의 계약기간별 금리 차이다.

표 1-6

상품	계약기간	금리
정기 예금	1개월	2.0%
정기 예금	3개월	2.2%
정기 예금	6개월	2.4%
정기 예금	12개월	2.6%
정기 예금	18개월	2.65%
정기 예금	24개월	2.7%

0.2%의 금리 차이 (6개월 간격)
고작 0.05%의 금리 차이 (역시 6개월 간격)

〈표 1-6〉에서 알 수 있듯이 계약기간이 6개월인 상품과 **12개월**인 상품의 사이에는 6개월의 시간 차이가 있다. 금리 차이는 0.2%(2.6% - 2.4%)이다. 그러나 역시 계약기간이 6개월 차이나지만, 계약기간이 **12개월**인 상품과 18개월인 상품은, 금리 차이가 0.05%(2.65% - 2.6%)밖에 안 난다.

〈표 1-6〉에서 계약기간이 **12개월**인 상품과 **24개월**인 상품의 계약기간의 금리 차이는 0.1%(2.7% - 2.6% = 0.1%)에 지나지 않는다. 그 기간의 차이는 6개월보다 2배나 더 긴 12개월이지만(24개월 - 12개월 = 12개월), 만기 12개월짜리 상품과 만기 6개월짜리 상품의 계약기간 차이(6개월)로 인한 금리 차이(0.2% = 2.6% - 2.4%)만큼 비례하지 않는다.

계약기간이 12개월 미만인 상품은 금리가 현저히 낮다. 그래서 계약기간이 6개월인 상품과 12개월인 상품사이의 금리 차이(위의 〈표 1-6〉에서는 0.2%)가 12개월인 상품과 18개월인 상품의 금리 차이(위의 〈표 1-6〉에서는 0.05%)보다 큰 것이다. 재미있는 사실은 계약기간이 12개월이 넘으면 늘어나는 계약기간 만큼 금리가 비례하여 증가하지 않는다는 점이다. 따라서 만기가 12개월을 초과하는 상품은, 계약기간이 늘어난 만큼 금리가 그다지 많이 증가하지 않는다. 이 상황을 종합적으로 판단했을 때, 효율적으로 저축자산을 운용하려면 적어도 만기 12개월 이상짜리 상품에 가입하는 것이 좋다는 결론에 도달한다.

표 1-7 정기 예금의 이자 계산 방법

계좌 개설일 2014년 1월 2일	2월	3월	4월	5월	6월	7월	8월	9월	10월	11월	12월	계좌개설 12개월 후 만기일 2015년 1월 2일에 받게 되는 이자
원금 120만 원												120만 원에 대한 3.2% 금리의 12개월 치 복리이자 32,967원

(3.2%금리, 12개월 만기 정기 예금상품)

표 1-8 정기 적금의 이자 계산 방법

1월	2월	3월	4월	5월	6월	7월	8월	9월	10월	11월	12월	만기일에 받게 되는 이자
10만												10만 원에 대한 연리 5.0%의 12개월 치 이자
												+
	10만											10만 원에 대한 연리 5.0%의 11개월 치 이자
												+
		10만										10만 원에 대한 연리 5.0%의 10개월 치 이자
												+
			10만									10만 원에 대한 연리 5.0%의 9개월 치 이자
												+
				10만								10만 원에 대한 연리 5.0%의 8개월 치 이자
												+
					10만							10만 원에 대한 연리 5.0%의 7개월 치 이자
												+
						10만						10만 원에 대한 연리 5.0%의 6개월 치 이자
												+
							10만					10만 원에 대한 연리 5.0%의 5개월 치 이자
												+
								10만				10만 원에 대한 연리 5.0%의 4개월 치 이자
												+
									10만			10만 원에 대한 연리 5.0%의 3개월 치 이자
												+
										10만		10만 원에 대한 연리 5.0%의 2개월 치 이자
												+
											10만	10만 원에 대한 연리 5.0%의 1개월 치 이자
												=
원금총합 = 120만												10만 원에 대한 연리 5.0%의 78개월 치 이자 27,495원

(5.0%금리, 12개월 만기 정기 적금상품)

〈표 1-8〉에서 12개월 만기 정기 적금의 세후이자액(27,495원)은 결국 5.0%의 금리를 적용한 월불입액(10만 원)의 78개월 치

(12+11+10+⋯+3+2+1)의 이자임을 알 수 있다. 그런데 〈표 1-8〉의 방식으로 〈표 1-7〉의 정기 예금을 분석할 수 있다. 다음의 〈표 1-9〉를 통해 〈표 1-7〉을 〈표 1-8〉의 방식으로 분산해서 재해석해 보겠다.

표 1-9 (〈표 1-7〉의 재해석)

	2014년												2015년 1월 2일에 받게 되는 이자
1월 2일	2월	3월	4월	5월	6월	7월	8월	9월	10월	11월	12월		
10만													10만 원에 대한 연리 3.2%의 12개월 치 이자
													+
10만													10만 원에 대한 연리 3.2%의 12개월 치 이자
													+
10만													10만 원에 대한 연리 3.2%의 12개월 치 이자
													+
10만													10만 원에 대한 연리 3.2%의 12개월 치 이자
													+
10만													10만 원에 대한 연리 3.2%의 12개월 치 이자
													+
10만													10만 원에 대한 연리 3.2%의 12개월 치 이자
													+
10만													10만 원에 대한 연리 3.2%의 12개월 치 이자
													+
10만													10만 원에 대한 연리 3.2%의 12개월 치 이자
													+
10만													10만 원에 대한 연리 3.2%의 12개월 치 이자
													+
10만													10만 원에 대한 연리 3.2%의 12개월 치 이자
													+
10만													10만 원에 대한 연리 3.2%의 12개월 치 이자
													+

10만								10만 원에 대한 연리 3.2%의 12개월 치 이자
								‖
원금총합 = 120만								10만 원에 대한 연리 3.2%의 144개월 치 이자 32,967원

〈표 1-9〉는 형태만 다를 뿐이지 내용은 120만 원을 일시불로 납입한 정기 예금의 〈표 1-7〉과 같다. 〈표 1-9〉는 〈표 1-7〉과는 달리 120만 원을 10만 원으로 쪼개어 분리해서 나타냈을 뿐, 원금 120만 원은 동일하다. 〈표 1-9〉를 〈표 1-8〉의 방식처럼 설명하면, 월불입액 10만 원의 144개월 치(12개월×12) 이자를 3.2%의 이율로 계산한 것이다. 따라서 〈표 1-8〉을 이해하는 데 있어서 〈표 1-9〉, 혹은 〈표 1-7〉과 동일한 조건으로 비교하려면[4] 78개월이 아니라 144개월만큼의 시간을 부여해야 한다. 그렇게 해야 정기 적금과 정기 예금을 동일한 조건에서 비교한 셈이 된다. 144개월은 78개월에 비해 약 1.846배 많은 시간이다.

$$\frac{144}{78} = 1.84615 \cdots\cdots \fallingdotseq 1.846$$

이를 백분율 상으로 비교하면, 144개월은 78개월보다 무려 약 84.615%가 많은 셈이다.

$$144 - 78 = 66$$
$$\frac{66}{78} \times 100 = 84.6153\ldots \fallingdotseq 84.615$$

---

[4] 다시 강조하지만 〈표 1-7〉과 〈표 1-9〉는 동일한 내용이다.

시간의 개념에 무지한 저자들은 이 66개월의 차이(144개월-78개월)를 전혀 고려하지 않았다. 그리고는 어처구니없는 내용을 책을 펴내며 독자들의 판단을 마비시켰다. 정기 적금의 이자계산방식을 계산하여 월불입액(10만 원)에 78개월의 기간을 부여하면, 〈표 1-8〉에서처럼 27,495원의 이자가 나온다. 이 〈표 1-8〉에 〈표 1-9〉처럼 144개월의 시간을 부여하여 이자액을 계산하면 다음과 같은 식이 도출된다.

$$27,495 \times \frac{144}{78} = 50,760$$

결국 월불입액 10만 원의 정기 적금에 5.0%의 금리를 〈표 1-9〉과 같이 144개월의 기간을 부여하면, 약 50,760원을 수령할 수 있다는 계산이 나온다. 〈표 1-8〉에, 〈표 1-9〉와 동일한 시간조건인 144개월을 적용하면, 정기 예금의 실수령 이자(32,967원)보다 17,793원을 추가하여 50,760원을 받을 수 있는데, 이는 백분율 상으로 따지면, 정기 예금의 이자수령액 32,967원보다 무려 약 53. 972% 많은 이자를 얻을 수 있다는 말이다.

$$50,760 - 32,967 = 17,793$$

$$\frac{17,793}{32,967} \times 100 = 53.972153\cdots \fallingdotseq 53.972$$

반대로, 월불입액을 10만 원으로 하고 3.2%의 금리를 적용한 12개의 상품에 144개월을 부여하여 얻은 정기 예금 〈표 1-9〉의 이자액

32,967원이 도출되는 과정과 동일한 시간조건을 맞추기 위해, 정기 적금을 나타낸 〈표 1-8〉처럼 월불입액에 78개월의 시간을 부여하여 비교할 수도 있다.

$$32,967 \times \frac{78}{144} = 17,857.125 ≒ 17,858$$

17,858원은 월불입액 10만 원에 78개월을 부여한 〈표 1-8〉의 정기 적금 이자액 27,495원보다 9,637원 적은 액수다. 백분율로 따지면 〈표 1-8〉의 이자액에 비해 약 35.05% 적은 셈이다.

$$\frac{9,637}{27,495} \times 100 = 35.0500 \cdots ≒ 35.05$$

따라서 이렇게 정기 예금과 정기 적금에 같은 시간조건을 부여하면 확연한 수학적인 비교가 가능하다. 정기 예금에 비해 정기 적금의 수익률이 훨씬 높은 것을 알 수 있다. 『구르는 돈~』의 출판이 기획되었던 시점 이후 지금까지 유지된 대한민국 금리의 경향에서, 즉 최고 정기 적금의 금리가 최고 정기 예금의 금리보다 높은 기조에서, 이것은 누구도 부정할 수 없는 진리다. 결국 이러한 간단한 수학적 정리조차 이해하지 못하는 작자들이, 정기 예금이 정기 적금보다 수익률이 높다는 억설臆說을 주장하며 혹세무민惑世誣民해왔다. 금리는 시간 가치를 돈으로 표현한 것이다. 시간을 비교하지 못하는 바보들이 여태까지 금리를 운운하며 엉터리 책을 펴냈다. 이들의 궤변이 시중에 유포되어 끊임없이 확대 재생산되고 있다. 일말의 양심이 있다면, 부끄러운 줄 알기 바란다. 진리의 반역자들을 하루빨리 퇴출시키는 데, 이 책이 조금이나마 기여했으면 좋겠다.

1-8 정기 적금의 월적수月積數에 대한 올바른 이해

정기 적금의 이자 계산 방법을 설명하기 위한 〈표 1-8〉을 통해서 12개월 만기 정기 적금의 이자 계산은 월불입액의 78개월 동안의 이자임을 밝혔다. 이 말은 〈표 1-8〉의 월불입액 10만 원이 계좌에 들어가 있는 시간의 개월수가 78개월이라는 말이다. 이렇게 정기 적금의 월불입액이 계좌에 예치된 개월수를 월적수라고 한다.

계약기간별로 정기 적금의 월적수를 계산하는 공식은 다음과 같다.

$$정기\ 적금의\ 월적수 = \frac{n \times (n+1)}{2}$$

(n = 정기 적금의 계약기간 개월수)

따라서 만기 12개월 정기 적금의 월적수가 78이 되는 과정은 다음과 같다.

$$\frac{12 \times (12+1)}{2} = \frac{156}{2} = 78$$

정기 적금의 상품의 계약기간에 따른 월적수를 계산하면 다음과 같다.

표 1-10

계약기간	월적수
6개월	21
12개월	78
18개월	171
24개월	300
36개월	666
48개월	1,176
60개월	1,830

이렇게 구한 월적수를 통해 정기 적금 상품의 이자를 구하는 식을 정리할 수 있다.

$$\text{정기 적금의 세전 이자} = \frac{\text{월불입액} \times \text{정기 적금 금리}}{2} = \text{월적수}$$

이 공식을 통해 금리 5.0%에 월불입액 10만 원인 만기 12개월 정기 적금의 세전이자계산은 다음과 같다.

$$\frac{10만원 \times 0.05}{12} = 78(12개월 \text{ 만기 정기 적금의 월적수}) = \frac{5,000}{12} \times 78 = 32,500$$

정기 적금의 세전이자를 구하는 식을 다음과 같이 변환시킬 수도 있다.

$$\text{정기 적금의 세전 이자} = \text{월불입액} \times \text{정기 적금 금리} \times \frac{\text{월적수}}{12}$$

그렇다면 12개월 만기 정기 적금의 세전이자를 구하려면 '월불입액×정기 적금 금리'에 '$\frac{78}{12}$(= 6.5)'을 곱하면 된다. 정기 적금의 계약기간별로 쉽게 이자를 계산하는 공식은 다음과 같다.

표 1-11

정기 적금 계약기간	계약기간별 월적수를 이용하여 정기 적금 이자 구하는 공식
12개월	월불입액 × 정기 적금 금리 × $\frac{78(월적수)}{12}$
24개월	월불입액 × 정기 적금 금리 × $\frac{300(월적수)}{12}$
36개월	월불입액 × 정기 적금 금리 × $\frac{666(월적수)}{12}$
48개월	월불입액 × 정기 적금 금리 × $\frac{1,176(월적수)}{12}$
60개월	월불입액 × 정기 적금 금리 × $\frac{1,830(월적수)}{12}$

〈표 1-11〉을 좀 더 간단히 나타내면, 다음과 같이 〈표 1-12〉로 정리할 수 있다.

표 1-12

정기 적금 계약기간	계약기간별 월적수를 이용하여 정기 적금 이자 구하는 공식
12개월	월불입액 ×정기 적금 금리 × 6.5
24개월	월불입액 ×정기 적금 금리 × 25
36개월	월불입액 ×정기 적금 금리 × 55.5
48개월	월불입액 ×정기 적금 금리 × 98
60개월	월불입액 ×정기 적금 금리 × 152.5

이렇듯 원래 월적수의 개념은 주로 정기 적금의 월불입액의 예치기간과 이자계산의 편의를 위해 사용된 개념이었다. 〈표 1-12〉에서 볼 수 있듯이 12개월, 24개월, 36개월, 48개월, 그리고 60개월 만기 상품의 '월불입액 × 정기 적금 금리'의 결과값을 구한 후, 월적수를 12로 나눈 몫인 6.5, 25, 55.5, 98, 그리고 152.5를 차례로 곱하면 정기 적금의 계약기간별 이자액을 구할 수 있다.

월적수를 통해 이자를 계산할 수 있는 정기 적금과는 달리, 정기 예금의 이자를 구하는 데 굳이 월적수 개념을 동원할 필요는 없다. 그러나 나는, 지력에 문제가 있는 자들의 오류를 수학적으로 규명하기 위해, 〈표 1-9〉에서 정기 예금의 예치액을 12로 쪼개어 세밀히 분석했다. 그리고 정기 적금과 정기 예금을 공평하게 비교하기 위해 정기 예금에도 월적수 개념을 도입하는 새로운 시도를 했다.[5] 나는 이런 비교를, 기존의 재테크 도서에서 정기 적금과 정기 예금을 엉터리로 비교하여 제멋대로 지껄인 궤변들의 맹점을 정확히 지적할 수 있었다. 정기 예금이 낫다고 주장하는 선무당들의 괴성怪聲을 간단히 논박하려면, 월적수 개념을 정기 예금에 적용하여 분석해서 보여주면 된다. 다시 말하지만, 부끄러운 줄도 모르고 술에 취해 난동을 부리는 그들을 침묵시킬 수 있는 유일한 무기는 수학의 진압봉鎭壓棒이다.

앞선 장章 '1-7 정기 예금과 정기 적금의 정확한 비교'에서 볼 수 있듯이 월적수 144개월과 78개월은, 144만 원과 78만 원이 다른 돈

---

[5] 정기 예금에도 월적수 개념을 도입하여 정기 적금과 비교한 작업은 필자가 최초로 시도했다. 이 수학적인 방법을 전혀 모르는 무지한 저자들의 궤변을 무비판적으로 받아들인 불행한 독자들은, 상당한 재산상의 손해를 입고 정신적 혼란을 겪었을 것이다.

인 것처럼, 명백히 다른 조건임이 밝혀졌다. 그럼에도 불구하고 12개월이라는 동일한 계약기간의 총예치액(120만 원)이 서로 같다는 이유로 정기 적금과 정기 예금을 동일선상에서 비교하는 오류를 범하는 청맹과니들이 여전히 목소리를 낸다. 이들이 월적수 개념을 제대로 파악하고 있을 리가 없다. 어처구니없게도 이런 사람들도 재테크 책을 써왔고, 상당수의 독자들을 그릇된 길로 이끌었다. 그나마 현재 이 책을 읽고, 이 상황을 비극이라고 판단한 사람은, 어느 정도 사태를 객관적으로 파악했음이 분명하니 일단 최악의 경우는 면한 셈이다. 생각해보라. 이 개념을 죽을 때까지 이해하지 못하고, 세상을 하직하는 사람도 허다할 것이다.

앞선 설명에서는 월적수를 '정기 적금의 월불입액이 계좌에 예치된 개월수'라고 설명했다. 정기 예금에 이 개념을 도입한 '남극성 이론'에 따라 다음과 같이 수정하면 더욱 완벽에 가까운 설명이라 하겠다.

월적수는 이자를 생성하기 위해 저축계좌에 예치된 납입액에 부여된 시간의 정량적 단위다.

즉 월적수는 저축원금이 이자를 형성케 하는 과정에서 반드시 필요한 시간인 '예치기간'을 수와 양量으로 나타낼 수 있는 단위다. 나는 정기 적금의 원금과 예치기간의 관계를 친절하게 설명하기 위해 월적수 개념을 동원했다. 원래는 이 내용을 책에서 공개하지 않으려고 했다. 나 혼자만 알고 있으려고 마음먹었다. 그러나 시끄럽게 선동하는 미치광이들의 폭동을 지켜보는 것도 지겨웠다. 물론 나는 못 본 체하고 현금만 챙기면 되지만, 그들이 설칠수록 선의의 피해자가 생기는 것을 더 이상 두고 볼 수는 없었다. 어리석은 난봉꾼들이 수학을 무시하고, 선량한 시민을 희롱하며 금전적 피해를 끼친다면 명백한 사기다. 나는 무협지의 주인공처럼 어쩔 수 없이 칼을 뽑았다. 소란했던 세상이 조금은 조용해질 것이다.

독자들의 이해를 돕기 위해 미리 강조하지만, 시간에 대한 명확한 인식은 '남극성 이론'에서 집요하게 파헤치고 있는 부분임을 밝힌다. 앞으로도 이 부분을 끈질기게 구명究明하겠다.

제2장

남극성 이론 바로 알기

머리는 쓰라고 얹어놓고 있는 것이다.
- 정주영

2-1 고민의 시작

 일반적으로 대한민국 내에서 정기 적금의 평균 고시告示 금리는 정기 예금의 그것보다 높다. 이런 경향이 고착된 시점이 언제부터였는지는 모르겠다. 굳이 알 필요는 없으므로 이 부분을 특별히 조사하지 않았다. 분명한 점은, 이런 흐름이 내가 국내 금리동향에 신경 쓰기 시작했던 이후, 이 글을 쓰는 지금 이 순간까지 쭉 지속되었다는 것이다. 그러니 앞으로도 상당기간 동안 이런 기조가 유지될 가능성이 크다. 그러나 내가 2007년 귀국한 이후, 자료조사 차원에서 매의 눈을 두리번거리며 방문했던 수많은 금융기관에서 목격했던 사람들 중 대부분은 이자수익을 목적으로 정기 예금을 선택했다.
 정기 예금 매니아들은 대개 이런 식으로 말한다.

 "정기 적금의 표면금리는 높지만, 실질금리 상으로는 정기 예금의 이자 수익이 높지요."

 결론부터 말하면 이건 완전히 웃기는 얘기다. 앞선 장章에서 전술前述한 바와 같이 이런 오답의 책임은, 월적수에 대한 개념이 전무全無하여 무책임하게 근거 없는 유언비어를 퍼뜨린 황당한 저자들에게 있다. 나는 해괴한 내용을 정설定說로 포장한 저자들과 책들의 목록을 잘 알고 있다. 이 저자 명단의 공개여부를 한때 심각하게 고민한 적이 있었다. 왜냐하면 수학적 지식이 떨어지는 자가 잘못된 이론을 퍼뜨리면, 독자들을 혼란시키고, 재정적으로 가난하게 만들기 때문이다. 그러나 설령 사실을 적시하더라도 명예훼손의 시비에 휘말릴 수가 있다는 결론을 내리고 고심 끝에 계획을 수정했다. 결국 그간의 사정과 나의 고민을 기술하는 것으로 진술의 가닥을 잡았다. 대신에 나의 책을 충실히 기술하여 독자들을 쉽게 이해시키는 데 좀 더 노력하기로 했다.

독자들을 눈 뜬 장님으로 만든 글쟁이들의 머릿속은 빈 깡통처럼 알맹이가 없다고 봐야 한다. 다른 분야는 몰라도 적어도 수학적 지력이 엉망임에는 틀림없다. 이 얼간이들끼리 계속 서로 베껴먹고 있으니 악순환이 개선될 리가 없다. 오히려 엉터리 내용이 마구 복제되어 거짓이 확대 재생산되는 구조가 고착화하니, 상황은 더욱 나빠진다. 야바위꾼들이 팔아먹는 재테크 책을 통해 바이러스처럼 퍼진 사이비 논리에 세뇌당한 우매한 백성들은, 여전히 '정기 적금의 실질금리가 정기 예금만 못하다'는 타령을 반복하고 있다. 따라서 나는 한때 엉터리 이론을 책에 담아 퍼뜨린 저자들의 실명거론을 심각하게 고민했다. 이들이 TV를 비롯한 방송에 나와 거짓정보를 유포하고 있으므로, 공익적 차원에서 난동을 바로잡을 필요가 있다. 왜냐하면 독자뿐만 아니라 시청자까지 손해를 보기 때문이다.

이자의 생성을 가능케 하는 충분조건은, 예금액이 예치되는 '시간'과 계좌에 예치된 '금액'이다. 월적수에 대한 생각은, 예치기간이라는 '시간'과 돈이 예치된 계좌라는 '공간'을 잘게 쪼개어 재구성할 수 있는 사람만이 확립할 수 있는 개념이다. 월적수에 대한 개념 없이 정기 예금과 정기 적금을 정확히 비교할 수 없다. 『구르는 돈에는 이끼가 낀다』가 나온 이후에도 얼빠진 작자들이 펴낸 참담한 수준의 책들은 모든 상황을 계속 엉망으로 만들었다. 『구르는 돈~』의 존재를 알지 못한 사람들은, 사이비들이 안내하는 황당한 선의善意로 포장된 길을 따라 꼼짝없이 지옥으로 끌려가는 신세가 되었다. 그 가짜 복음福音을 진지하게 받아들인 독자들은, 구매한 책을 정독하느라 돈뿐만 아니라 시간마저 낭비했다. 그리고는 취객처럼 균형감각을 잃고 갈 지之자 행보를 하면서 가시밭길을 헤맸다.

그 그릇된 길을 걸어가며 인생을 낭비한 사람들의 숫자를 파악할 수 있는 자료는 아직 입수하지 못했다. 다만 한국은행의 자료에 따르면 대략 그 문제의 심각성을 가늠할 수 있다. 자료를 보면, 2015년 3월 현재 시중은행의 정기 예금 총 수신고는 569조 원이고, 정기 적금의 총 수신고는 37조 2,071억 원이다. 그렇다면 정기 적금의 수신고보다 무려 15배가 넘는 돈이 정기 예금 상품에 '비효율적으로 갇혀 있는' 셈이다. 더 기가 막힌 현실은, 고비용 저효율의 선택을 했으면서도 스스로 현명한 결정을 내렸다고 자위하며 망상에 사로잡힌 환자들이 상당수라는 것이다. 이렇게 모순으로 가득 찬 상황은 내가 이 책을 집필한 강력한 동기가 되었다.

필자는 팔자에 없는 재테크 서적을 집필하면서 도대체 왜 상당수의 사람들이 비효율적인 결정을 내리는지 이해할 수가 없었다. 사실 지금도 명확한 답을 내릴 수 없다. 그저 이 상황을 현상학現象學적으로 설명한다면, 사람들의 습관과 관습에 따라 금융시장의 어떤 이상하고 불합리한 경향이 부지불식간에 조성되었고, 이를 시정하려고 큰 목소리로 나서는 권위자가 없었다는 것이다. 이러한 경향은 너무나 강력하여, 단지 '사회 통념을 뜯어고쳐야 한다'든가 '기존의 재테크 이론은 틀렸다'는 등의 선언적 발표를 통해서는 도저히 개조하기가 어렵다고 생각한다. 이것은 마치 코페르니쿠스Nicolaus Copernicus(1473~1543)의 저술이나 갈릴레오Galileo Galilei(1564~1642)의 연구결과를 통해 기존 천동설의 우주관이 한순간에 바뀌지 않았던 상황과도 비슷하다. 패러다임의 변화는 어느 순간에 단박에 오지만, 그 순간이 오기 전까지 시간이 필요하다. 그러나 기존의 고정관념의 모순을 단박에 이해한 사람들은 남들보다 빠르게 자산을 증식할 것이다.

'창조론을 믿어야 한다'는 종교적 신념이나, 혹은 '진화론이 타당하다'는 생물학적 주장 따위는 일상에 바쁜 현대인들에게 그리 큰 관심의 대상이 아니다. 마찬가지로, 해가 뜨면 일하고, 날이 어두워지면 집에 들어 와서 쉬거나 잠을 자며 교회의 권위에 복종하는 중세의 일상인들에게, 천체우주관의 변화는 그리 중요한 문제가 아니었을지도 모른다. 대대손손 신분이 세습되는 중세 신분제의 무기력한 분위기속에서, 활기를 잃은 이성주의자들은 탄압을 받거나 오랫동안 숨죽여 지낼 수밖에 없었다.

그러나 이제 종교적 도그마티즘dogmatism은 더 이상 통하지 않는 세상으로 바뀌었다. 개인의 자유를 억압하고 비효율성을 유지하는 구태의연한 폐습은, 각종 혁명을 통해 타도의 대상으로 전락했다. 대한민국 금융시장 내에 존재하는 어떤 강력한 고정관념을 파악한 후, 단순히 확인하는 행위에서 그치지 않고, 이 미신의 타파를 통해 개인 경제활동의 변혁을 가져올 수 있다면, 그것은 가히 혁명이라고 할 수 있다. 이렇게 하여 얻을 수 있는 추가수익으로 사람의 인생을 바꿀 수도 있다. 애매함으로 둘러싸인 이 우주에서, 남극성 이론은 독자들에게 확실성과 수익률을 보여준다.

나는 기존의 착각을 바로잡아 이자소득이 늘어났고, 전체 경제활동에서 생계를 위해 물리적인 노동을 하는 비중이 줄었다. 아울러 돈을 버는 과정에서 수반하는 스트레스가 줄어드니 활력이 증가하고 여유가 생긴다. 따라서 건강에 도움이 된다. 만약 종자돈을 마련하기 위해 노력하는 사람이 기존의 구태의연한 생각들을 바꾼다면, 예상했던 시점보다 빠르게 돈을 모아 목표달성에 성공할 것이다. 그리고 기존에 모아뒀던 돈을 은행에 맡겨서 이자로 생활하는 은퇴자들이 '남극성 이론'을 숙지한다면, 보다 적은 원금으로 보다 많은 이자를 얻을 수도 있다. 이 과정에서 추가해야 하는 기회비용은 거의 없다. 기껏해야 책을 사거나 도서관에서 빌리는 데 필요한 책값이나 교통비 정도일 것이다. 이런 사소한 노력으로 여러분의 금융관金融觀에 획기적인 전환이 일어날 수 있다.

2-2 가짜 신화神話와의 전쟁

2015년 8월, 북한이 매설한 목함지뢰의 폭발로 인해 대한민국의 군인들이 심각한 부상을 입은 사건이 발생했다. 국방부는 심리전 차원에서 대북 확성기 방송을 잠시 재개했다. 이것은 북한의 도발행위로 인해 대한민국의 군인이 상해를 입은 사건에 반응한 국방부의 유일한 실질적 대응이었다. 다시 말하면, 확성기에서 나온 음파의 진동이 휴전선 부근에 존재하는 일부 북한 사람들의 고막에 전해지는, 지극히 사소한 물리적인 현상이 한동안 중단됐다가, 북한의 도발로 인해 다시 시작된 것이다. 이에 북한은 민감하게 반응했고, 결국 지뢰 사건에 대해 유감이라고 표명하는 내키지 않은 사과를 하고 나서야, 대한민국으로부터 확성기 방송 철회약속을 얻어냈다.

북한 당국이 대북 확성기 방송에 신경질적으로 대응한 이유는 매우 간단하다. 확성기에서 전해지는 몇 마디의 진실은 김씨 집안의 조작된 신화를 간단히 해체할 수 있기 때문이다. 일찍이 조지 오웰 George Orwell(1903~1950)은, '사기가 판치는 시대에서는 진실을 말하는 것이 혁명적인 행위'[1]라는 명언을 남겼다. 몇 마디의 진실이 체제의 기반을 흔들 수 있을 만큼 북한은 거짓 신화라는 마약에 중독된 사회다. 실증주의 철학자 오귀스트 꽁트 Auguste Comte(1798~1857)는 인간의 지식 발전 단계가 신화적 단계와 형이상학적 단계를 거쳐 실증적 단계로 발전한다고 주장했다. 그의 19세기적 기준으로 휴전선 이북의 사회를 분석하면, 21세기의 북한은, 아직도 김씨 일가의 건국 신화로 체제를 유지하는 미개한 사회라는 결론에 이른다. 이런 집단과의 연방제 통일은, 외부의 세계를 통일적 관점으로 전혀 이해하지 못하는 '심각한' 정신병자와 사리를 분별할 수 있는 정상인과의 결혼과도 같다. 21세기에 살면서 굳이 신화적 사회의 성격을 지닌 인간을 경험적으로 파악하고 싶다면, 아직도 용인 민속촌에 가지 않고, 대한민국 사회에 곳곳에 숨어있는 잔존 주사파들을 관찰하면 된다.

---

[1] In a time of universal deceit, telling the truth is a revolutionary act.

그런데 신화의 허상은 '김씨 조선'에서만 통용되는 것이 아니다. 돈에 관해 따지기라면 다른 누구에게도 뒤지지 않는다고 여겨지는 소위 '전문가'들의 주장에도 허점이 많다. 재테크 출판계에도 사기가 판을 친다. 숫자 계산에도 미숙한 '자칭 전문가'들이 이끄는 길로 잘못 들어선다면 원하는 결과를 얻기가 어렵다. 그들을 추종한다면 좋은 결실을 맺기 힘들뿐더러, 그 과정에서 시간과 돈을 날리고 결국 무의미하게 세월을 낭비한다. 결국 속은 기간만큼 한정된 인생을 비효율적으로 소진한 채 죽음에 가까워진다. 죽기 전에 성공할 가능성은 더욱 낮아진다. '자칭 전문가'들 중 몇몇은 이자가 생성되는 원리의 기본적인 사항도 이해하지 못하고 있다. 이들 중 상당수는 책으로 자신의 비현실적인 의견을 밝히고 베스트셀러가 된다. 나로서는 이 상황을 도저히 이해할 수 없지만 이것은 분명한 사실이다.

금리소득을 통한 수입의 증가는, 이자의 창출 시스템을 정확히 이해하느냐, 혹은 그렇지 못하느냐에 달려있다. 그런데 얼치기들이 주장하는 '가짜 성공시스템'을 모방한다면, 급여에 얽매인 삶으로부터 벗어나는 데 시간이 오래 걸릴 것이다. 가짜 전문가들이 파 놓은 고정관념의 수렁이 도처에 있다. 심지어 이들은 버젓이 책으로 엉터리 내용을 전파하여 독자들을 지옥으로 이끈다. 설령 운이 좋은 독자들이 '비이성의 아수라장'에서 빠져나오더라도 탈출하는 순간까지는 손해를 본다. 그리고 또 그간의 손해를 만회할 때까지 시간을 허비한다. 처음부터 함정의 유혹에 빠지지 않은 사람은 저만치 앞서가고 있는데 말이다. 억울한 일이 아닐 수 없다. 사실 이 답답한 사정의 내막을 알지도 못한 채 죽음에 이르는 사람이 허다하다. 삶의 최후에 가까워서야 이런 내막을 알고 땅을 치고 후회할 바에야 모른 채 죽는 편이 나을지도 모른다.

명철한 이성이 지배한다고 여겨지는 21세기에도 미신이 존재한다. 널리 퍼진 불합리와 싸우기 위해서는 어느 정도의 시간과 공부가 필요하다. 만약 이 책을 읽는 독자들이 진리에 도달하는 시간을 단축했다면, 나의 목표를 어느 정도 달성했다고 볼 수 있다. 나의 주장이 설득력 있게 받아들여져서 이론적 보편타당성을 확보할 수 있다면, 그 이론의 권위자는 나 남극성이 될 것이다. 그러나 여전히 저효율의 늪에 빠진 예금자들의 수가 압도적으로 많다. 수학의 반동反動들은 여전히 기승을 부린다. 따라서 아직 혁명의 길은 멀고도 험하다.

금리에 대한 정확한 고찰은, 나로 하여금 자본주의 사회에서 여윳돈을 더 많이 그리고 더 쉽게 얻을 수 있는 방법론을 고민하게 했다. 문제는 이러한 방법론에 대한 일반 독자들의 접근을 방해하는 함정이 곳곳에 있다는 사실이다. 사이비 재테크 작가들이 이런 함정을 파놓았다. 탐지기를 동원하여 지뢰를 피하듯이 세심히 신경 써야 한다. 그렇지 않으면 한방에 생명과 재산이 날아가는 수가 있다. 금융 시장의 비이성적 현실과 재테크 출판계의 몰지각함을 깨닫지 못한다면 죽을 때까지 돈을 손해 볼 것이다. 만약 나의 독자들이 이런 점을 유념하여 재산상의 손실을 예방할 수 있다면, 필자로서 보람을 느낄 것이다. 이 책의 가치가 본격적으로 빛나기 시작하는 순간은 바로 이 시점이다.

그러나 시간과 공간의 단위를 해체한 후 월적수 개념을 통해서, 정기 예금과 정기 적금에 동일한 조건을 부여하여 정확히 비교하고 문자언어화한 이론은, 나의 책을 제외하고 입때껏 없었다는 사실을 고려한다면, 이런 망연자실한 현실을 이해할 수도 있다.[2] 문제는 나의 이성적 노력이, 그동안 대중들의 전폭적인 사랑과 이해를 받지 못했다는 사실이다. 『구르는 돈~』의 진가를 이해한 독자들은 대한민국 전체 인구 중에서 아직 소수라고 봐야한다. 따라서 불행한 상황은 빨리 개선되지 않는다.

국민 대다수가 나의 책을 읽고 이해하지 않는 이상, 상당수의 사람들은 앞으로도 흐리멍덩한 판단을 내리고, 계속 수학적으로 그릇된 선택을 할 것이 뻔하다. 결국 나는, 상당히 오랜 기간 동안 널리 퍼진 대한민국 재테크 업계의 비이성적인 상황을 이성적으로 이해하기로 했다. 그 이유는 간단하다. 왜냐하면 '남극성의 이론'이 대부분의 사람들에게 생소하게 여기질 정도로 혁명적이기 때문이다. 혁명의 초기에 모든 사람들이 혁명가가 될 수는 없다. 사회의 전全구성원이 한 명도 빠짐없이 혁명이라고 불리는 특정한 사회운동에 일사분란하게 참여한다면, 혁명으로서의 파격은 상실한다. 혁명의 전위前衛와 후발 민중이 구분되지 않기 때문이다. 즉 혁명이 완수되어 더 이상 혁명의 필요성을 느낄 수 없는 국면이 된다. 혁명적 상황이 일상으로 바뀌면 혁명은 더 이상 혁명으로 불리지 않고 지나간 역사가 된다. 혁명

---

[2] 물론 나의 책을 표절하고 인터넷 블로그와 까페 및 TV출연과 강연회를 통해 출처를 속이고, 나의 지적개산을 공개적으로 강탈하는 인간들이 누구인지 잘 알고 있다. 재미있는 사실은, 그들은 정신없이 허겁지겁 베끼기에 급급한 나머지, 숱한 실수를 범하고 있다. 나는 만일의 사태에 대비해서 이 내용을 채증하고 정리해서 지인들에게 보냈다. 이제 사기극의 전모는 곧 드러날 것이다.

을 성공하기 위해서는 시간이 필요하다. 왜냐하면 사람의 습관은 그리 쉽게 바뀌지 않기 때문이다. 오직 소수의 깨어있는 시민만이 앞장서서 행동에 나설 뿐이다. 남보다 빨리 실천에 옮길수록 재테크 혁명에서 우위를 확보할 것이다.

2-3 수학의 중요성

재테크의 효율성을 판단하는 기준은 항상 수학이다. 따라서 괴로우나 즐거우나 나라를 사랑해야 하는 것처럼, 미우나 고우나 수학을 사랑해야 한다. 수학이 싫다고? 물론 나는 정신연령이 낮은 성인成人들의 비율도 상당하다는 것을 경험상 잘 알고 있다. 그렇기 때문에 이성적인 부자들의 수는 자본주의 역사상, 아니 인류의 역사상 항상 소수였다. 만사가 귀찮고, 머리가 아프고, 혹은 시간이 없다는 이유로 이성적 노력을 거부하는 습성은 앙시앙 레짐Ancien Régime (구체제)을 떠받드는 특성이다.

스스로 이러한 습관을 고치지 못하면 도태의 대상이 된다. 물론 나이가 들어도 어리광을 부릴 자유는 있다. 그러나 대개 그 결과는 비웃음을 살만하다. 응석받이가 상황의 심각성을 인식하지 못하고, 나이만 먹으면 미래는 더욱 참혹해진다.

나는 앞선 장에서 재테크 혁명을 말했지만, 그게 그리 쉽지가 않다는 것을 잘 안다. 왜냐하면 진짜 혁명은 말과 글, 혹은 머리로 하는 것이 아니기 때문이다. 실천을 담보하지 못한 혁명의 투혼은 늘 공허하다. 행동이 바뀌기 전에 생각부터 바뀌어야 한다. 이게 제대로 된 순서다. 그런데 인류 역사상 권력을 통해 인간의 심성을 개조하겠다는 생각은 허망하게 끝난 경우가 많다. 관념우위의 이데올로기가 민중의 집단 지성에 스며들지 못한 채 정치권력으로 현실화하면 공포정치로 변질될 수도 있다. 그리고 이런 실험은 오래 지속되지 못하고 잠깐 반짝하고는 곧 종말을 고한다. 시간적으로 멀리는 프랑스 혁명 직후 로베스삐에르Robespierre(1758~1794)의 이상주의가 좌충우돌하다가 주저앉았고, 가깝게는 크메르 르주가 킬링필드 살육극의 참혹함을 낳았다. 이런 정치적 극단주의의 수명이 짧은 이유는 간단하다. 아무리 막강한 권력을 동원하더라도 보통의 인간들이 살아온 삶의 관성을 바꾸기는 어렵기 때문이다.

자산관리에서도 이런 현상은 매한가지다. 대부분의 사람들은 재산을 모으기보다는 돈을 써 버리는 걸 더 좋아한다. 돈을 모으는 것에 더 재미를 느끼면 좋겠지만, 이게 쉽지 않다. 따라서 비이성적인 인간을 잘 분석하면, 스스로 자산관리에서 낙오자의 길을 가겠다고 작정한 사람들의 행동을 이해해야 한다는 결론에 이른다. 즉 구제불능의 삶이 존재한다는 것이다. 죽는 줄도 모르고 불나방처럼 불속으로 날아드는 인생이 있다. 그러니 그냥 먼저 깨달은 사람은, 낙오자를 구할 필요 없이, 혼자 많이 넉넉히 모아서 잘 먹고 잘 살면 된다. 다른 사람의 구제까지 신경 쓴다면 노벨 평화상 후보에 오를 만하지만, 지구 역사상 단 한 번도 존재하지 않았던 일이 발생할 가능성까지 고민할 정도로 인생은 길지 않다.

따라서 재테크 혁명은 지극히 개인적인 관점에서 출발해야 한다.

다른 사람까지 돌보다가는 나까지 망가질 수 있다. 내 경험상, 남의 재정상황에 대해 우정 어린 조언을 해도 감사의 인사를 받은 적이 별로 없다. 세상일에 이러쿵저러쿵 참견해 봤자 보답을 받는 경우는 거의 없다. '주제넘게 오지랖이 넓다'는 핀잔이나 듣지 않으면 다행이다. 세상과 남을 바꾸기 전에 본인의 정신 상태부터 바꿔야 한다. 모든 개혁의 중심은 자신이어야 한다. 갈수록 복잡다단해지고 급격히 변하는 사회에서 자기 한 몸 추스르며 적응하기도 쉽지 않다. 웬만하면 타인의 비효율성에 대한 관심은 끊는 게 낫다. 어리석은 그들은, 그저 그렇게 그냥 그랬던 것처럼 묵묵히 비효율의 길을 걸어갈 것이다. 그러니 남의 저축방식에 참견은 금물! 정기 예금 풍차를 돌리건, 정기 적금 풍차를 돌리건, 혹은 남극성의 이론을 따르건 간에, 그들의 선택을 존중해야 한다.

  모든 사람들이 평균 수명만큼 산다고 가정하면, 재테크의 경주에 참여한 사람들은 평균적인 생존 기간 동안 달리게 된다. 그 달리기 경기에서 단위 시간당 가장 먼 거리를 달리는 선수를 승자로 삼는다고 가정해보자. 달린 거리를 시간으로 나누면 속도가 되고, 속도가 높으면 남보다 빠르게 달린 셈이 된다. 재테크 경주에서 각자가 달린 거리를 돈의 액수라고 환원할 수도 있다. 사람마다 수명에 차이가 있겠지만, 아직까지는 100살이 넘을 때까지 살기가 힘들다. 여유자금이 생겨서 저축상품에 가입할 때는 가장 금리가 높은 상품을 골라야 한다. 금리는 돈이 증가하는 속도다. 새로 생긴 돈을 저축계좌에 예치하면 이자까지 붙으니 돈이 늘어나는 속도에 가속이 붙는 셈이다. 그 가속의 정도가 바로 돈이 증가하는 속도의 미분微分, *differentiation*

값이다. 트랙 위를 달리는 육상 경기는, 일정한 거리를 완주하는 시간에 따라 선수의 순위를 매기지만, 시간의 결과인 기록을 이용해서, 단위 시간에 대한 거리를 측정할 수도 있다. 예를 들어, 100미터를 10초에 달린 선수는, 평균적으로 1초에 10미터를 달린 셈이다. 결국 재테크의 본질은 화폐의 양이 아니라, 화폐를 시간으로 나눈 돈의 증가속도다.

　수학에서 미분은 곡선상의 특정한 점과 접하는 접선의 기울기를 나타낸다. 돈이 증가하는 가속도를 나타내는 기울기는 클수록 좋다. 따라서 너무나 당연한 말이지만, 저축 상품에 가입할 때는 가장 높은 금리 상품을 찾으려고 노력해야 한다. 저축상품에 가입할 때마다 매번 선택하는 금리를 적분積分, integral한 것이 바로 이자를 포함한 만기액이다. 다시 강조하지만, 인간은 평균적으로 평균수명만큼 산다. 재테크의 경주에서 사람들은 평균수명이라는 거의 같은 시간동안 달리므로 남들보다 앞서려면, 저축자산의 운용에 있어서 원금이 증가하는 가속도를 나타내는 미분값, 즉 어떤 금리를 선택하느냐가 핵심 관건이다. 이렇기 때문에 정기 예금 금리보다 높은 정기 적금의 금리를 이용하여, 돈이 생길 때마다 정기 적금 계좌에 예치하면 더 많은 이자 소득을 올릴 수 있는 것이다.

　수학적인 관점에서 접근하면 '남극성 이론'은 미분과 적분의 개념으로 설명할 수 있다. 어떤 저축상품을 선택하여 납입액을 예치하는 바로 그 순간에, 돈이 증가하는 가속도를 나타내는 금리의 기울기값은 높을수록 좋다. 그러나 대중들을 위한 재테크 책에서 미분과 적분을 논하는 것은, 상업적으로 자살행위라는 것을 나는 잘 안다. 고등학교를 졸업한 사람들조차 수학이라면 질색인 사람들이 많다. 하긴 수험생 중에서도 수학과목을 포기한 학생이 허다한 판국에 이미 졸업한 사람들은 말해 무엇 하랴. 그런데 굳이 증명을 하자면 이렇게 수학적으로 설명할 수밖에 없다. 이래서 수학이 중요하다는 말이다. 이런 말을 하는 나 역시도 얼마 전까지 오직 입시목적이외에는 수학이 별로 필요 없다고 생각했던 사람이었다. 몇몇 물리학자는 수학을 통해 우주의 비밀을 푼다. 나는 감히 부자의 비밀을 푸는 열쇠가 수학이라고 말하고 싶다. 부자들이 움직이는 세상의 원리를 알려면 수학을 알아야 한다. 안타깝게도 이제까지 나에게 이런 얘기를 해 준 수학선생님은 없었다. 시험을 치루는 목적이외에 아무 쓸모가 없는 수학은 죽은 수학이다.

『구르는 돈에는 이끼가 낀다』 출판 이후 몇몇 재테크 싸이트에서 정기 예금 풍차 돌리기와 정기 적금 풍차 돌리기 사이의 논쟁이 있어 왔음을 익히 들은 바 있다. 답은 간단하다. 정기 적금의 금리가 정기 예금의 금리보다 높다면 이걸로 상황 끝! 따라서 모든 돈을 한 푼도 빠짐없이 놀리지 않고 정기 적금의 금리로 증가시키는 방법을 강구해야 한다. 그게 싫으면 그냥 정기 예금의 이자수익이 더 많다는 헛소리를 신봉하며 구태의연하게 살면 된다. 개인의 경제적 자살을 그 누가 말리겠는가!

2-4 모든 돈을 정기 적금의 금리로 운용한다면?

2014년 11월 현재 최고 정기 적금 금리는 5.0%이고, 정기 예금의 최고 금리는 3.2%다. 운용할 수 있는 모든 돈에 정기 적금의 금리를 적용할 수 있다면 정기 예금보다 1.8% 포인트 더 많은 수익을 올릴 수 있다는 말이다. 최고 정기 예금 금리 3.2%보다 1.8% 포인트 많게 이자를 받는다면 어떻게 될까?

$$\frac{1.8}{3.2} \times 100 = 56.25$$ (2014년 11월 기준)

즉 3.2%의 정기 예금 금리보다 56.25% 더 많은 수익을 올릴 수 있다. 결론부터 말하면 이것은 가능하다. 그리고 이보다 더 많은 수익률을 올리는 방법도 있으니 이 책의 뒷부분까지 열심히 읽기 바란다.

『구르는 돈에는 이끼가 낀다』를 출판했을 때 기술한 2011년 1월의 기준으로, 최고 정기 적금 금리는 5.8%였고, 최고 정기 예금 금리는 4.6%였다. 당시의 기준으로 정기 예금 최고 금리에 대해서 정기 적금 최고 금리는 1.2% 포인트 더 높았다. 그렇다면 당시에 모든 돈을 정기 적금 금리로 굴리는 것이 가능했다면, 다음과 같은 식의 도출이 가능하다.

$$5.8 - 4.6 = 1.2$$
$$\frac{1.2}{4.6} \times 100 = 26.0869...$$ (2011년 1월 기준)

『구르는 돈에는 이끼가 낀다』를 출판했을 당시의 기준으로는, 모든 예금을 정기 적금의 금리로 운용했을 시, 정기 예금의 금리로 운용했을 때보다 26% 남짓의 추가 수익이 가능하다는 산술적 계산이 나온다. 물론 전작 『구르는 돈에는 이끼가 낀다』가 출판되었던 시점보다는 현재 금리가 조금 떨어진 것은 사실이다. 그러나 정기 적금을 바로 알면, '정기 예금 풍차론'에 빠진 사람들보다 2011년 1월의 약 26%보다 더 많이 받고, 2014년 11월에 56.25%를 더 받는다. 사람들은 종종 이렇게 되묻는다.

"금리가 계속 떨어지고 있으니 은행이자라고 해봤자 얼마 안 되지 않나요?"

물론 나는 이런 질문을 들으면 속으로 웃는다. 왜냐하면 이런 질문을 하는 재테크 초심자 중에 딱히 좋은 투자 포트폴리오를 가지고 있는 사람이 드물기 때문이다. 금리가 하락하는 상황은 맞다. 그러나 은행 금리보다 높은 수익을 얻으려면 리스크를 떠안아야 한다. 문제는, 안전성이 거의 100% 보장되는 상품 중에서, 금융기관에 예치해서 이자를 얻는 만큼의 수익을 보장하는 상품이 없다는 거다. 따라서 이런 질문을 하는 사람들이 보유한 현금이 안전하게 증가하는 속도는 상당히 느리다. 사실 이런 질문자들의 대부분은, 불안전하게 증가하는 현금마저도 가지고 있지 않다. 따라서 안전하게 증가하는 금리소득을 누리는 사람을 비웃을 자격도 갖추지 못했다. 자산관리에 있어서 저축의 가능성을 도외시한 채, 급여소득 획득을 위한 노력이외에 아무 것도 안 하고 푸념만 늘어놓는 사람들은 여전히 많다.

  2011년 1월보다 2014년 11월에 최고금리가 떨어진 건 사실이다. 그런데 다시 한 번 앞의 두 시기를 비교해서 살펴보자. 2011년 1월에 모든 돈이 최고 정기 적금의 금리로 증가했을 시, 최고 정기 예금의 금리로 운용했을 때보다 약 26% 더 많은 수익을 가져온다. 그런데 이보다 최고 금리가 훨씬 떨어진 2014년 11월에 최고 정기 적금 금리로 운용하면, 최고 정기 예금 금리로 운용한 결과보다 56. 25% 더 많은 수익이 생긴다. 비록 금리가 떨어지더라도 정기 적금의 금리로 자금을 운용하면, 정기 예금의 금리로 굴렸을 때보다 상대적으로 수익이 증가함을 알 수 있다. 상황이 이래도 정기 예금에 예치할 것인가?

  이 현상을 그래프로 정리하면 다음과 같다.

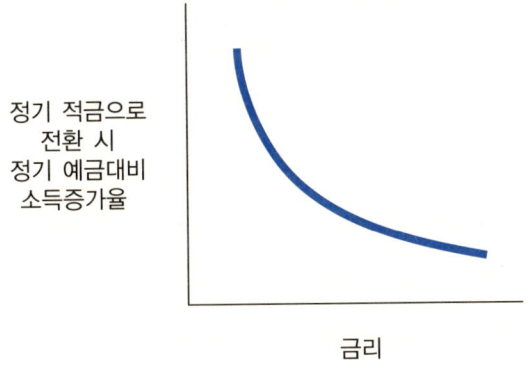

  모든 돈을 최고 정기 적금의 금리로 굴렸을 때, 최고 정기 예금의 금리로 굴렸을 때보다 수익이 많아지는데, 이는 일반적인 금리추세와 반비례한다. 특히 금리가 떨어지기 시작한 최근 몇 년간 이런 추

세가 감지되었다. 다시 말하면, 금리가 떨어질수록 남극성 이론에 따라 정기 적금으로 전환하면 정기 예금대비 수익증가율이 올라가고 있다. 상황이 이러하니 정기 적금의 금리가 정기 예금의 금리보다 높다는 전제하에, 금리가 하락하는 시기에는, 정기 예금보다 정기 적금으로 자산을 운용해야한다는 결론에 이른다. 물론 금리가 상승하는 시기에도 정기 적금의 금리가 높으면, 계속 정기 적금을 고수하면 된다. 물론 나는 이 책의 뒷부분에서 모든 돈을 정기 적금의 금리로 운용하는 방법을 공개할 것이다. 남극성 이론을 굳이 강요하지는 않겠다. 그러나 일을 안 하면서 돈을 벌고 싶은 방법에 관심이 있다면, 계속 정독하기 바란다.

2-5 정기 적금 금리가 높은 이유

2013년 2월 무렵 경기도 화성시 일대의 제2금융권에서 12개월 만기 5.6% 금리의 정기 적금 상품이 출시되었다. 당시 다른 지역에서는 4%대 중반의 금리가 최고 금리였으므로 5.6%는 매우 파격적이었다. 필자가 운영하는 전국예금자협의회 게시판에 올라온 소식을 듣자마자 수원역까지 지하철을 타고 가서 버스를 갈아탄 후 도착한 화성지역 새마을금고에서 정기 적금 통장을 개설했다.

서울에서 화성까지 이동하는 일이 번거롭다고 생각했지만, 필자가 운영하는 재테크 까페에서는 월차휴가를 내서 정기 적금계좌를 개설한 회원도 있었기에 이에 자극을 받고 나도 용기를 내었다. 통장을 개설하면서 직원들과 대화를 나누다가 왜 느닷없이 화성시 인근의 제2금융권에서 금리가 급등했는지 이유를 물었다. 안타깝게도 창구 직원의 대답은 시원치 않았다. 고객 응대 매뉴얼에 저축 상품의 금리가 왜 변동했는지에 대한 설명요령은 나와 있지 않기 때문이다. 그래서 나는 뒤에 앉아있는 지점장에게 면담신청을 하고, 지점의 테이블에서 앉아 커피를 마시며 질문했다. 지점장은 이렇게 대답했다.

"그건 정기 적금의 중도 해지 비율이 한 30%정도 되기 때문이에요."

나는 사실 전작前作에서도 정기 적금의 금리가 정기 예금의 금리보다 높은 이유를 구구하게 기술했다. 그런데 이번에 그 이유를 새롭게 쓰려고 한다. 결론부터 말하면, 전작의 설명은 본질을 꿰뚫었다고 볼 수 없다. 경기도 화성에 있는 제2금융권 지점장의 입에서 나온 위의 설명이 진실에 가까웠다.

정기 적금은 매달 약정액을 납입해야하는 상품이다. 그런데 불가피한 사정이 생긴 사람은 중도에 납입을 포기하고 해지한다. 이런 경우 약정이자를 받지 못한다. 약정이자보다 훨씬 미미한 이자를 받게 되니, 중도 해지한 시점까지 은행에 거의 공짜로 돈을 빌려준 셈이다. 약정이자를 고객에게 고스란히 줘야하는 만기날짜 이전에 중도해지 하면, 금융기관으로서는 상당한 이익이 아닐 수 없다.

대한민국 금융기관 수익의 대부분은 예대차 마진이다. 즉 예금이자율보다 대출이자율이 높으니 그 차익에 의한 수익이 금융기관을 먹여 살린다는 말이다. 그런데 중도 해지를 하면, 예금자에게 이자를 거의 지급하지 않아도 되고, 예금주가 중도 해지할 때까지 고객의 예치액을 대출자에게 빌려주고 대출이자를 받을 수 있으니, 금융기관은 상당한 수익이 아닐 수 없다. 이렇게 되면, 금융기관은 거의 공짜로 예금자의 돈을 빌려다가, 대출자에게 이자를 받고 빌려 주는 것이다.

이런 중도 해지 고객이 전체 정기 적금 고객의 30%에 달하니, 정기 적금 금리를 높여도 은행 측은 별로 손해 볼 일이 없다. 이것은 금융기관이 게임이론을 활용하고 있다는 반증이기도 하다. 게임이론이란, 자신의 이익을 극대화하기 위해 상대의 전략과 행동 패턴을 수학적으로 분석하는 이론이다. 이러한 이론을 적용하면, 은행은 이익을 극대화하기 위해 상대방의 행동을 분석하고 예측하는 능력을 발휘한다. 물론 여기서 은행의 '상대방'이란 은행에 돈을 예치하는 예금자다. 즉 은행은 고객의 행동 성향을 파악하고 데이터를 만들어서 영업에 활용한다는 말이다. 그날 지점장은 6.5%까지도 이자율을 올릴 수가 있다고 호언장담했다. 그날 내가 대화를 나누며 관찰한 지점장은, 중도 해지 고객들이 상당수 발생할 거라고 예상했다.

은행의 입장에서는 안 될 일이지만 내가 가입한 정기 적금을 중도 해지할 가능성은 0%다. 그러나 분명한 점은, 상당수의 정기 적금 가입자가 중도에 해지하여 약정이자를 받지 못하고 은행의 수익에 기여한다는 사실이다. 그리고 금융기관은 이러한 중도해지 고객의 비율까지 고려하여 높은 금리로 고객을 유인한다. 은행의 입장에서 중도 해지하는 고객이 많을수록 유리하다. 그렇다면 은행이 좋아하는 고객은 매달 납입액을 꼬박꼬박 제때에 불입하는 성실한 예금자가 아니라, 중도에 정기 적금을 해지하여, 애당초의 계획을 지키지 못하는 허망한 고객이라는 결론에 이른다.

흔히 예금상품의 구분상 정기 적금은 '목돈마련상품'으로 불리고, 정기 예금은 '목돈굴리기상품'으로 분류된다. 정기 적금 상품은 매달 일정액을 납입하기로 약정한 사람이 목돈을 마련하기 위해 가입한다. 그에 비해 정기 예금은 이미 여유자금을 가지고 있는 예금자가 '당장 없어도 되는' 목돈을 한 번에 맡겨서 일정 기간 후에 이자와 함께 만기액을 수령하는 상품이다. 일반적으로,[3] 정기 예금은 금전적 여유가 있는 사람이 가입하는 상품이므로, 가입자가 지속적인 납입의 압박을 받을 가능성이 적으니 중도해지의 가능성이 정기 적금보다 낮다. 그에 비해 정기 적금 가입자는 목돈을 아직 모으지 못한 상태에서 자금을 모으려는 입장이니, 급전이 필요한 경우 어찌할 도리 없이 기존의 정기 적금을 깨기 쉽다.

여기서 알 수 있는 사실은 다음과 같다. 어떤 분야에서건 인간은 계획을 세울 수 있지만, 모든 사람이 목표를 달성하지 못한다. 세상에는 자기와의 다짐을 굳건히 실행하는 사람이 있는 반면에, 속절없이 지리멸렬 무너지는 패배자도 존재한다. 재테크도 마찬가지다. 돈을 모아야겠다는 생각으로 계획을 세우고 어떤 행동을 시작하지만, 결실을 맺지 못하는 경우가 적지 않다는 것이 확률적으로 입증된다. 대형서점에서 재테크 관련 서적이 산더미처럼 깔려있고 꾸준히 팔려나가는데도 많은 사람들은 여전히 가난하거나 화폐의 부족을 느낀

---

3) 이 책을 계속 읽으면, 독자는 일반적인 저축상품에 대한 선입견의 전복을 꿈꿀 것이다.

다. 인간의 이성적 노력은 종종 감성적 충동에 의해 작심삼일로 끝나고 도로 아미타불이 된다. 그렇기 때문에 부자들의 수는 자본주의 역사상, 아니 지구역사상 늘 소수였다.

　인간의 욕망을 부인하지 않는 대부분의 사람들이 경제적 여유를 꿈꾸지만, 현실은 늘 그들의 희망을 배반한다. 나는 그들 모두가 경제적으로 만족하지 못하는 이유를 쉽게 설명할 수 있다. 실패자들은 늘 부자가 절대 될 수 없는 사람들의 행동을 따라 한다. 돈이 부족한 사람이, 돈을 낭비하는 사람의 행동을 따라 해서는 늘상 쪼들릴 뿐이다. 만기시점까지 정기 적금을 완납하지 못하는 사람들이 상당수라는 사실을 은행은 알고 있다. 그리고 은행은 이를 감안해서 자신들의 이익을 극대화하려고 전략을 짠다. 은행의 이익을 극대화하려면, 일단 정기 적금 중도 해지고객이 많아져야 하므로, 만기까지 버티는 정기 적금 상품 가입자의 인내심이 떨어지기를 속으로 바랄지도 모른다. 이 고마운 고객들을 위해서 은행이 하는 일이란, 그저 통장을 발행하는 일이다. 그리고 중도 해지하는 고객들의 돈을 거의 공짜로 빌려 쓴다. 정기 적금 가입 고객이 돈의 부족을 느끼고 정기 적금을 중도 해지한다면 은행은 이익을 거둔다. 결국 금융자산 부자가 되느냐 마느냐에 있어서 참고 견디는 극기정신이 중요하다. 따라서 나는 정기 적금을 중도 해지하는 사람이, 재테크에서 성공할 가능성은 그리 높지 않다고 생각한다.

2-6 위대한 의심의 시작

사람들을 제멋대로 박해하고, 화형까지 서슴지 않는 중세적 분위기를 목격한 르네 데까르뜨René Descartes(1596~1650)는, 종교의 권위의식에 넌덜머리가 났다. 그런 암흑시대에, 교회에서 떠드는 말이 거짓말이라고 폭로하는 행위는 자살행위나 마찬가지였다. 이미 페르디난드 마젤란Ferdinand Magellan(1480~1521)의 탐사대가 귀환하여 지구가 둥글다는 사실을 확인(1522년)했지만, 성서에 나와 있지 않은 신대륙의 발견을, 어리석게도 제멋대로 규정하고는 성서의 권위에 끼워 맞추는 촌극마저 발생했다.[4] 세상은 한 번에 바뀌지 않았다.

머리가 좋은 데까르뜨는 직접적으로 비판하기보다는 살짝 돌려서 말하면서 종교재판을 피할 수 있었다. 확실하다고 믿었던 기존의 사항들을 하나하나 의심한 끝에 그가 도달한 결론은 다음과 같다. 의심할 수 없는 한 가지가 있는데, 그것은 인간이 생각하고 있다는 사실이다. 그가 공격하고 싶은 것은 중세의 허구였겠지만, 그렇게 노골적으로 적개심을 드러냈다가는 탄압을 피할 수 없으므로 우회적으로 표현하는 방법을 찾았다. 결국 의심할 수 있는 이성의 주체가 인간임을 밝힘으로써, 신의 이름을 빙자한 중세의 거짓과 광기에 대해 맞설 수 있는 사상의 기초를 닦은 것이다.

오늘날 종교의 자유가 보장된 사회에서 특정한 종교적 신념을 절대적으로 따르지 않는다고 해서 박해를 받는 일은 거의 없다. 신의

---

4) 그 당시의 세계관에 대한 지적인 혼란은, Anthony Grafton이 쓴 『New Worlds, Ancient Texts』(1992, Belknap Press)에 자세히 나와 있으니 참고하기 바란다.

뜻에서 벗어나는 행위를 마녀의 장난으로 규정하고 인간을 잔혹하게 학대하는 처사는 문명세계에서 거의 종료됐다. 왜냐하면 특정한 역사적 환경과 한정된 지역에서 기원한 신앙의 가르침이 지구상의 모든 인간의 삶을 규정할 수 없을 정도로, 21세기의 지구별地球은 글로벌화하고 복잡해졌기 때문이다. 종교의 탈을 쓴 공론空論이 기승을 부렸던 시기보다 인간의 지력의 미치는 범위가 훨씬 더 넓어졌고, 교회가 풀지 못했던 미지의 영역은 이성과 과학을 통해 해결이 가능해졌다. 종교의 권위는 점차 약해지는 추세다.

데까르뜨가 활약했던 17세기는 오늘날 '과학혁명의 시대'라고 불리는 시기다. 그러나 과학혁명의 시대라고 불린다고 해서, 당시의 모든 사람들이 과학적 세계관으로 무장한 것은 아니다. 그저 과학적 방법론에 대한 개념이 막 정립되던 당시의 상황을 특기特記하기 위해 오늘날 그렇게 부르는 것이다. 17세기의 유럽에서는 새롭게 부각되는 과학의 도전이 거셀수록 기존 형이상학적 세계관의 저항도 만만치 않았다. 관찰을 통해 코페르니쿠스의 학설을 지지했던 갈릴레오를 탄압한 곳은 학계가 아닌 교황청이었다. 갈릴레오가 관찰과 수학적 데이터를 근거로 지구가 운동한다는 사실을 주장했다는 이유로 교황청의 종교재판에 소환당하여 심문을 받은 해가 1633년이다. 그리고 이런 음울한 분위기속에서 데까르뜨가 『방법서설Le Discours de la méthode』을 출판한 해는 1637년이다. 이성에 대한 신념으로 가득 찬 데까르뜨의 저서 곳곳에 신의 존재를 증명하려고 애쓰는 것처럼 보이는 것이 다소 생뚱맞게 보이지만, 이런 사회적 분위기를 파악하면 그 이유를 알아챌 수 있다. 그는 분명 생명의 위협을 느끼며 글을 썼다. 데까르뜨는 속으로 당시의 교회를 욕하면서도, 겉으로는 신의 존재를 증명하는 척하며 목숨을 건 줄타기를 시도했다.

내가 『구르는 돈에는 이끼가 낀다』를 출판한 해는 2012년이다. 무명작가의 글이었는데도 불구하고 출판 직후부터 여러 재테크 관련 싸이트에서 이 책에 대한 갑론을박이 많았다. '극찬'에서부터 '사기'라는 평가에 이르기까지 다양한 반응이 있었다. 나는 별로 개의치 않았다. 왜냐하면 내 주장은 어디까지나 수학적 결과에 기반을 두기 때문이다. 수학의 답은 늘 항상 하나다. 어떤 정답을 주장하는 사람이 있는데, 혹자或者가 다른 해답을 내놓는다면, 둘 중의 하나는 틀렸다는 말이다. 나는 데까르뜨처럼 저술활동으로 인해 신변에 위협을 느끼지는 않았지만, 몇몇 지력이 떨어지는 사람들의 반응을 보면서 나의 이론이 올바르게 인정받기까지 아직 시간이 좀 더 필요하다는 판단을 내렸다. 오답을 주장하는 사람들이 정상적인 판단을 내릴 때까지 얼마의 시간이 필요한지 알 수는 없다. 교황 요한 바오로 2세에 의해 갈릴레오가 사과와 인정을 받은 해는, 그의 사후 350년이 지난 1992년이었다. 갈릴레오의 백골이 진토塵土가 되고 넋이라도 있는지 없는지 모를 정도가 되어서야 말이다. 불운한 운명을 맞이할 사람들은, 나의 책을 통해 훨씬 더 많은 돈을 쉽게 벌 수 있었음도 불구하고, 그 기회를 놓치고는 바보의 상태로 죽을 것이다. 그들의 인생의 행로는 그들이 결정했다.

수학문제의 답이 정해져 있는데도 자꾸 오답을 내는 어리석은 학생을 보는 선생님의 입장과 나의 처지가 비슷했다. 공식을 잘못 이해한 학생은 과정을 그릇되게 유도하고 엉뚱한 방향으로 문제를 푼다. 그리고 정답과 멀어진다. 그렇다면 처음부터 다시 가르쳐야 한다. 그런데 강력한 세뇌를 통해 잘못된 가르침으로 학생들의 선험적 인식 체계를 망가뜨린 주범이 내가 아닌 과거의 선생님들이라면 문제는 심각해진다. 어쩔 수 없이 이들을 비판해야하고, 이들로부터 전수받은 지식이 가짜임을 알려줘야 한다.

그런데 이러한 가르침을 전하려 해도, 옛날에 배운 엉터리 지식을 떨쳐버리지 못하고 새로운 내용을 거부하는 학생들을 상대하려면 힘이 두 배로 든다. 어떤 참된 지식episteme을 가르치기 전에, 기존의 잘못된 지식으로 인해 사고의 회로기능이 마비된 학생들의 두뇌부터 치료해야 하기 때문이다. 이런 학생들은 나의 책에서 명확히 정리된 수학적 결론을 보고도, 이전의 선생님들이 자신들에게 틀린 지식을 주입했을 리 없다며 오히려 나를 의심한다. 정작 의심해야 할 대상은 그들의 마비된 이성에 뿌리박힌 고정관념이지만, 그들의 헛된 자존심은 KBO심판학교 출신의 일개 야구심판[5]이 정리한 방정식을 믿지 않으며, 좀처럼 이해하지 못하거나 이해하려 들지 않는다. 한편 일부는 교묘하게 표절하기도 한다. 그리고는 자신들이 전혀 걸리지 않을 거라고 생각한다. 그들이 그동안 공부했던 지식이 거짓이라는 사실도 받아들이려 하지 않는다. 자신을 속이는 것이다. 과학의 발흥에 대항하는 중세적 신앙의 허망한 저항처럼, 21세기에도 그들의 어리석은 지력은, 소탕되는 지리산의 빨치산처럼 최후의 발악을 하고

---

[5] 나는 KBO와 KBA가 공동으로 주관한 야구심판학교를 수료한 후, 가끔 야구심판으로 활동한다.

있다. 그들이 하루빨리 이성의 품으로 귀순해서 '남극성 이론'의 복음을 깨닫기 바란다.

이러한 논란이 오직 수학의 영역에만 국한된다면 그리 큰 문제가 아닌 것처럼 보일 수 있다. 최종학교를 졸업하고 한참이 지난 사람의 대부분은, 특정한 수학문제를 맞히거나, 혹은 맞히지 못한다고 해서 삶이 달라진다고는 생각하지 못한다. 그런데 이 수학문제의 해결능력이 돈과 관련된다면 얘기는 달라진다. 남극성 이론에 따라 수학문제를 풀면 없던 돈이 생기거나, 사라졌을 법한 돈을 되찾는다. 따라서 입시를 앞둔 수험생처럼 수학을 진지하게 고민해야 한다.

2-7 학습의 필요성과 음울한 현실

수학 문제를 풀 때는 차분한 마음으로 답을 찾기 위해 종이에 수식을 정리한다. 공부는 마음이 편한 상태에서 책상에 앉아 하나하나 스스로 문제를 해결하는 과정이다. 반복을 통해서 응용력도 생긴다. 이렇게 내공을 쌓다보면 어떤 분야에서 도통道通한 경지에 이르기도 한다. 불행히도 이런 과정을 체험하지 못한 사람은 어느 것 하나도 제대로 배울 수 없다. 그저 학습을 귀찮게 생각할 뿐이다. 그렇게 인생을 낭비하고 무의미하게 늙어간다. 그리고 점점 식자識者와의 간격은 벌어진다.

한 교실에서 동일한 교과서로 배우는 조건을 공유하지만, 학생들마다 느끼는 수업에 대한 이해도는 제각각이다. 학생들의 학업성취의 차이는 시험성적을 통해 드러난다. 우수한 성적을 거둔 학생을 칭찬을 받는다. 만약 재테크의 지식을 수학적 방식으로 설명할 수 있다고 한다면, 재테크의 수학공식을 이해하지 못하는 학생은 상대적으로 적은 돈을 벌 것이다. 만약 수익률이 낮은 사람이 자신의 문제점을 제대로 인식한다면, 좀 더 재테크 공부에 힘써야겠다고 다짐할 것이다. 그러나 인간은 그렇게 쉽게 이성적인 실천을 행하지 않는다. 대부분 자신의 비효율성을 깨닫지 못하고 나태한 세월을 보낸다. 같은 양의 일을 하고도 단지 남들보다 머리를 좀 더 쓰지 않았다는 이유로 돈을 적게 버는 상황에 대해 분노하기는커녕, 어떠한 자극도 느끼지 못하는 사람들도 많다. 왜냐하면 이런 문제의식을 지니려면, 자신의 두뇌가 좋지 않거나 기존의 학습이 잘못되었다는 것을 인정해야 하는데, 헛된 자존심이 강한 사람들은 자신들이 틀렸다는 사실을 좀처럼 인정하지 않는다.

돌아가는 현재의 상황이 복잡해졌다. 왜냐하면 '정기 예금 풍차론자'들이 엉뚱한 가짜 정보를 유포시켰기 때문이다. 이러니 나는 마치 새로운 과학지식을 전파하기에 앞서, 우선 중세시대의 세뇌된 고정관념과도 싸워야 하는 계몽주의자처럼 행동해야 한다. 정확한 지식을 전파하기 전에, 사람들의 머릿속에 박혀있는 고정관념과, 그 미신을 심어놓은 3류 재테크 저자의 헛소리들을 파헤치고 거짓 논리의 허점을 반박해야 한다. 그러나 그렇게 되려면 사람들이 내 책을 읽어야 하지만, 공짜로 책을 무한정 배포할 수는 없는 노릇이다.

'남극성 이론'은 따지고 보면 매우 간단하다. 정기 예금의 금리보다 정기 적금의 금리가 높으니 모든 돈을 정기 적금의 금리로 굴려보자는 시도에서 비롯되었다. 여기에 남극성이 개발한 몇 가지 실행 가능한 시뮬레이션과 공식을 통해 정기 적금의 표면 금리보다도 더 높은 수익률을 얻는 방법이 더해졌다. 물론 이 과정을 이해하기 위해서는 차근차근 기록하며 계산을 정리하는 과정이 필요하다. 남이 내놓은 결과를 그냥 눈으로만 봐서는 실감하지 못할 수 있다. 그래서 본인이 직접 체험해야 이해가 더 빠르다. 수학의 인식체계는 분명 선험적이다. 그러나 약간 머리가 나쁜 사람이, 남극성 이론을 '몸으로' 깨닫기 위해서는 다소 경험주의적 인식이 필요함을 나는 주장한다. 돈을 직접 만져보고 확인하면, 나의 이론을 부정하고 싶어도 부정할 수가 없기 때문이다.

과학적 지식을 받아들이고 연마하는 데 게을리 해서는 안 되는 시기는 학창시절만이 아니다. 세상의 변화는 늘 기존의 체제에 대한 의심에서 비롯되었다. 사실 돈을 벌어다 주는 혁신에 신경을 쓰다보면 잘못된 고정관념을 퍼뜨린 사이비들을 비판할 시간도 없다. 새로운 패러다임을 수용하고 변혁을 추구하기에도 바쁘기 때문이다. 공중파 방송에 몇 차례 출연했을 뿐인 나의 낮은 지명도와 미약한 발언권은 아직 큰 영향력을 발휘하지 못한다. 오직 두뇌회전이 빠른 독자들에게만 영향을 미치고 있을 뿐이다. 분명 실증주의에 입각해서 논리적으로 증명이 가능한 나의 이론은, 돈 비토 꼴레오네Don Vito Corleone[6] 처럼 '거절할 수 없는 제안an offer he can't refuse'을 속삭이지만, 세상 사람들을 잘 귀담아듣지 않는다. '놀면서 쉽게 버는 돈'과 관련된 정보임에도 불구하고 종종 무시당한다. 마피아 조직의 활동처럼 불법이 아닌데도 말이다.

세상은 빨리 변하는 것 같지만 그렇게 쉽게 변하지도 않는다. 토마스 쿤Thomas Samuel Khun(1922~1996)은 자신의 계획이 물리학에서 과학사history of science로 돌아서게 된 계기가 '낡은 과학의 이론과 실제에 접하게 된 그 체험'이라고 고백했다.[7] 그의 입장에서 본다면, 과학사뿐만 아니라 구닥다리 재테크의 이론과 이의 수용과정도 패러다임의 관점에서 이해할 수 있다. 기존의 '정기 예금 풍차 돌리기'가 보편적으로 인식된 구식 과학이라면, '남극성 이론'은 아직 충성스럽고 끈질긴 옹호자집단을 형성하지 못한 새로운 개념이다. 그래서 시간이 필요하다. 전대미문前代未聞의 이론이므로 개념을 설명하는 몇몇 용어들은 내가 직접 명명했다. 전작에서 언급한 '앨리스'나 '도루' 같은 개념은 이렇게 만들어졌다. 상황이 이러하므로 똑똑한 독자들은 2012년에 일찍 책을 접하고 돈을 벌기 시작했고, 아직 책을 보지 못했거나 이해하지 못한 사람들은 저효율의 방식을 고수하는 중이다. 만약 시간이 많은 누군가가 대한민국 재테크의 역사를 기술한

---

[6] 프란시스 포드 코플라(Francis Ford Coppola)가 1972년에 연출한 영화『대부 (The God Father)』의 주인공으로 말론 브란도(Marlon Brando, 1924~2004)가 이 배역을 맡았다.

[7] 『The structure of scientific revolution』(1962, The University of Chicago Press)에서 토마스 쿤은 '낡은'이라는 뜻을 나타내기 위해, 'out-of-date'라는 형용사를 사용했다.

다면, '남극성 이론'의 수용과정을 이렇게 기술記述할 것이다.

나는 한때 지구와 인류를 구하는 영웅들의 이야기를 다룬 영화『어벤져스Avengers』씨리즈의 주인공들이 지녔을 법한 숭고한 사명감을 가졌던 적이 있다. 그래서 나의 이론을 주변사람들에게 전하려고 열정적으로 노력했다. 그러나 지금은 다소 냉소적으로 바뀌었다. 좋은 정보를 무료로 알려줘도 그들은 별로 고마워하지 않는다는 사실을 알았기 때문이다. 목마른 사슴이 샘물을 찾는 법이다. 빗물을 받아먹는 데 만족하는 원시인들에게 우물의 우수성을 말로 전한다고 해서 그들이 땀을 흘려가며 우물을 파는 일은 없다. 왜냐하면 머릿속에 우물이라는 개념이 아예 없기 때문이다. 돈을 벌고는 싶지만, 돈을 버는 방법에 대해서는 관심이 없는 사람에게 굳이 학습의 중요성을 강조할 필요는 없다. 이런 사람들은 철저하게 망하기 전까지 정신을 못 차릴 가능성이 크다. 그나마 망하고 나서 정신을 차린다면 다행이다. 재테크 학습의 개념이 형성되지 않은 사람에게 공부나 독서를 권하는 행위는 공염불이다. 가난하고 무식한 사람에게는 다 이유가 있다. 이들이 비겁한 핑계는 무덤 속에서도 계속 될 것이다.

2-8 늘어나는 평균수명과 남극성 이론

의학의 발달에 따라 인간의 평균수명은 갈수록 길어진다. 이 글을 읽는 독자나 필자는 통계적으로 평균수명만큼 산다. 부양해야할 노인들의 수가 기존의 예상보다 많아지니 기존의 연금제도에 결함이 발생한다. 따라서 그러한 문제점을 해결하기 위해 연금개혁이 필요하다. 은퇴 후에 지급받는 연금의 액수가 줄어들기를 바라는 노인은 없다. 그러나 연금제도의 존속여부가 흔들릴 만큼 문제가 된다면, 연금지급의 지속가능성을 붕괴시키지 않도록 현명하게 조율하는 지혜가 필요하다. 즉 연금 수령액을 줄이거나 연금 지급 연령을 늦춰야 한다.

대한민국에서 가장 많은 인구가 태어난 해는 1971년이다. 약 102만 명이 태어났다고 한다. 이 해에 태어난 중3학생들이 치룬 인문계 고교 진학을 위한 200점 만점 연합고사의 커트라인은 145점이다. 연합고사 역사상 가장 높았다. 이들이 사회에 진출하는 무렵에는 IMF 사태가 발생했다. 엄청난 입시 경쟁을 치루고 사회에 나왔는데 이들을 받아 줄 직장이 없었다. 대한민국에서 가장 지독한 경쟁을 거친 세대가 바로 1970년대 초에 태어난 중생衆生들이다. 이에 비해, 2015년에 태어난 인구는 고작 42만 명 남짓이다. 1971년에 태어난 출생 인구의 절반도 되지 않는다. 이런 인구변화의 흐름 속에서 고입 연합고사는 당연히 폐지되었다. 고교 진학을 위해 경쟁할 인구가 줄어들었으니, 시험의 존재이유가 사라졌기 때문이다.

1980년대만 해도 정부는 가족계획 표어를 현상 공모했다. 그 중에 가장 기억이 남는 것은 '하나씩만 낳아도 삼천리는 초만원'이었다. 시간이 흘러 2천 년대에는 '한 자녀보다는 둘, 둘보단 셋이 더 행복합니다'라는 표어가 나왔다. 이제 저출산을 장려하는 표어는 사라졌다. 세상의 문제를 돈의 관점으로 보면 이러한 변화의 이유를 쉽게 간파할 수 있다. 예전에는 인구의 폭발에 따르는 비용의 재원마련을 걱정했지만, 이제는 정부가 돈이 필요하니 납세자의 부족을 두려워하는 지경이 되었다.

1971년생이 은퇴하는 시점이 다가옴에 따라 문제는 본격적으로 현실화할 것이다. 얼마 남지 않았다. 대한민국의 인구분포도는 점차 노인의 인구 비율이 높은 역逆피라미드의 형태를 닮아가고 있다. 국민연금의 납입자는 줄고, 수혜자는 늘어나는 구조다. 문제는 국민연금이 은행에 돈을 맡기는 저축이 아니라는 사실이다. 자신의 계좌에 노후에 쓸 돈을 미리 납입하는 개념이 절대 아니다. 자신이 내는 돈은 현재의 노인들을 위해 쓰이고, 향후 노인이 되었을 때는 미래의 젊은 세대가 부담하는 돈을 지급받는 원리다. 국민연금 관계자들이 이 글을 읽으면 기분 나쁘겠지만, 사실 국민연금의 운용방식은 금융 피라미드 방식인 폰지 사기Ponzi Scheme와 매우 흡사하다.

폰지 사기는 이탈리아 출신의 미국이민자 찰스 폰지Charles Ponzi(1882~1942)가 1920년대에 일으킨 희대의 사기극이었다. 폰지는 처음에 90일 만에 50%의 수익을 제안하여 투자자를 모집한 뒤, 이후 신규 투자자의 돈으로 기존에 투자자들과 자신에게 이익이나 배당을 지급했다. 그러나 자금의 운용을 통해서 창출하는 새로운 이윤은 거의 없었다. 그러므로 새로운 자금이 지속적으로 유입되지 않으면, 운용이 불가능해지니 언젠가는 자금조달funding이 무너질 수밖에 없는 구조였다. 1920년에 폰지에 투자했던 투자자들의 손실은 약 2천만 달러였는데, 2011년 기준으로 따지면 약 2억 2천 5백만 달러가 된다.

유사한 사건이 2008년에 미국에서 다시 발생한다. 주동자는 나스

닥 거래소 위원장을 3차례나 역임한 버나드 메이도프Bernard Madoff라는 거물이었다. 메이도프는 자신의 유명세를 이용해 부유층으로부터 자금을 조달했는데, 폰지처럼 막대한 고수익을 내걸지 않고, 보다 현실적이라고 할 수 있는 10%의 수익률을 제시했다. 물론 새로 유입한 자금을 수익성 있는 사업에 투자한 것이 아니므로 실질적인 수익 창출은 없었다. 그럼에도 불구하고 새로 맡긴 자금이, 기존 투자자에게 지급되는 수익금과 환매되는 자금보다 많았기 때문에 지속적인 사기를 유지할 수 있었다. 그러나 친절한 요정이 등장하는 동화의 줄거리는 거기까지였다. 서브프라임 모기지 사태가 발생할 무렵, 투자자들이 환매를 요청하면서 사기극의 전모는 드러났다. 이번의 경우는 1920년대와 달리 미국의 부호뿐만 아니라 세계적인 금융사까지 덫에 걸려들었다. 심지어 한국의 보험사와 자산운용회사들도 피해를 입을 정도였다. 추정된 실제 손실액은 수백억 달러라고 밝혀졌고, 메이도프는 150년 형을 선고받았다. 이렇듯 아랫돌 빼어 윗돌 괴는 방식의 금융 다단계방식은 개명천지開明天地 21세기에서도 가능했다.

그런데 유감스럽게도 국민연금의 운용방식이 이러한 금융 다단계의 방식과 흡사함을 부인할 수 없다. 가뜩이나 미래의 인구가 줄어드는 판에 기존의 제도를 유지했다가는 재정의 고갈을 피할 수 없다. 따라서 연금의 지급방식을 유연하게 바꾸어야 하는데, 결국 이전 세대보다 덜 수령하는 방법으로 귀결될 것이다. 그렇다면 노후생활을 전적으로 연금에 의존할 수 있다는 믿음은 재고하는 것이 좋다. 2015년 그리스에서 발생한 사태의 결과로 연금지급에 차질이 발생하자 생활에 곤란을 겪는 노인들이 늘어났다. 국가 재정 운용의 비효율이 극에 달하는데도 개혁을 시도하지 못하면 결국 사회적 파국이 발생한다. 사회안전망이 붕괴됐을 때 개인이 의지할 수 있는 힘은 경제력 밖에 없다. 그 경제력은 개인의 현금보유액으로 증명된다.

　2015년 10월, 9급 공무원에 합격한 서울대 졸업생에 대한 다양한 반응을 다룬 기사가 나왔다. 9급 공무원에 합격한 서울대 졸업생의 소감이 걸작이다. '저녁이 있는 삶'을 중요하게 생각한단다. 아무리 좋은 기업에 취업해도 고용의 지속성을 보장받을 수 없으니, 비록 급여는 적어도 고용이 안정된 하급 공무원직을 선택했다는 얘기다. 너무나 당연한 말이지만 학벌의 골품제는 사라졌다. 그런데도 이런 얘기가 화제가 되는 걸 보니, 아직도 사람들의 머릿속에는 신라시대와 별로 다르지 않은 신분의식이 남아있다는 반증이다.

　100세 수명의 시대에 삶 전체를 관리하는 것에 대한 불안감은 갈수록 커진다. 비록 적더라도 안정적인 현금흐름이 '저녁'을 보장한다면, 반대의 논리로 현금흐름이 불안정해지면, 저녁의 여유도 없다는 말이다. 여기서 저녁은 한 끼 식사를 의미할 수도 있지만, 인생의 저녁, 즉 노후의 삶을 가리킬 수도 있다. 9급 공무원으로 시작해서 남극성 이론을 통해 꾸준히 저축한다면, 이자 소득으로 인한 추가수입과 안전한 노후가 가능하다. 대한민국의 은행들이 망하지 않고 대한민국의 자본주의 체제가 붕괴되지 않는다면 말이다. 그러니 방송에 나와 '대한민국'이나 '한국'이라는 국호國號 대신에, '남한'이나 '남측'을 거침없이 지껄이는 인간들을 내가 얼마나 같잖게 여기는지 독자들은 짐작할 수 있을 것이다.

나의 의도는 대한민국의 연금제도를 비판하려는 것이 아니다. 연금제도의 문제점을 공격하는 데 급급한 사람은, 국민연금공단을 상대로 신랄하게 비판한다. 나는 대안을 제시한다. 최악의 경우가 발생했을 때, 사회보장제도를 보완할 수 있는 개인의 자구책을 말하고 싶었다. 국민연금관리공단의 관계자들의 오해가 없었으면 좋겠다. 남극성 이론을 이해하는 데 학력제한 따위는 두지 않는다. 은행 강도가 아니라면 은행은 누구나 대환영이다. 말단 9급 공무원도 저녁이 있는 삶을 꿈꿀 수 있는 대한민국은 위대하다. 대한민국 만세!

제3장

이론의 기초

범인凡人엔 침을, 바보엔 존경을, 천재엔 감사를

- 권진규

3-1 선납, 지연, 그리고 이연

12개월 만기 정기 적금을 개설하면 월불입액을 12번 납입해야 한다. 예를 들어 1월 15일에 개설한 정기 적금의 납입 기준일은 15일이다. 예금자는 만기 시까지 매달 15일에 납입을 하겠다고 은행과 약속을 한 셈이다. 매달 15일에 꼬박꼬박 납입하면 다음해 1월 15일에 이자가 포함된 만기액을 받는다. 15일에 깜빡 잊고 납입을 하지 못할 경우에 대비해서 자동이체 신청을 하기도 한다. 그렇게 되면 신경을 쓰지 않아도 15일에 자동이체하기로 등록을 한 계좌로부터 정기 적금 계좌로 자동적으로 납입액이 이체되어 편리한 것처럼 보인다.[1]

내가 어린 시절 모친의 정기 적금 통장을 보면서 어깨너머로 배운 지식이 있다. 그때는 인터넷뱅킹도 없던 시절이었다. 당시에는 15일이 납입기준일로 설정된 정기 적금을 개설하면 날짜에 맞춰서 정확하게 납입하지 못하는 경우가 발생했다. 예를 들어 15일이 일요일이라든가, 공휴일로 지정되면 은행이 문을 열지 않기 때문에 기준일에 납입하지 못했다. 8월 15일 광복절에는 납입을 못하니, 부랴부랴 다음 영업일인 16일에 납입을 해도 결국 하루 늦게 낸 셈이다. 예금자가 피치 못하게 은행과의 약속을 어긴 것이다. 그럴 때 이를 벌충할 수 있는 방법이 있다. 다음 납입일인 9월 15일보다 하루가 빠른 9월 14일에 납입을 하면 된다.

정기 적금 납입에 있어서 기준일보다 늦게 불입하는 것을 납입지

---

[1] 내가 '편리한 것처럼 보인다'는 표현을 쓴 것에 주목하기 바란다. 나는 절대로 정기 적금 개설시 자동이체를 신청하지 않는다. 그 이유는 차차 밝히므로 독서를 계속하기 바란다.

연, 혹은 납입연체라고 하는데 보통 금융업계에서는 지연遲延이라고 지칭한다. 예를 들어 15일이 납입기준일인 정기 적금에서 16일에 납입하여 하루가 지연되면 1일의 지연일이 기록된다. 이렇게 생기는 지연일을 벌충하기 위해서 다음에 납입할 때 납입일보다 먼저 내는 일을 선납先納이라고 부른다. 납입기준일인 15일보다 하루가 빠른 14일에 납입하면 1일의 선납일이 기록된다. 그렇게 정기 적금의 만기일까지 선납일과 지연일의 합이 0이 되면, 만기일에 만기액을 받는 데 아무 문제가 없다. 이렇게 지연일수만큼의 선납일수를 동원해 지연일을 소멸하도록 만드는 일을 유식한 말로 상계相計라고 한다. 그런데 사정이 생기면 만기 시까지 끝내 지연일을 벌충하지 못하는 수도 있다. 이럴 때는 만기액을 받는 만기일이 늦춰진다. 이를 만기일의 이연移延이라고 한다. 이연이란 미리 정한 날짜나 시기를 미룬다는 뜻이다. 만기의 이연이 발생하는 경우를 다음의 경우를 예로 들어 설명하겠다.

표 3-1

회차	1월 15일에 가입한 정기 적금 납입내역													예정 만기일	이연된 만기일
	1회	2회	3회	4회	5회	6회	7회	8회	9회	10회	11회	12회		
납입일	1/15	2/15	3/15	4/15	5/15	6/15	7/15	8/15	9/15	10/15	11/15	12/15	다음해 1월 15일	다음해 1월 17일
실제 납입일	1/15	2/14	3/13	4/19	5/18	6/13	7/15	8/15	9/18	10/20	11/19	12/16		
선납일		+1	+2		+2									
지연일				−4	−3				−3	−5	−4	−1		

누적선납일 5(1+2+2)일 − 누적지연일 20(4+3+3+5+4+1)일 = −15
∴ 총지연일의 절대값 = 15일
15 ÷ 12(총납입횟수) = 1.25 ≒ 2(이연일)

정기 적금의 납입형태를 나타낸 위의 표에서 누적선납일은 5일, 그리고 누적지연일은 20일이 발생하는데, 결국 15일의 총지연일이 발생한다. 이를 12개월 만기 정기 적금의 총 납입 횟수인 12로 나누면 1.25가 된다. 1.25라는 값은 일종의 표준편차로서 각각의 납입기준일보다 평균적으로 1.25일이 늦춰졌다는 말이다. 1.25에서 소수점 이하를 올림으로 처리한 정수整數인 2일만큼 만기일이 늦춰진다. 즉 예정 만기일인 1월 15일보다 2일이 늦춰진 다음해 1월 17일에 약정 만기액을 온전히 받을 수 있다는 말이다. 이를 통해서 알 수 있는 사실은, 12개월 만기 정기 적금에서 총지연일이 13일이 되건, 24일이 되건 이연된 만기일은 같아진다는 것이다. 왜냐하면 13을 12로 나눈 값(13÷12=1.0833…)을 소수점 이하 올림으로 처리하나, 24를 12로 나누나 결국 결과는 같은 2가 되기 때문이다.

그런데 만약 반대로 선납일이 지연일보다 많아진다면 어떻게 될까? 그렇다고 해서 만기일이 앞당겨지거나 만기 시에 받는 이자가 늘어나지는 않는다. 결국 은행 좋은 일만 하는 셈이다. 따라서 굳이 쓸데없이 만기 때까지 선납일을 많이 확보할 이유는 없다.

나는 어렸을 때부터 모친으로부터 선납과 지연에 대한 개념을 배웠다. 물론 당시에는 나중에 그 개념을 효율적으로 활용하여 이자소득을 극대화하는 이론까지 만들게 될 줄 몰랐다. 만약 모친이 지금보다 금리가 높았던 과거에 이 개념을 나보다 먼저 이론화했다면, 지금 아마 조그마한 건물 한 채쯤은 보유하고 있을지도 모른다. 재미있는 사실은, 전작 『구르는 돈~』에서 선납과 지연을 통해 내가 전개한 시뮬레이션에 대해서, 모친은 이해하기 어렵다고 평했다는 것이다.

3-2 남극성의 제1시뮬레이션

앞선 장에서는 선납과 지연의 상계를 통해 만기일이 이연되는 일이 없도록 취하는 조치에 대해서 알아보았다. 사실 내가 선납과 지연에 대한 지식의 기초를 얻었던 시절은, 인터넷뱅킹이 존재하지 않았던 시대였다. 따라서 그 당시에는 매번 정기 적금을 불입할 때마다 은행을 직접 방문해야 했다. 따라서 12개월 만기 정기 적금 상품에 가입하려면 12회의 불입회차 이외에 만기액을 받는 만기일까지 포함해서 총 13번 은행을 방문해야 했다. 그러나 지금은 인터넷과 모바일을 통한 이체가 자유로운 시대다. 아울러 조금만 신경 쓰면 편리한 서비스를 무료로 이용할 수 있다. 이번 장에서는 선납과 지연을 통해 번거로운 과정을 줄이는 시뮬레이션에 대해서 기술하겠다. 이 시뮬레이션은 오직 정기 적금에서만 가능하다. 소위 '정기 예금 풍차 돌리기'를 찬양하는 무뇌아들은, 이 시뮬레이션을 이해하는 뇌세포를 가지고 있지 않다. 남극성의 시뮬레이션은 '정기 예금 풍차 돌리기'의 수학적 허구를 명쾌하게 지적하기 때문에, '정기 예금 풍차 돌리기'와 '남극성의 시뮬레이션'은 양립할 수 없다.

12개월 만기 정기 적금 상품의 총 불입 횟수는 12회다. 1월 15일에 개설하여 전통적인 방식에 따라 매달 지정 납입일인 15일에 월 10만 원의 약정불입액을 낸다면 다음과 같이 납입이 기록될 것이다.

표 3-2

월불입액이 10만 원인 12개월 만기 정기 적금											
납입회차	1회	2회	3회	4회	5회	6회	7회	8회	9회	10회	11회	12회
납입일	1/15	2/15	3/15	4/15	5/15	6/15	7/15	8/15	9/15	10/15	11/15	12/15
월불입액	10만	10만	10만	10만	10만	10만	10만	10만	10만	10만	10만	10만

이런 식으로 매회 순서대로 제 날짜에 납입하면 만기일에 소정의 이자가 포함된 만기액을 받는다.

그런데 12회의 불입 횟수를 줄이는 방법이 있다. 정기 적금을 개설할 때 처음에 6회분을 한 번에 불입하는 방법이다. 매월 10만 원인 납입액의 6회분은 60만 원인데, 개설할 때 60만 원을 불입하면 한 달을 30일이라고 가정했을 때[2] 450일의 누적선납일을 확보할 수가 있다. 이를 표로 나타내면 다음과 같다.

표 3-3 남극성의 제1시뮬레이션

월불입액이 10만 원인 12개월 만기 정기 적금											
납입회차	1회	2회	3회	4회	5회	6회	7회	8회	9회	10회	11회	12회
	60만	→	→	→	→	→	←	←	←	←	←	60만
선납일	0	+30	+60	+90	+120	+150						
누적선납일	0	+30	+90	+180	+300	**+450**						
지연일							−150	−120	−90	−60	−30	0
누적지연일							−150	−270	−360	−420	−450	**−450**

---

2) 한 달은 30일 31일로 구성되어 있고, 2월의 경우 28일이나 29일로 구성되어 있다. 그러나 일단 여기서는 계산의 편의상 한 달을 30일로 계산하여 일괄적으로 적용하겠다. 실제 달력에 따른 정확한 날짜 계산은 이후에 전개하겠다.

〈표 3-3〉에서 **굵은 검은색 화살표** 부분을 살펴보면 첫 달에 6회분을 미리 냈음을 알 수 있다. 한 달을 30일이라고 계산하면, 2회차의 납입일보다 30일을 먼저 내고. 3회차의 납입일보다 60일을 먼저 냈다. 계속 이런 식으로 계산하면 4회차와 5회차보다 각각 90일과 120일을 선납한 것을 알 수 있다. 그리고 최종적으로 6회차의 납입일보다 150일을 선납한다. 따라서 6회분의 납입액을 처음에 한꺼번에 낼 때, 2회차부터 6회차에 걸쳐 발생한 선납일(30+60+90+120+150)을 계산하면 총 450일이라는 결론에 이른다. 450일의 선납일을 확보했다는 것은 이후의 불입에 있어서 각 기준일로부터 450일을 지연할 수 있는 권리를 확보했다는 말이다. 즉 7회차 이후의 납입에 있어서 450일의 지연을 행사할 수 있다.

〈표 3-3〉에서 굵은 파란색 화살표 부분을 집중적으로 살펴보자. 처음 계좌를 개설할 때 6회분을 미리 내서 450일의 선납일을 확보했음은 주지의 사실이다. 그런데 450일의 선납일을 행사하기 위해서 7~11회분의 납입을 지연시키고 12회차의 납입일에 7~12회차의 6회분을 한꺼번에 냈다. 한 달을 30일로 계산했을 때, 7회차의 납입을 12회차의 납입일에 내면 150일의 지연일이 발생하고, 8회차의 납입을 12회차의 납입일에 내면 120일의 지연일이 생긴다. 이런 식으로 9회차와 10회차가 계속 이어져서 각각 90일과 60일의 지연일이 생기고, 최종적으로 11회차를 12회차의 납입일에 내면 30일의 지연일이 기록된다. 이 모든 지연일을 합하면 총 450(150+120+90+60+30)일의 지연일이 계산되는데 앞서 발생한 총선납일 450일과 일치하여 상계 처리할 수 있다.

결국 이렇게 되면 12개월 만기 정기 적금에 있어서 1회차의 납입일에 6회분을 납입하고, 12회차의 납입일에 나머지 6회분을 납입하여 총 2번의 납입횟수를 통해서도 만기액을 만기일에 별 지장 없이 탈 수 있다는 얘기다. 이것을 '남극성 이론'을 구현하는 데 필요한 '남극성의 제1시뮬레이션'이라고 명명하겠다. 남극성의 제1시뮬레이션이라는 명칭을 붙이게 된 사연이 있다. 사실 전작 『구르는 돈~』에서 '선납'이라는 용어는 정확히 개념화했지만, 납입의 '지연'과 만기의 '이연'을 따로 구분하지 않고 그냥 이연이라는 용어로 단순화했다. 따라서 선납에 대응하는 지연이라는 용어대신, 이연이라는 틀린 용어를 대충 뭉뚱그려 사용했다. 전술한 바와 같이 이연은 만기가 늦어질 때나 쓰는 말이다. 즉 이연이라는 용어를, 납입기준일보다 납입이 늦어지는 지연의 개념을 표기하기 위해서 같이 묶어서 잘못 사용했다. 납입의 지연과 만기의 이연은 별개의 개념으로 명확히 구분해서 사용해야 한다.

그러나 전작을 저술할 당시에는 이러한 개념을 출판한 경우가 처음이었으므로 너무 세세히 구분하면 독자들이 이해하기 어려울 것이라고 판단했다. 따라서 단지 시간이 늦어진다는 개념을 설명하고자 지연과 이연을 하나로 통일해서 이연이라고 표기한 것이다. 물론 전반적인 내용을 이해하는 데 큰 지장은 없다. 그러나 내가 용어를 정확히 구분하여 사용하지 않은 것은 분명하다. 그런데 나의 전작을 베끼기 급급한 표절꾼들은 나의 실수를 반복했다. 원래 정신없이 베끼다 보면 옥석을 가리지 못하고 원문의 오타나 내용의 오류까지 답습한다. 실력이 모자라는 작가의 표절은 이렇게 쉽게 드러난다. 나는 이를 증거로 가지고 있다.

  내가 이론화한 시뮬레이션에 굳이 내 이름을 붙이는 것은 공명심功名心때문이 절대 아니다. 나는 파렴치한 표절과 처절하게 싸우고 있다. 이미 출판되어 한국저작권위원회에 등록된 도서의 내용을 파악하기 위해 저자인 나에게 접근한 후, 자신의 지식으로 둔갑시켜서 책을 내고 재테크 전문가 행세를 하는 사람도 있다. 경악할만한 사실은 이런 파렴치한들 중에 직업이 기자이며 방송에 출연하는 인간도 있다. 눈감으면 코 베어가는 세상이라지만 나의 경우는 눈을 뜬 채로 장기를 적출당한 셈이다. 나의 책을 이해함과 동시에 수익을 내는 독자들에게 당부하는 부분이 있다. 이 책의 독서를 통해 돈을 벌고 약간이나마 감사한 마음이 든다면, 제발 이 책에 언급된 공식들을 언급할 때 남극성의 이름을 붙여주기 바란다. 그래야 몇 년 동안 밤잠을 설쳐가며 숱한 실패 끝에 정리한 기록들이 표절당하지 않고 꽃으로 피어날 수 있다. 표절작은 베스트셀러가 되고 표절을 당한 원작자는 세상에 환멸을 느끼며 조용히 살고 있다. '남극성 이론'의 출범은 출판계의 비열한 표절에 대한 응징을 의미한다. 표절꾼들에 대한 관찰은 지금도 계속 진행 중이다.

3-3   남극성의 제2시뮬레이션

  남극성의 제1시뮬레이션에 의해 12개월 만기 정기 적금을 12회 납입하지 않고, 단 2회의 납입만으로도 만기액을 받을 수 있음을 입증했다. 이를 응용한 '남극성의 제2시뮬레이션'을 실행하는 방법도 있다. 이 방법 역시 단 2회의 납입만으로 12회의 정기 적금의 납입을 완료하는 형태다. 정기 적금 개설 시에 1회분을 납입하고, 나머지 11회분은 7회차 납입기준일에 납입하는 방법이다. 이 방법의 계산에 있어서 1회분의 납입액은 10만 원이고 역시 한 달은 30일로 일괄적으로 적용하여 계산한다. 이 납입방법을 표로 나타내면 다음과 같다.

표 3-4 남극성의 제2시뮬레이션

납입회차	월불입액이 10만 원인 12개월 만기 정기 적금											
	1회	2회	3회	4회	5회	6회	7회	8회	9회	10회	11회	12회
	10만 ←						110만					→
지연일	0	-150	-120	-90	-60	-30	0					
선납일							0	+30	+60	+90	+120	+150

제1시뮬레이션에서 자세한 설명을 마쳤으므로, 이 표에서는 굳이 누적지연일과 누적선납일에 대한 표기는 하지 않겠다. 이 방법에서는 일단 1회분을 납입하면서 정기 적금을 개설한다. 그리고 2~6회차의 납입은 건너뛴다. 그리고는 7회차의 납입일에 11회분인 110만 원을 한꺼번에 납입한다. 2~6회차의 납입을 건너뛰고 나머지 11회분을 한꺼번에 7회차의 납입일에 하게 되므로 2~6회차의 납입기준일에 대해 각각 150, 120, 90, 60, 30일의 지연일이 발생한다. 이 모든 지연일의 합은 450일이다. 7회분의 불입은 제때에 한 것이므로 선납일과 지연일이 발생하지 않는다. 그리고 8~12회차의 납입분은 7회차의 납입일에 미리 낸 셈인데, 각각 30, 60, 90, 120, 150일의 선납일이 발생하여 총선납일은 450(30+60+90+120+150)일 된다. 그렇게 하여 발생한 450일의

총선납일로 앞서 발생한 450일의 총지연일을 상계 처리할 수 있다.

남극성의 제1시뮬레이션은 남극성 이론을 처음 접하고 재테크를 시작하려는 예금자들을 위한 방법으로서 앞으로 제4장에서 그 응용사례를 상세히 설명하겠다.[3] 남극성의 제2시뮬레이션은 기존의 잘못된 '정기 예금 풍차 돌리기'에서 빠져 나오려는 사람들이 유용하게 써 먹을 수 있다. '정기 예금 풍차 돌리기'로 잘못 배치된[4] 저축자산을 남극성 이론에 입각한 저축자산관리의 포트폴리오로 빠르게 변환시키기 위해 제2시뮬레이션을 이용할 수 있다.

정기 예금 풍차 돌리기에 심취한 사람은 모든 돈을 정기 예금으로 굴린다. 그러나 남극성 이론의 효율성을 알게 되면 자신의 과오를 뉘우치고 하루 빨리 정기 적금의 운용방식으로 전환하려고 노력할 것이다. 물론 이러한 전환은 빠를수록 좋다. 예를 들어 정기 예금 만기 시에 받는 총 만기액을 $11x$라고 가정해 보자. 그리고 한 달을 30일로 계산해 보자.

표 3-5 남극성의 제2시뮬레이션의 응용

납입회차	1회	2회	3회	4회	5회	6회	7회	8회	9회	10회	11회	12회
	x	←					$11x$					→
지연일	0	-150	-120	-90	-60	-30	0					
선납일							0	+30	+60	+90	+120	+150

---

[3] 남극성의 제1시뮬레이션은 남극성 이론을 실제로 구현하는 데 가장 활용도가 높은 공식이다. 따라서 표절도 가장 많이 당한 부분이다.
[4] 잘못 배치됐다고 판단하는 이유는 간단하다. 정기 예금 풍차 돌리기의 수익성이 현저히 떨어지기 때문이다.

이자가 포함된 정기 예금의 예상 만기액 $11x$를 받기 6개월 전에 미리 그 만기액의 $\frac{1}{11}$에 해당하는 x를 1회분의 납입액으로 하는 정기 적금에 가입한다고 생각해 보자. 그렇다면 2~6회차의 납입을 건너뛰고, 기존에 가입한 정기 예금의 만기 시점에 만기액인 $11x$를 7회차의 납입일에 불입할 수 있다. 2~6회차의 지연에서 발생하는 총지연일은 8~12회차의 불입을 앞당김으로 해서 생기는 총선납일로 상계할 수 있다. 그리고 $11x$를 불입한 약 6개월 후에는 월불입액을 x로 삼는 12개월 만기 정기 적금의 만기액($12x$+소정의 정기 적금 이자)을 받을 수 있다.

이렇듯 정기 예금에 치우친 저축자산의 배열을 한시바삐 정기 적금 위주로 전환하기 위해서 남극성의 제2시뮬레이션을 이용하면 편리하다. x라는 비교적 적은 금액을, 정기 적금 개설할 때 필요한 1회분의 납입액으로 구할 수 있으면 정기 적금의 개설이 가능하다.

3-4 남극성 시뮬레이션의 응용

앞선 장에서 남극성의 제1시뮬레이션과 제2시뮬레이션을 설명하면서 선납일과 지연일의 상계를 통해 매달 분할 납입하는 정기 적금의 납입방식을 변형할 수 있음을 밝혔다. 그런데 이 응용방식은 거의 무한대로 변형이 가능하다. 매월 일정액의 급여를 받는 피고용인 employee과 달리, 수당제로 급여를 받는 근무자나 영업성과에 따라 수입이 달라지는 사업가들은 매달 일정한 저축가능금액을 산정하기 어렵다. 그렇기 때문에 매월 일정한 납입액을 불입하는 계획을 세워 정기 적금에 가입하기가 쉽지 않다.

그러나 정기 예금의 계좌에 저축자산을 예치했다가는 정기 적금의 금리보다 낮은 정기 예금의 금리로 돈이 증가한다. 이런 문제점을 해결하기 위해 다양한 시뮬레이션을 고민해야 한다. 이런 시뮬레이션들의 원리를 알게 되면 매달 일정하지 않게 들어오는 수입을 쪼개 정기 적금의 방식으로 자산을 배치할 수 있다.

표 3-5

납입회차	1회	2회	3회	4회	5회	6회	7회	8회	9회	10회	11회	12회
납입액	x	x	x	x	x	x	x	x	$2x$			$2x$
선납일										+30		
지연일											−30	

(선납일 30일 발생 / 지연일 30일 발생)

〈표 3-5〉에서도 역시 한 달은 30일로 계산했다. 1~8회 차까지는 매달 월불입액인 x를 제때에 납입했는데, 9회차에 갑자기 예상치 않은 잉여현금이 생겨서 평소 납입액의 2배를 납입해서 선납일 30일을 확보했다고 치자. 만약 이 상태에서 11회차와 12회차를 제 날짜에 납입하면 만기일까지 30일의 선납일이 남게 된다. 선납일을 남긴 채 만기가 된다고 해서 이자를 더 주거나 만기일을 앞당길 수 없다. 아까운 선납일을 남기고 은행만 좋은 일을 하는 셈이다. 결과적으로 예금자에게 손해다. 그렇기 때문에 30일의 선납일을 상계 처리하려면 위의 표에서처럼 11회차의 납입을 한 달 뒤로 미뤄서 30일의 지연일을 발생시켜야 한다. 따라서 12회차를 납입할 때 11회차와 12회차를

한 번에 몰아서 납입하여, 앞서 확보한 30일의 선납일을 상계 처리할 수 있다.

지금까지 선납을 표시하는 화살표는 **검은색**, 지연을 표시하는 화살표는 파란색으로 표기했다. 선납일과 지연일의 합을 0으로 만들려면 이 두 색깔의 화살표의 총길이를 맞추면 된다. 예를 들어 한 달을 30일로 계산할 때, 〈표 3-5〉에서처럼 한 칸의 **검은색** 화살표는 한 칸의 파란색 화살표를 통해 균형을 맞출 수 있다.

남극성의 제1시뮬레이션과 제2시뮬레이션은 12개월 만기 정기 적금의 12회 납입횟수를 극단적으로 2회로 줄이는 방법론이다. 필자는 수십 개의 정기 적금 계좌를 관리하고 있다. 사실 초창기를 제외하고 내가 남극성의 제1 및 제2시뮬레이션의 방법을 그대로 적용하는 경우는 실제로 거의 발생하지 않는다. 남극성 이론을 실천하고 수년이 지난 지금, 나는 그때그때 계좌의 사정을 봐가며 융통성을 발휘할 뿐이다. 남극성 시뮬레이션은 '정기 예금 풍차 돌리기'에 매몰된 원시인들을 문명화시키는 교화수단이다. 이 방법을 이용해서 미개한 '정기 예금 풍차 돌리기'에 중독된 환자들에게 복음good news을 전할 수 있다. 이런 방법들을 화살표를 이용해서 표기하면 간단히 이해할 수 있다. 역시 한 달을 30일로 계산하고 선납은 **검은색**, 지연은 파란색으로 표기하겠다. 월불입액을 x로 삼고 12회를 불입해야 하는 정기 적금의 다양한 납입방식들이다.

표 3-6

	1회	2회	3회	4회	5회	6회	7회	8회	9회	10회	11회	12회	총불입 횟수
1	x	←	$2x$	←	$3x$	→	$2x$	←	←	$3x$	→	x	6
2	x	←	←	$5x$	→	→	←	←	$5x$	→	→	x	4
3	$3x$	→	→	←	$3x$	$3x$	→	→	←	←	$3x$		4
4	x	←	←	←	←	$9x$	→	→	→	→	x	x	4
5	$2x$	→	←	←	←	$7x$	→	→	x	←	$2x$		4
6	x	←	←	←	$4x$	$5x$	→	→	→	←	$2x$		4
7	x	←	←	$5x$	→	→	→	$3x$	$3x$	→			4
8	$2x$	→	$4x$	→	→	←	$2x$	←	←	←	$4x$		4
9	$2x$	→	→	$3x$	$4x$	→	→	→	→	←	$3x$		4
10	x	←	$3x$	→	→	←	$5x$	←	←	←	$3x$	→	4
⋮	⋮	⋮	⋮	⋮	⋮	⋮	⋮	⋮	⋮	⋮	⋮	⋮	

    12개월 만기 정기 적금을 여러 개 관리할 때 모든 계좌의 납입을 일일이 납입기준일에 맞춰 불입해야 한다면 여간 번거로운 일이 아니다. 실제로 〈표 3-6〉에서처럼 선납과 지연을 활용하면, 12개월 만기 정기 적금에서 굳이 1회분씩 12회를 나누어 내지 않고도 만기일에 만기액을 받는 데 무리가 없다. 여러 개의 정기 적금의 계좌를 관리하는 데 있어서, 〈표 3-6〉을 이해하면 다양한 납입방식을 통해 정기 적금의 이자를 확보할 수 있음을 알 수 있다. 선택은 둘 중 하나다. 수중에 있는 돈으로 기존의 계좌에 납입할 것인지, 아니면 새로운 계좌를 개설할 것인지 결정하면 된다.

3-5 조커란 무엇인가?

조커Joker는 카드놀이를 하는데 있어서 다른 패 대신에 요긴히 쓸 수 있는 만능 패를 일컫는다. 남극성 이론에서 조커란 원활한 현금흐름을 위해 비교적 짧은 시간동안 빌리는 급전을 말한다. 이 급전을 융통할 때 지불하는 이자는 없거나 아주 적을수록 유리하다. 물론 모두가 어려운 형편에 현금을 빌리는 일이 쉽지 않다는 것을 나는 잘 안다. 나는 수십 개의 정기 적금 통장을 운용하다보니 이제는 평균적으로 한 달에 몇 번씩 정기 적금의 만기가 도래한다. 아울러 필자가 전작 『구르는 돈~』의 유명세로 공중파 방송에 출연하여 어느 정도 주변에 알려지니 신용과 평판이 좋아졌다. 따라서 나의 현금흐름을 이해하고 현금동원능력을 인정하는 사람들로부터 잠깐씩 돈을 꿀 수 있다. 조커의 활용능력은 신용도와 정비례한다. 누구나 알다시피 신용이 없는 사람은 남에게 돈을 꾸기가 어렵다.

조커의 활용을 실제의 사례를 통해 설명해 보겠다. 이미 알고 있는 남극성의 제1시뮬레이션과 제2시뮬레이션을 통해 조커의 필요성을 설명하겠다. 이번 경우에는 한 달을 일괄적으로 30일로 규정하지 않고, 31일과 30일, 그리고 2월을 28일로 설정하여 실제 달력과 동일하게 적용했다.

표 3-7

1월 5일에 개설하여 월불입액이 10만 원인 12개월 만기 정기 적금												
납입회차	1회	2회	3회	4회	5회	6회	7회	8회	9회	10회	11회	12회
납입일	1/5	2/5	3/5	4/5	5/5	6/5	7/5	8/5	9/5	10/5	11/5	12/5

납입액	60만											60만
선납일	0	+31	+59	+90	+120	+151						
누적선납일	0	+31	+90	+180	+300	**+450**						
지연일							−153	−122	−91	−61	−30	0
누적 지연일							−153	−275	−366	−427	−457	**−457**

〈표 3-7〉의 경우를 정확히 계산하면, 남극성의 제1시뮬레이션에 의해 누적선납일은 450일, 그리고 누적지연일은 457일이 발생했다. 누적선납일보다 누적지연일이 7일 더 많다. 따라서 이를 총 납입 횟수인 12로 나눈 후($\frac{7}{12}$ = 0.58333...) 소수점 이하를 올림처리하면, 1이 되므로 만기가 1일 이연된다. 따라서 약정만기액을 받을 수 있는 날은 다음해 1월 5일이 아닌 1월 6일이다. 12회차의 납입일인 12월 5일에 60만 원의 납입액을 조달할 수는 있지만, 만약 12월 5일 전에 수중에 한 푼도 돈이 없다면 조커를 동원해야 한다.

조커를 통해 선납일과 지연일을 상계시키는 방법은 다음과 같다.

표 3-8

1월 5일에 개설하여 월불입액이 10만 원인 12개월 만기 정기 적금												
납입회차	1회	2회	3회	4회	5회	6회	7회	8회	9회	10회	11회	12회
납입일	1/5	2/5	3/5	4/5	5/5	6/5	7/5	8/5	9/5	10/5	11/5	12/5
납입액	60만						10만					50만
선납일	0	+31	+59	+90	+120	+151						
누적 선납일	0	+31	+90	+180	+300	**+450**						
지연일							−146	−122	−91	−61	−30	0
누적 지연일							−146	−268	−359	−420	−450	**−450**

11월 28일에 7회분 10만 원의 조커를 구해 납입하여 지연일 −146일 발생

지인으로부터 12월 5일보다 7일 앞선 11월 28일에 1회 납입액인 10만 원만 융통하여 조커를 마련했다. 7월 5일에 납입해야 하는 7회차의 불입액을 11월 28일에 납입하면 146일의 지연일이 발생한다. 그리고 나머지 5회분은 예정대로 12월 5일에 납입한다. 만약 〈표 3-7〉에서처럼 원래의 계획대로 12월 5일에 6회분을 몰아서 납입한다면, 7회분에 대한 153일의 지연일이 발생하고 결국 총지연일의 합은 457일이 된다. 457일의 총지연일은, 450일의 총선납일을 상계 처리하기에는 부족하므로 만기의 이연이 발생한다. 그렇기 때문에 이 이연을 방지하기 위해 1회분의 조커를 마련하여 허겁지겁 11월 28일에 10만 원을 납입한 것이다. 나머지 5회분은 12월 5일에 예상대로 내면된다. 이렇게 하면 예상만기일인 1월 5일에 약정만기액을 받을 수 있다.

이번에는 남극성의 제2시뮬레이션을 통해 조커를 사용하는 실제사례를 알아보겠다.

표 3-9

7월 5일에 개설하여 월불입액이 10만 원인 12개월 만기 정기 적금												
납입회차	1회	2회	3회	4회	5회	6회	7회	8회	9회	10회	11회	12회
납입일	7/5	8/5	9/5	10/5	11/5	12/5	1/5	2/5	3/5	4/5	5/5	6/5
납입액	10만	←					110만					→
선납일	0	-153	-122	-92	-61	-31	0					
누적 선납일	0	-153	-275	-367	-428	**-459**						
지연일							0	+31	+59	+90	+120	+151
누적 지연일								+31	+90	+180	+300	**+451**

〈표 3-9〉에서 총지연일의 절대값은 8일(459-451)이다. 8을 12로 나누면 약 0.66이므로 소수점이하를 올림 처리하여 정수로 만들면 1이 되므로, 만기는 1일 이연되고 7월 6일에 만기액을 온전히 받을 수 있다. 그렇다면 이 만기의 이연을 막기 위해 조커를 쓸 수 있다. 조커를 이용한 다음의 표를 보기 바란다.

표 3-10

7월 5일에 개설하여 월불입액이 10만 원인 12개월 만기 정기 적금

납입회차	1회	2회	3회	4회	5회	6회	7회	8회	9회	10회	11회	12회
납입일	7/5	8/5	9/5	10/5	11/5	12/5	1/5	2/5	3/5	4/5	5/5	6/5
납입액	10만	10만					100만					
선납일	0	-145	-122	-92	-61	-31	0					
누적 선납일	0	-145	-267	-359	-420	-451						
지연일							0	+31	+59	+90	+120	+151
누적 지연일								+31	+90	+180	+300	**+451**

12월 28일에 조커
10만 원을 동원

애당초 계획은 〈표 3-9〉처럼 7회차의 납입일인 1월 5일에 110만 원을 납입하는 것이다. 그러나 이연일이 발생하는 것을 방지하기 위해 12월 28일에 1회분인 10만 원을 조커로 동원하고, 1월 5일에는 나머지 10회분만 내면 된다. 그러면 총지연일과 총선납일의 합을 0으로 만들 수 있으므로 제때에 만기액을 받을 수 있다.

이번에는 조커를 사용하지 않고 납입을 조정해서 사소한 이자를 챙기는 방법을 설명하겠다.

표 3-11

1월 5일에 개설하여 월불입액이 10만 원인 12개월 만기 정기 적금												
납입회차	1회	2회	3회	4회	5회	6회	7회	8회	9회	10회	11회	12회
납입일	1/5	2/5	3/5	4/5	5/5	6/5	7/5	8/5	9/5	10/5	11/5	12/5
납입액	10만	←					110만					→
지연일	0	−150	−122	−91	−61	−30	0					
누적 지연일	0	−150	−272	−363	−424	**−454**						
선납일							0	+31	+62	+92	+123	+153
누적 선납일								+31	+93	+185	+308	**+461**

이 경우는 누적선납일의 절대값이 누적지연일의 그것보다 7일이나 많다(461−454=7). 따라서 약정만기액을 만기일에 타는 데 지장이 없다. 선납일의 수가 넘쳐난다고 해서 만기일이 빨라진다거나 이자액이 늘어나지는 않는다. 이럴 때는 어떻게 해야 할까?

표 3-12

1월 5일에 개설하여 월불입액이 10만 원인 12개월 만기 정기 적금												
납입회차	1회	2회	3회	4회	5회	6회	7회	8회	9회	10회	11회	12회
납입일	1/5	2/5	3/5	4/5	5/5	6/5	7/5	8/5	9/5	10/5	11/5	12/5
납입액	10만	←					100만				→	10만
지연일	0	−150	−122	−91	−61	−30	0					
누적 지연일	0	−150	−272	−363	−424	**−454**						
선납일							0	+31	+62	+92	+123	+146
누적 선납일								+31	+93	+185	+308	**+454**

7월 12일에 12회분
10만 원을 납입

원래의 계획은 〈표3-11〉에서처럼 7월 5일에 11회분의 납입을 완료하는 것이었다. 그렇게 되면 아까운 선납일이 7일이나 남게 된다. 따라서 이를 방지하기 위해 7월 5일에 10회분인 100만 원만 납입하고 7일의 선납일을 상계 처리하기 위해 마지막 12회차의 납입을 7월 5일보다 7일 늦춰서 7월 12일에 수행하면, 누적지연일과 누적선납일의 합을 0으로 만들 수 있다. 7월 5일에 10회분만 납입하고 남은 1회분인 10만 원을 7일 동안 CMA계좌에 보관하면 제1금융권 은행의 자유입출금통장보다 훨씬 많은 이자를 확보할 수 있다. 10만 원을 CMA계좌에 7일 동안 맡겨서 발생하는 이자는 사실 몇 원이 되지 않는다. 그러나 이 몇 원이 모여서 나중에 얼마가 될지 아무도 모른다. 푼돈이라도 모으려는 예금자의 의지가 어떤 생활의 변화를 가져오는지는 오직 경험자만이 안다. 이런 개념이 없는 사람은 죽을 때까지 돈이 팽창하는 가속도를 실감하지 못한다.

3-6 당일치기 조커의 발견

몇 년 전까지 크리스마스 전날에 습관적으로 행하는 일이 있었다. 그것은 매월 12월 24일에 정기 적금 통장을 개설하는 일이었다. 왜냐하면 특별히 기념할 것도 없는 성탄절에 정기 적금 통장의 만기라도 돌아오면 이자라도 챙길 수 있으니 성취감을 누릴 수 있기 때문이다. 그래서 크리스마스 전날은, 나에게 만기액을 타고 또 다음 해의 크리스마스를 위해 통장을 개설하는 특별한 날로 지정됐다. 크리스마스 하루 전에는 이자가 포함된 만기를 받고 다시 그 만기액으로 새로 정기 적금 통장을 개설하고 다른 계좌로 분산 이체한다. 들뜬 분위기에 취해 소비에 치중하는 사람들은 돈이 새어나가지만, 이와 반대로 행동하는 나는 이자소득을 챙긴다. 이것은 나 스스로에게 주는 크리스마스 선물이었다. 나는 마치 찰스 디킨스Charles Dickens(1812~1870)의 소설 『크리스마스 캐럴A Christmas Carol』에 나오는 스크루지Scrooge 영감처럼, 형이상학적 가치를 축복하는 인간의 감성적 영역에 대해 회의懷疑를 품는다. 그리고 늘어나는 저축액을 문서로 정리하며 흐뭇해한다.

그런데 요즘에는 크리스마스를 하루 앞둔 날짜를 특별히 염두에 두고 정기 적금 계좌를 개설하지는 않는다. 왜냐하면 한 달에 정기 적금 계좌를 개설하는 일이 여러 차례가 되다 보니까, 굳이 크리스마스 이브에 계좌 개설일을 맞추지 않아도 되었다. 즉 한 달에 몇 번씩 정기 적금의 만기가 도래하니 만기일마다 크리스마스의 기분을 느낄 수 있다. 사실 매일 정기 적금 계좌를 개설하는 문제에 대해서도 고민한 적이 있었지만, 너무 관리가 복잡해 질 것 같아서 나의 최종 목표는 평균적으로 1주일에 하나씩 개설하는 것이다. 이 계획이 완성되면 1주일에 한 번씩 정기 적금의 만기액을 받을 수 있다.

아무튼 나는 몇 년 전까지는 날짜를 맞춰서 성탄절 이브에 정기 적금 계좌를 개설하며 나름대로 크리스마스를 축복했다. 그런데 그 과정에서 조커의 사용을 통해 발견한 방법이 있어서 이를 설명하고자 한다. 이는 기존 남극성의 시뮬레이션과 약간은 다른 방법이다. 월 불입액을 100만 원(=x)로 하는 정기 적금에 가입한 경우다.

표 3-13

12월 24일에 개설하여 월불입액이 x(=100만 원)인 12개월 만기 정기 적금													
납입 회차	1회	2회	3회	4회	5회	6회	7회	8회	9회	10회	11회	12회	만기일
납입 기준일	12/24	1/24	2/24	3/24	4/24	5/24	6/24	7/24	8/24	9/24	10/24	11/24	12/24
실제 납입일	12/24	1/20	2/15	3/19	4/29	5/24	6/5	7/24	8/24	9/26	10/24	12/24	만기액
납입액	x	x	x	x	x	x	x	x	x	x	x	x	$12x+$이자
선납일	0	+4	+9	+5			+19						
지연일	0				−5					−2		−30	

이 경우 11회까지 납입을 완료했을 때까지 총 37(4+9+5+19)일의 선납일이 발생한다. 그리고 총지연일은 7(5+2)일이다. 따라서 이를 합치면 남은 선납일은 30일이 된다. 원래 12회의 납입기준일은 11월 24일이다. 그런데 11월 24일에 12회분을 납입하게 되면 30일의 아까운 선납일이 고스란히 남게 된다. 따라서 이 납입을 12월 24일로 30일 지연시켰다. 그런데 12월 24일은 만기일이다. 그렇다면 12월 24일에 12회차의 납입을 완료하자마자 약정만기액을 고스란히 받을 수 있다는 말이다.

여기서 나는 당일치기 조커의 위력을 발견했다. 조커란 전술한 바와 같이 신용으로 잠시 빌리는 돈이다. 누군가로부터 돈을 꾸기 위해서는 신용이 있어야 한다. 만약 직장에 출근한 사람이 지갑을 안 가져와서 점심 값을 해결할 수 없다면 동료들로부터 1만 원 정도 빌리기가 그리 어렵지는 않을 것이다. 왜냐하면 1만 원은 그리 큰돈이 아니므로 다음 날이면 지갑을 가져온 사람이 갚을 가능성이 크고, 설령 떼이더라도 그다지 큰 피해라고 생각하지 않기 때문이다. 그런데 누군가가 당신의 앞에 나타나서 1만 원을 3년 후에 갚겠다며 빌려달라고 부탁한다면 무슨 생각이 들겠는가? 1만 원은 비교적 적은 돈이지만 상환이 3년 후라면 빌려준 사람조차 빌려준 사실을 잊어버릴지도 모른다. 따라서 대부분 거절할 것이다. 만약 3년 후에 1만 원을 갚겠다며 접근하는 사람에게 돈을 꿔주는 사람이 있다면, 그냥 상대하기 귀찮아서 1만 원을 주고 돌려보낸 경우일 것이다. 즉 상환기간이 길면 길수록 대출자에게 돈은 꿔주는 채권자의 부담과 의심은 커진다.

보통사람이 당장 누군가로부터 100만 원의 급전을 꾸는 일이 쉽지 않다. 그런데 만약 그 100만 원을 빌리는 시간이 불과 몇 분에 불과하다면 얘기는 달라진다. 우리나라 사람이라면 모두가 알고 있는 대기업의 회장이 회사 근처의 식당에 나타났다고 가정해보자. 그 식당에는 회장뿐만 아니라 직원들도 밥을 먹고 있었다. 회장을 알아 본 몇몇 직원들은 인사를 한다. 회장은 직원들에게 오늘은 자신이 밥값을 낼 테니 계산하지 말고 그냥 나가라고 한다. 직원들의 밥값으로 대략 100만 원 정도가 나왔다. 그런데 계산을 하려는 순간에 지갑을 집무실에 두고 나온 사실을 알게 됐다. 이 식당의 주인은 회장에게 밥값을 내라고 닦달을 할까? 아마 회장은 주인에게 사정을 설명한 후, 비서를 통해 곧 밥값을 보내겠다는 말을 남기고 유유히 식당을 빠져나올 것이다. 식당주인이 실제로 밥값을 받게 될 때까지의 짧은 지연시간에 대한 이자를 요구할 가능성은 없다. 그 회장에게 갑자기 알츠하이머 병이나 기억상실증의 증세가 나타나지 않는 이상, 100만 원 어치의 밥값을 몇 분 후에 식당으로 보낼 것이다. 나는 이 이야기에 개연성에 문제가 있다고 의문을 제기할 사람은 거의 없다고 본다.

이 상황에서 대기업 회장과 식당주인간의 신뢰도는 100%에 가깝다. 서로의 신뢰가 깨질 가능성은 회장이 식당 주인에게 양해를 구하고 돌아가는 길에 느닷없이 벼락을 맞을 가능성만큼이나 낮다. 자, 이제 이야기의 주인공을 '나'로 바꿔보겠다. 내가 어떤 누군가와 100%에 가까운 신뢰관계를 형성하고 있다고 가정해 보자. 그 사람의 주머니에 100만 원이 있다. 만약 내가 그 돈을 훔친다면 나는 절도범이 된다. 그런데 그 돈을 30분 쯤 빌리겠다고 양해를 구하고 정확히 30분 후에 그 주머니에 고스란히 넣어준다면 어떻게 될까? 아마 내가 100만 원을 3년 동안 쓰고 돌려주겠다고 하면 돈 주인은 잘 빌려주지 않을지도 모른다. 그런데 30분이라면 얘기가 달라진다. 거기다가 갚을 가능성이 거의 100%라면 어떻게 될까?

〈표 3-13〉은 내가 2010년 크리스마스 이브에 내가 겪은 환상적인 체험에 관한 기록이다. 나는 분명 11회분을 납입한 10월 24일까지 내 돈 1,100만 원(=11x)을 납입하여 30일의 총선납일을 확보했다. 그리고 12월 24일에 모친으로부터 100만 원을 30분간 빌렸다. 그 돈으로 12회분을 납입하자마자 만기액수령 조건을 충족시킨 후 인터넷을 통해 만기 해지하여 수령한 1,200만 원이 넘는 만기액(=12x+이자)으로 곧장 모친에게 100만 원을 갚은 후, 다시 새로운 '크리스마스 이브 계좌'를 개설하고, 남은 돈으로 다른 계좌에 투입했다. 12월 24일의 당일치기 조커작전을 거행해서 완료할 때까지 채 30분이 걸리지 않았다. 당일치기 조커란 충분한 선납일을 확보한 상태에서 정기 적금의 만기일에 단 몇 분간 빌렸다가 갚을 수 있는 돈이다.

2010년 12월 24일에 성공한 당일치기 조커작전의 의의는 이렇다.

분명 나는 11회분을 납입할 때까지 $11x$(=1,100만 원)만큼의 자금만 투입했다. 그 과정에서 30일의 총선납일을 확보했다. 12월 24일 12회분의 납입을 위해 불입한 돈은 내 돈이 아니다. 모친의 돈(x=100만 원)이 나의 계좌에 채 30분이 안 되는 시간동안 머물렀다가 다시 원위치로 돌아갔을 뿐이다. 그런데 나는 분명 12회분을 납입한 사람만이 받을 수 있는 약정이자를 받았다. 내가 납입한 돈은 총 11회분($11x$=1,100만 원)일 뿐이고, 모친의 돈은 잠시 이동시켜도 된다는 허락 하에 약 30분간 나의 '크리스마스 정기 적금 계좌'로 여행 차 왔다가 돌아갔다. 조커를 사용하려면, 타인의 돈을 자신의 계좌로 여행시킬 수 있도록 허락을 받는 능력이 필요하다. 이런 우호적인 관계가 없으면 절대로 조커를 쓸 수가 없다. 신용이 없는 사람은 남의 돈(당일치기 조커)을 잠시나마 자신의 계좌로 유통시킬 수 있도록 허락받지 못한다. 이렇기 때문에 최소한 가족 내에서라도 신용을 잘 쌓아야 한다.

3-7 조커와 계좌 쪼개기

앞선 장 **3-6 당일치기 조커**에서 신용도와 상환기간에 따라 조커의 활용도가 달라질 수 있음을 알 수 있었다. 상환 기간이 짧고 신용이 높을수록, 비교적 짧은 시간동안 쓸 수 있는 남의 돈을 의미하는 조커의 활용도는 높아진다. 3-6장에서는 100만 원의 당일치기 조커를 이용했다. 나는 100만 원의 여유자금이 있는 모친으로부터 100만 원을 잠깐 빌려서, 내 돈으로는 11회분만 납입하고, 총 12회를 납입해야하는 정기 적금의 만기액을 받고 다시 상환하는 데 성공했다.

100만 원을 당일치기 조커로 활용하기 위해서는 일단 선납일을 확보해야 하고, 당일치기 조커작전을 거행하는 날에 조커의 사용이 가능하도록 미리 작전을 세워야 한다. 적어도 며칠 전에 돈 주인에게 알리는 것이 좋다. 왜냐하면 돈이 필요한 당일에 갑작스럽게 사정을 설명하기도 어렵거니와, 조커를 빌려주는 사람에게 갑자기 예상치 못한 사정이 생길지도 모르기 때문이다. 따라서 당일치기 조커의 디데이D-day에 원활한 작전이 수행될 수 있도록 시간을 두고 천천히 상황을 설명하는 것이 좋다. 어쨌든 나는 작전이 벌어지는 날에 100만 원의 당일치기 조커의 확보에 성공하여 무사히 만기액을 받는 데 성공했다. 이 말을 환언하면, 그날 나의 신용을 통해 타인 명의의 100만 원의 돈을 순간 이동시켰다가 나의 이익을 확보한 후, 다시 돌려줄 수 있었다는 뜻이다.

이 당일치기 조커의 규모는 빌리는 사람의 신용과 조커를 빌려주는 전주錢主의 경제력에 따라 다르다. 100만 원을 꿔주지 못해서 50만 원밖에 꿔줄 수 없는 상황도 발생한다. 만약 내가 2010년 12월 24일에 조달할 수 있었던 당일치기 조커가 100만 원이 아니라 50만 원이었으면 어떻게 됐을까? 사실 이것은 결과론에 입각한 상상이다. 실제로 정기 적금 계좌를 개설할 때 1년 후의 만기일에 얼마의 조커를 조달할 수 있는지 정확히 가늠하는 사람은 거의 없다. 조커를 빌려주는 전주에게 1년 후에 무슨 일이 일어날지 예상하는 것은 사실상 의미가 없기 때문이다. 그러나 적은 조커의 조달이 큰돈의 조커를 마련하는 일보다는 분명 쉽다. 즉 100만 원보다 50만 원을 꾸기가 더 수월하다는 말이다. 계좌 쪼개기의 효용은 이런 사정을 고려하는 데서 드러났다.

표 3-14

계좌 1-12월 24일에 개설하여 월불입액이 $x(=50$만 원)인 12개월 만기 정기 적금

납입 회차	1회	2회	3회	4회	5회	6회	7회	8회	9회	10회	11회	12회	만기일
납입 기준일	12/24	1/24	2/24	3/24	4/24	5/24	6/24	7/24	8/24	9/24	10/24	11/24	12/24
실제 납입일	12/24	1/20	2/15	3/19	4/29	5/24	6/5	7/24	8/24	9/26	10/24	12/24	만기액
납입액	x	x	x	x	x	x	x	x	x	x	x	x(조커)	$12x+$이자
선납일		+4	+9	+5			+19						
지연일					−5					−2		−30	

계좌 2-12월 24일에 개설하여 월불입액이 $x(=50$만 원)인 12개월 만기 정기 적금

납입 회차	1회	2회	3회	4회	5회	6회	7회	8회	9회	10회	11회	12회	만기일
납입 기준일	12/24	1/24	2/24	3/24	4/24	5/24	6/24	7/24	8/24	9/24	10/24	11/24	12/24
실제 납입일	12/24	1/20	2/15	3/19	4/29	5/24	6/5	7/24	8/24	9/26	10/24	12/24	만기액
납입액	x	x	x	x	x	x	x	x	x	x	x	x	$12x+$이자
선납일		+4	+9	+5			+19						
지연일					−5					−2		−30	

〈표 3-14〉는 '3-6 당일치기 조커'에서 언급된 〈표 3-13〉과 비슷하면서도 약간 다르다. '3-6 당일치기 조커'에서는 월불입액 x를 100만 원으로 하는 정기 적금의 계좌불입 방식을 설명하면서 100만 원의 당일치기 조커를 언급했다. 3-7장에서는 월불입액 x를 50만 원으로 하는 정기 적금의 계좌를 2개 개설한 경우를 설명하겠다. 그러

니까 월불입액 100만 원을 1회분의 불입액으로 삼아 불입하지 않고, '계좌 1'과 '계좌 2'를 만들어 월불입액 100만 원을 50만 원으로 쪼개어 두 계좌에 나눠서 넣는 방식이다. 한 계좌에 100만 원을 납입하거나 두 계좌에 50만 원씩 쪼개어 넣으나 별 차이는 없다. 단지 인터넷으로 전송하는 과정에서 한 번 더 보낼 때 자판을 두드리는 몇 분간의 추가시간이 필요할 뿐이다. 계좌를 하나 더 개설했다고 해서 은행이 계좌 사용료를 추가로 요구하지는 않는다.

앞선 3-6장의 〈표 3-13〉과 이번 장의 〈표 3-14〉에서 표현된 두 계좌의 실제납입일은 같다. 따라서 두 개의 계좌에 11회분까지 납입했을 때 각각 30일의 선납일을 확보한다. 그렇다면 역시 만기일인 12월 24일에 조커를 조달해야 한다. 그런데 〈표 3-14〉의 두 계좌에서 1회분의 월불입액 x는 50만 원이다. 그래서 일단 '계좌 1'의 12회차를 납입하기 위해 50만 원의 조커를 조달한다. 그리고 '계좌 1'의 만기액($12x+$이자)을 받은 후 당일치기 조커로 활용한 50만 원을 상환하고, 남은 돈으로 다시 '계좌 2'의 12회차를 납입하면 된다. 그렇게 하면 곧바로 '계좌 2'의 만기액($12x+$이자)을 받을 수 있다.

〈표 3-13〉과 〈표 3-14〉를 비교한 결과는 다음과 같다. 정기 적금을 불입하는 데 든 비용과 실제납입일은 같다. 그러나 계좌의 개수는 다르다. 그리고 마지막에 당일치기 조커로 동원하는 금액에도 차이가 난다. 100만 원과 50만 원의 차이다. 100만 원을 빌리기보다는 50만 원을 꾸는 게 더 쉽다. 그런데 만기일에 받는 이자액에는 차이가 없다. 그러니까 단지 계좌를 둘로 쪼개면, 돈을 빌려주는 사람에게 적은 부담을 주고 비교적 쉽게 적은 액수의 조커를 조달하면서 동

일한 금리수익을 올릴 수 있다.

그런데 여기서 끝이 아니다. 만약 〈표 3-14〉에서처럼 계좌를 2개로 쪼개지 않고 10개로 쪼갤 수 있다면, 10만 원의 조커만 조달하면 된다. 결국 100만 원을 꿀 수 있는 신용이 있는 사람과 10만 원밖에 못 꾸는 낮은 신용을 지닌 사람이 같은 결과를 가져올 수 있다는 말이다. 나의 상상력은 여기서 끝나지 않는다. 만약 10만 원도 꾸기가 어렵다면 어떻게 해야 할까? 5만 원밖에 못 꾼다면 계좌를 20개로 쪼개면 된다. 계좌를 100개로 쪼갤 수 있다면 1만 원만 꾸면 된다. 계좌 쪼개기를 통해, 100만 원쯤은 쉽게 꿀 수 있는 능력자와 1만 원밖에 못 꾸는 신용불량자의 수익을 같게 만들 수도 있다. 물론 내가 한 날에 계좌를 100개씩 쪼개어 개설한 적은 없다. 그리고 앞으로도 없을 것이다. 그저 이론상으로 가능하다는 말이다. 그러나 당일치기 조커를 이해하면, 1만 원을 겨우 조달하는 할 수 있는 사람과 100만 원을 빌릴 수 있는 사람의 신용도에는 분명 차이가 있지만, 결국 결과는 같다는 사실을 알 수 있다. 이 시뮬레이션을 어떻게 활용할지는 여러분의 몫이다.

3-8 당일치기 조커의 극단적 활용

당일치기 조커와 계좌 쪼개기를 통해서 시간과 신용을 처지에 맞게 활용할 수 있음을 입증했다. **'3-6 당일치기 조커'**의 〈표 3-13〉에서는 1회분에 100만 원에 해당하는 당일치기 조커의 예를 들었지만,

만약 신용도가 높으면 더 큰 금액도 조달할 수 있다. 이번에는 당일치기 조커의 활용도를 높이는 가능성에 대해서 알아보겠다.

표 3-15

12월 24일에 개설하여 월불입액이 x(=100만 원)인 12개월 만기 정기 적금													
납입회차	1회	2회	3회	4회	5회	6회	7회	8회	9회	10회	11회	12회	만기일
납입기준일	12/24	1/24	2/24	3/24	4/24	5/24	6/24	7/24	8/24	9/24	10/24	11/24	12/24
실제납입일	12/24	1/14	2/14	3/15	4/14	5/13	6/14	7/13	8/14	9/14	12/24	12/24	만기액
납입액	x	x	x	x	x	x	x	x	x	x	x	x	$12x$+이자
선납일	0	+10	+10	+9	+10	+11	+10	+11	+10	+10			
지연일	0										−61	−30	

〈표 3-15〉를 보면 1회부터 10회까지 납입하는 동안 91일의 총선납일(10+10+9+10+11+10+11+10+10)을 확보했음을 알 수 있다. 따라서 이 91일의 총선납일을 상계시킬 수 있는데, 11회분과 12회분을 만기일인 12월 24일에 당일치기 조커를 통하여 납입하면 무리 없이 만기액을 받을 수 있다. 3-6장의 〈표 3-13〉에서는 1회분의 당일치기 조커를 활용했는데, 여기서는 2회분의 당일치기 조커를 조달했다. 그렇다면 예금주는 오직 10회분인 $10x$(=1,000만 원)만 자기 돈으로 납입하고, 200만 원은 신용을 통해 잠깐 빌린 것이다. 그리고 2회분을 납입했을 때 받을 수 있는 만기액($12x$+이자)을 수령한 직후 바로 200만 원을 갚을 수 있다. 역시 이 과정이 걸리는 시간은 불과 몇 분이 되지 않는다. 길어야 30분이다.

다시 강조하지만, 〈표 3-15〉에서 예금주가 실제로 납입한 돈은 10

회분(10x = 1,000만 원)밖에 되지 않는다. 비교적 많은 액수의 당일치기 조커를 쓸 수 있다는 사실은 그만큼 신용이 있다는 뜻이다. 그리고 해당 액수의 당일치기 조커를 활용할 수 있도록 충분한 선납일을 확보했음을 의미한다. 즉 시간의 저축을 통해서 발생하는 선납일의 확보와 높은 신용도를 통한 자금동원력이 결합하면, 당일치기 조커의 액수를 키울 수 있다. 당일치기 조커의 액수가 커지기 위해서는 우선 총선납일을 많이 확보해야 한다.

이런 방법을 극단적으로 활용하면 12개월 만기 정기 적금 계좌를 운용 시, <u>1~7회분의 납입하는 과정에서 충분한 선납을 확보하면, 만기일에 최대 5회분의 당일치기 조커를 활용할 수도 있다.</u>[5]이렇게 되면 예금주는 만기 시까지 자기 돈으로 오직 7회분(7x)만 납입하는데 그 과정에서 약 450일 내외[6]의 충분한 선납일을 확보하면, 만기일에 조달한 5회분의 당일치기 조커를 통해서 12회분을 납입했을 때 받을 수 있는 약정만기액을 제때에 고스란히 수령할 수 있다는 뜻이다. 그런데 사실 이것도 이론상으로 머릿속에서 가능할 뿐, 여러 통장의 납입을 신경쓰다보면 실제로 발생하는 사례가 없다고 본다. 따라서 자세하게 날짜를 일일이 계산하여 따로 표를 만들어서 설명하지는 않겠다.

'남극성 이론'에 따라 충실하게 계좌를 개설하면 몇 년이 지나지 않아서 수십 개의 정기 적금 계좌들을 관리하게 된다. 3-7장의 계좌

---

5) 7-6장의 〈표 7-19〉에 이 밑줄 친 부분을 설명한 부분이 있으니 참고하기 바란다.

6) 한 달을 약 30일로 계산했을 때 대략 450일 내외라는 말이다.

쪼개기를 통해서 알 수 있듯이 한 계좌를 통해 자금을 관리하는 것보다 여러 개의 계좌에 분산하는 방법에 더 많은 활용가능성이 있다. 단 한 개의 통장을 관리하면 모를까, 여러 개의 통장을 관리하다 보면, 12개월 동안 12회를 불입해야 하는 계좌에서 5회분의 당일치기 조커를 만기일에 활용하는 경우는 거의 발생하지 않는다는 것을 알 수 있다. 이 가능성은 운용하는 계좌의 수가 많을수록 0에 수렴한다. 나의 경우에는 3-6장 〈표 3-13〉에서 설명하는 1회분의 당일치기 조커활용 방법을 겨우 1년에 한 번 써먹을까 말까하는 정도다.

크리스마스 이브에 개설한 계좌와 당일치기 조커의 사용을 통해 얻은 상상력은, 내가 받은 크리스마스 선물이다. 이 과정에서 선납과 지연을 통해 시간이 돈이라는 사실을 확인할 수 있었다. 시간 역시 돈처럼 거래할 수 있다. 그리고 계좌 쪼개기를 통해서 신용마저도 형편과 사정에 맞춰 이용할 수 있음이 밝혀졌다. 그렇다면 개인의 신용 역시 시간처럼 돈으로 환산할 수 있다는 말이다. 물론 이런 개념들은 대부분의 사람들에게 생소할 것이다. 2012년 9월에 출판된 『구르는 돈에는 이끼가 낀다』는 소수의 열광적 애호가들의 지지를 받았지만, 약삭빠른 표절꾼들을 양산했고, 안타깝게도 대중적인 지지를 받는 데까지는 실패했다. 나는 그저 공중파 TV방송에 몇 번 나온 적이 있는 '파이낸셜 세이버메트리션FS, Financial Sabermetrician'[7]일 뿐이니 나의 주장은 여전히 소수의견에 불과하다.

남극성의 시뮬레이션을 기술한 모든 글들은 남극성의 원작에 대한

---

[7] 훗날의 똑똑한 금융사가(金融史家)에 의해 내가 언급된다면, 최초의 '금융 세이버매트리션(Financial Sabermetrician)'이라고 평가받을 것이다.

표절이라고 보면 된다. 남극성의 실수마저도 그대로 정신없이 베끼다가, 걸리고 나면 발뺌하는 그들의 도덕적 무감각은 표절의 역사에 길이 남는다. 아무 반성 없는 그들은 발등에 떨어진 불을 끄려고 발버둥치지만, 추악한 변명이 그들을 옭아매는 결정적인 증거가 된다는 것을 모른다. 꼴볼견은 이를 두고 하는 말이다.

제4장

남극성의 제1공식

그것에 대해 말할 수 없는 것은 침묵을 지켜야 한다.
– 루드비히 비트겐슈타인

4-1 불가능한 등차수열과 잘못된 상상

얼마 전 모 방송에서 '풍차 돌리기'에 관한 내용이 방송되었다. 매달 정기 적금 통장을 만들어 1년에 12개의 정기 적금 통장을 개설하라는 얘기와 더불어 다음과 같은 황당한 표가 나왔다.

표 4-1

	1월	2월	3월	4월	5월	6월	7월	8월	9월	10월	11월	12월
1번 계좌	x	x	x	x	x	x	x	x	x	x	x	x
2번 계좌		x	x	x	x	x	x	x	x	x	x	x
3번 계좌			x	x	x	x	x	x	x	x	x	x
4번 계좌				x	x	x	x	x	x	x	x	x
5번 계좌					x	x	x	x	x	x	x	x
6번 계좌						x	x	x	x	x	x	x
7번 계좌							x	x	x	x	x	x
8번 계좌								x	x	x	x	x
9번 계좌									x	x	x	x
10번 계좌										x	x	x
11번 계좌											x	x
12번 계좌												x
	원금총합=$78x$											

소위 '풍차 돌리기'를 언급하는 방송뿐만 아니라 인터넷 공간에서도 어설픈 지식수준으로 설치는 얼치기들이 이와 비슷하게 소개하는 경우가 상당히 많다. 결론부터 말하면 이것은 틀렸다. 왜냐하면 이런 내용은 저축이 절실한 사람들의 현실을 전혀 이해를 못한 상태에서

기술한 설명이기 때문이다. 한 푼이라도 아껴서 저축을 하는 사람들은 대개 급여 생활자들이다. 이들이 받는 급여에서 생활비를 제하고 저축할 수 있는 금액은 달마다 거의 일정하다고 봐야한다. 따라서 이들의 급여가 매달 산술적, 혹은 기하급수적으로 증가하지 않는 이상 〈표 4-1〉에서 설명된 방법처럼 늘어나는 저축액을 확보하기는 어렵다.

〈표 4-1〉에서 첫 달의 불입액이 x라면, 둘째달의 총 납입액은 $2x$가 된다. 결국 마지막 12번째 달에서는 총납입액이 $12x$라는 얘기다. 매달 납입해야 하는 납입액은 1년간 x, $2x$, $3x$,..., $12x$의 순서로 나열된다. 따라서 매월 납입액이 일정한 규칙에 따라 순서대로 나열되는 셈이니 수열數列, sequence of numbers의 조건을 충족한다. 이 수열 속에서 등장하는 각각의 수를 수열의 항項이라고 하는데, x, $2x$, $3x$,..., $12x$는 순서대로 제1항, 제2항, 제3항,...,제12항이라고 부를 수 있다.

x, $2x$, $3x$,..., $12x$의 수열에서 제1항인 x에 계속 x를 더해서 다음 항을 만들었다. 그렇다면 이 수열에서 뒷항에서 앞항을 뺀 차이는 x로 항상 동일하다. 이렇게 일정한 수를 차례대로 더하면서 다음 항을 만드는 수열을 등차수열이라고 한다. 등차等差란 뒷항에서 앞항을 뺀 차가 항상 같다는 말이다. 〈표 4-1〉은 이렇게 월저축액이 등차수열의 방식으로 증가하는 경우를 나타낸다.

세상에 어느 월급쟁이가 저축을 시작한 후, 매달 생활비를 제한 저축 가능금액을 등차수열의 방식으로 늘릴 수가 있을까? 한 달에 100만 원을 저축할 수 있는 사람이, 바로 다음 달부터 매달 저축 가능 금액을 100만 원씩 늘려서 12번째 달에 1,200만 원을 저축하는 개념을, 과연 현실적인 설명이라고 말할 수 있을까? 한마디로 이건 소주에 밥 말아 먹겠다는 소리다. 그럴듯해 보이지만 그 누구도 실천할 수 없는 계획이다. 개연성이 없는 시나리오의 장면을 나쁜 머리를 가지고 상상하는 자들이 어쭙지않게 '풍차 돌리기'를 운운한다. 이런 한심한 얘기가 '풍차 돌리기'라는 미명 아래 방송에까지 소개될 정도다. 방송작가나 PD도 이 어지러운 판에 춤을 추며 놀아난다. 이들의 지력을 의심하기 전에 이들에게 혼란을 가져온 용어에 대한 정명正名의 문제를 제기해야 한다. 이래서 나는 끊임없는 혼란을 증폭시키고 있는 '풍차 돌리기'라는 오염된 용어를 폐기하고 '남극성 이론'으로 대체하자고 주장하는 것이다. 나는 정기 예금의 비효율성을 2012년부터 출판을 통해 공식적으로 맨 처음 제기하고, 정기 적금의 효율성을 설파한 사람이다. 물론 출판하기 전에도 묵묵히 여러 시뮬레이션들을 개발하고 실제로 적용했다. 그리고 한편으로는 미비점을 수정하며 남극성 이론의 내공을 쌓고 있었다. 나의 독자들 중 어느 누구도 이 사실을 부인하지 못할 것이다. 적어도 나의 독자들만큼은, 수학적 이성이 엉망인 인간들이 조성한 혼란에 빠지거나 손해를 보는 일은 없다.

〈표 4-1〉에서처럼 이렇게 생활비를 제외한 첫 달의 저축액을 x로 하고, 공차를 x로 삼는 등차수열의 방식으로 매월 저축 가능 금액이 증가하는 사람을 일반적인 급여생활자로 보기는 어렵다. 실현 가능성이 없는 공약을 남발하는 정치꾼 같은 작자들이 재테크를 운운하고 있으니, 정작 효율적인 저축방법이 필요한 사람들에게 혼란만 제공한다. 정신이 나간 작자들의 횡설수설이 방송을 비롯해서 여기저기에서 시끄럽게 들리는 이유는 간단하다. 그들은 입으로는 '풍차 돌

리기'를 운운하지만 실제로 저렇게 한 달에 한 개씩 계좌를 개설해 본 적이 없다. 그래서 해보지도 않고 자꾸 안 되는 걸 된다고 우기는 것이다. 4살짜리 아이가 응석을 부리면 귀엽게라고 봐주겠는데, 재테크 책을 쓴답시고 폼을 잡는 작가나, 방송에서 경제프로그램을 제작하는 사람마저 궤변을 늘어놓으니 문제다. 그들은 독자와 시청자들의 이성을 마비시키고 궁극적으로 경제적인 손실을 초래한다.

남극성 이론은 그들이 퍼뜨린 악성 바이러스를 치료하는 백신이다. 사실 그들이 무슨 짓을 하건 내가 신경 쓸 바가 아니다. 그들은 단지 내 책을 읽지 않았을 뿐이다. 그리고 주워들은 말로 '풍차 돌리기'를 운운하며 어처구니없는 등차수열의 예를 든다. 혹시 나중에 그들이 내 책을 보게 된다면, 그때서야 정신을 차릴 것이다. 그들이 이 책을 이해한다면 나의 서면 동의 없이 표절하지는 말았으면 좋겠다. 내 책을 베낀 후에 출처를 다른 사람으로 바꾸다가 걸려서 패가망신한 사례도 있다. 머리가 나쁜 건 이해할 수 있지만, 원작자의 출처를 도적질하며 글쟁이 행세하는 사람은 답이 없다. 그 최후가 어떻게 될지 정말 궁금하다. 만약 신경숙이, 미시마 유끼오三島由紀夫(1925~1970)의 작품을 표절한 것이 아니라, 김후란 시인이 번역한 한국어판에서 볼 수 있는 한국어 문자배열의 특징을 참고했다고 당당히 말한다면, 이 세상 사람들은 뭐라고 할까?

4-2   78칸의 분산 1년차

전술前述한 바와 같이 2015년 3월 현재 시중은행의 정기 예금 총수신고는 정기 적금의 총수신고보다 무려 15배가 넘는다. 이렇게 압도적으로 많은 돈이 계속 정기 예금의 계좌 속에서만 움직인다면 소위 '정기 예금 풍차 돌리기'의 방식으로 돈이 관리되는 셈이다. 남극성 이론을 통한 정기 적금의 활용 빈도는 여전히 낮다. 일단 2014년 11월 기준 최고 정기 예금 금리인 3.2%를 적용하여 매달 일정한 금액을 정기 예금으로 쉬지 않고 예치시켰을 경우의 사례를 들어 보겠다. 이때 월저축액은 12만 원으로 책정하겠다. 다시 강조하지만, 본 계산은 검색엔진 네이버의 이자계산기를 따른다.

표 4-2

정기 예금 개설일		정기 예금 만기일	
1년차	정기 예금 원금	2년차	만기 이자
1월	12만 원	1월	3,297원
2월	12만 원	2월	3,297원
3월	12만 원	3월	3,297원
4월	12만 원	4월	3,297원
5월	12만 원	5월	3,297원
6월	12만 원	6월	3,297원
7월	12만 원	7월	3,297원
8월	12만 원	8월	3,297원
9월	12만 원	9월	3,297원
10월	12만 원	10월	3,297원

11월	12만 원	11월	3,297원
12월	12만 원	12월	3,297원
총합	144만 원		39,564원

일반세율 15.4% 적용 시 월복리로 계산해도 정기 예금 원금 12만 원에 대한 이자는 3,297원이다. 그렇다면 12개 계좌 이자의 총합은 3만 9,564원이다. 다음은 정기 적금으로 운용했을 시의 경우이다. 144만 원을 78로 나눠서 소수점 이하를 올림처리하면 18,462원이 된다. 이를 2014년 11월 기준 최고 정기 적금인 5.0% 단리금리로 적용하겠다. 정기 적금은 단리식이다. 여기서 편의상 한 달은 30일로 계산하겠다.

$$1{,}440{,}000 \div 78 = 18{,}461.538461\ldots$$
$$\fallingdotseq 18{,}462$$

표 4-3

	1년차												2년차 만기일에 받게 되는 이자
	1월	2월	3월	4월	5월	6월	7월	8월	9월	10월	11월	12월	
1번째 계좌	$x=$ 18,462	x	x	x	x	x	x	x	x	x	x	x	5,076
2번째 계좌		x	x	x	x	x	x	x	x	x	x	x	5,076
3번째 계좌			x	x	x	x	x	x	x	x	x	x	5,076
4번째 계좌				x	x	x	x	x	x	x	x	x	5,076
5번째 계좌					x	x	x	x	x	x	x	x	5,076
6번째 계좌						x	x	x	x	x	x	x	5,076
7번째 계좌							x	x	x	x	x	x	5,076
8번째 계좌								x	x	x	x	x	5,076

9번째 계좌								x	x	x	x	5,076
10번째 계좌									x	x	x	5,076
11번째 계좌										x	x	5,076
12번째 계좌											x	5,076
	원금총합 = 78x = (18,462 × 78) = 1,440,036											합계 60,912

　1만 8,462원을 월불입액으로 삼은 12개월 만기 정기 적금에 일반 과세를 적용하면, 5,076원의 이자가 나온다. 2년차에 이 이자액을 합치면 6만 912원이 된다. 따라서 〈표 4-2〉에서는 2년차에 3만 9,564원의 이자가 나오고, 〈표 4-3〉에서는 6만 912원의 이자가 발생한다. 이를 비교하면 다음과 같은 식이 나온다.

$$60{,}912 - 39{,}564 = 21{,}348$$

$$\frac{21{,}348}{39{,}564} = 0.53958143$$

　즉 정기 적금의 월적수 개념을 이해하여 〈표 4-3〉처럼 78칸으로 분산시키면, 이듬해에 정기 예금보다 약 53.95% 많은 이자가 생긴다는 말이다. 그러니까 단지 정기 예금을 정기 적금으로 바꾸니까 같은 원금을 들이고도 이렇게 바뀌는 것이다. 그래도 여전히 대한민국에서 정기 예금의 수신고가 정기 적금보다 압도적이다. 이게 전부가 아니다. 〈표 4-3〉의 아랫부분을 보자. 144만 원에서 36원이 추가된다. 18,461.538461...원의 소수점이하를 올림 처리한 18,462원을 78로 곱하여 144만보다 36원이 더 나온 것에 대해 찜찜하게 여기는 독자들이 있을 것이다. 1년차의 원금이 고작 36원 추가된 것에 대해서,

대수롭지 않게 여길 수 있지만, 개운치 않게 느끼는 사람도 분명히 존재한다. 그러나 이런 의문은 쉽게 풀린다. 〈표 4-3〉을 확대해 보자.

표 4-4

	1년차			
	1월	2월	3월	4월
1번째 계좌	x = 18,462	x	x	x
2번째 계좌		x	x	x
3번째 계좌			x	x
4번째 계좌				x
이월액	10만 1,538	18만 4,614	24만 9,228	...

〈표 4-4〉는 〈표 4-3〉의 좌측 상단부분을 확대한 것이다. 1년차 1월에 12만 원을 확보할 수 있는데, 1만 8,462원을 x로 삼아 계좌를 개설하면 10만 1,538원이 남는다. 다음 달에 이를 12만 원과 합치면 22만 1,538원이 되는데, 2월에 $2x$인 3만 6,924원을 정기 적금으로 납입하고 나면, 18만 4,614원이 남는다. 그리고 3월에는 여기에 12만 원을 더해 30만 4,614원이 되는데, $3x$인 5만 5,384원을 빼면 24만 9,228원이 남게 된다. 매달 이런 식으로 남는 이월액을 CMA계좌에 넣어 보관해도 충분히 36원 이상의 돈이 생긴다. 그러니까 이 이월액을 원금으로 삼으면 이듬해에 약 53. 95%보다 더 많은 이자가 생긴다는 말이다.

4-3 78칸의 분산 2년차

내친 김에 2년차까지 고려해 보겠다. 2년차에도 월불입액을 12만 원으로 책정하겠다. 2년차 정기 예금 풍차 돌리기의 월불입액은, 1년 차 12만 원에 이자 3,297원을 더한 후, 다시 2년차 12만 원을 덧붙인 24만 3,297원이다. 여기에 2014년 11월 최고 정기 적금 월복리 3.2% 의 이율을 적용하겠다.

표 4-5

정기 예금 개설일		정기 예금 만기일	
2년차	정기 예금 원금+이자	3년차	만기 이자
1월	24만 3,297원	1월	6,684원
2월	24만 3,297원	2월	6,684원
3월	24만 3,297원	3월	6,684원
4월	24만 3,297원	4월	6,684원
5월	24만 3,297원	5월	6,684원
6월	24만 3,297원	6월	6,684원
7월	24만 3,297원	7월	6,684원
8월	24만 3,297원	8월	6,684원
9월	24만 3,297원	9월	6,684원
10월	24만 3,297원	10월	6,684원
11월	24만 3,297원	11월	6,684원
12월	24만 3,297원	12월	6,684원
총합	291만 9,564원		80,208원

원금을 24만 3,297원으로 삼아, 2014년 11월 최고 정기 예금 금리 인 3.2%를 월복리식으로 계산하고 15.4%의 일반세율을 적용했다.

이자는 3년차에 매달 6,684원이 나와 이를 모두 합하면 8만 208원이 된다. 이를 5.0% 금리의 정기 적금으로 나타내기 위해서는 2년차 한 칸의 x를 다음과 같이 구해야 한다. 〈표 4-3〉을 참고하면 된다.

$$\frac{1년차\ 원금+2년차\ 이자+2년차원금}{78} = \frac{1,440,036+60,912+1,440,000}{78}$$

$$= \frac{2,940,948}{78}$$

$$= 37,704.461538...$$

$$\fallingdotseq 37,705$$

표 4-6

	2년차												3년차 만기일에 받게 되는 이자
	1월	2월	3월	4월	5월	6월	7월	8월	9월	10월	11월	12월	
1번째 계좌	$x_2=$ 37,705	x_2	x_2	x_2	x	x	x	x	x	x	x	x	10,367
2번째 계좌		x_2	x_2	x	x	x	x	x	x	x	x	x	10,367
3번째 계좌			x_2	x	x	x	x	x	x	x	x	x	10,367
4번째 계좌				x	x	x	x	x	x	x	x	x	10,367
5번째 계좌					x	x	x	x	x	x	x	x	10,367
6번째 계좌						x	x	x	x	x	x	x	10,367
7번째 계좌							x	x	x	x	x	x	10,367
8번째 계좌								x	x	x	x	x	10,367
9번째 계좌									x	x	x	x	10,367
10번째 계좌										x	x	x	10,367
11번째 계좌											x	x	10,367
12번째 계좌												x	10,367
	원금총합 = $78x$ = (37,705 × 78) = 2,940,990												합계 124,404

〈표 4-5〉를 통한 3.2% 금리의 정기 예금 풍차 돌리기를 운용했을 경우 3년차에 받는 총이자합계는 8만 208원이다. 〈표 4-6〉는 정기 적금을 통한 방식으로서, 5.0% 금리를 적용하면, 3년차 이자의 총합은 12만 4,404원이다. 이를 비율상으로 비교하기 위한 공식은 다음과 같다.

124,404 − 80,208 = 44,196
44,196 ÷ 80,208 = 0.55101735

즉 3년차에도 정기 예금의 방식을 정기 적금의 방식으로 전환했을 때 약 55. 10% 많은 이자를 받을 수 있음이 드러났다. 그렇다면 과연 약 55. 10% 정도의 많은 이자만 더 받을 수 있을까? 〈표 4-4〉의 예를 상기하기 바란다. 〈표 4-6〉의 좌측 상단을 확대하여 〈표 4-7〉로 나타내 보겠다.

표 4-7

	2년차			
	1월	2월	3월	4월
1번째 계좌	x_2= 37,705	x_2	x_2	x_2
2번째 계좌	x= 18,462	x_2	x_2	x_2
3번째 계좌	x	x	x_2	x_2
4번째 계좌	x	x	x	x_2
	⋮	⋮	⋮	⋮
이월액	10만 5,833	19만 2,423	25만 9,770	…

〈표 4-7〉은 이월액을 표시하기 위해 〈표 4-6〉을 확대한 것이다. 2년차 1월에 들어오는 돈은 다음과 같다.

    1년차 1번째 계좌 만기액 + 2년차 1월 저축액
  = (18,462 x 12) + 5,076 + 120,000
  = 346,620

2년차 1월에 새로운 정기 적금의 개설과 기존의 계좌에 납입하기 위해 필요한 돈은 다음과 같다.

    $x_2 + (x \times 11) = 37,705 + (18,462 \times 11)$
                   $= 240,787$

그렇다면 〈표 4-7〉에서 볼 수 있듯이 2년차 1월의 이월액으로 105,833 (346,620 - 240,787)원이 남는다는 얘기다. 2년차 2월에 생기는 돈은 452,453원이다.

    1년차 2번째 계좌 만기액 + 2년차 2월 저축액 + 2년차 1월 이월액
  = (18,462 x 12) + 5,076 + 120,000 + 105,833
  = 452,453

그렇다면 2년차 2월에 납입이 필요한 돈은 다음과 같다.

    $2x_2 + (x + 10) = 2(37,705) + (18,462 \times 10)$
                     $= 75,410 + 184,620$
                     $= 260,030$

그러면 〈표 4-7〉에서 볼 수 있듯이 2년차 2월의 이월액은 192,423

(452,453 - 260,030)원이다. 내친 김에 2년차 3월의 이월액까지 고려해 보자. 2년차 3월에 생기는 돈은 다음과 같다.

1년차 3번째 계좌 만기액 + 2년차 3월 저축액 + 2년차 2월 이월액
= (18,462 × 12) + 5,076 + 120,000 + 192,423
= 539,043

2년차 3월에 계좌에 예치하는 돈은 다음과 같다.

$3x_2 + (x \times 9)$ = 3(37,705) + (18,462 × 9)
= 113,115 + 166,158
= 279,273

결국 〈표 4-7〉에서 볼 수 있는 것처럼 2년차 3월의 이월액은 259,770(539,043 - 279,273)원이란 얘기다. 그렇다면 이런 돈(10만 5,833원, 19만 2,423원, 25만 9,770원,...)들을 모아 CMA계좌에 넣어 매일 이자를 발생시키고 이를 원금으로 삼으면, 정기 예금과의 비교에서 약 55.10%보다 더 많은 이자를 받을 수 있음을 알 수 있다. 이 과정에서 일어난 가장 큰 변화는, 정기 예금에 치중하는 운용방식을 정기 적금으로 바꾼 것이다. 수학의 열등생들은 적은 이자를 받고 감격하여 환호할 것이고, '남극성 이론'을 이해한 사람은 이들을 한심한 눈으로 쳐다볼 것이다. 비효율적인 방법을 세세하게 기술하여 책으로 낸 사람도 있고, 이 방법을 그대로 받아들이고 자기 책에서 찬양한 등신도 있다. 얼간이들은 멍청함을 자신의 책에다 기술하여, 자신들이 바보임을 스스로 드러낸다. 더욱 황당한 일은, 주정뱅이들이 지껄인 말에 세뇌되어 열광하는 사람도 있다는 것이다. 이들이 연출

하는 '바보들의 행진'은 점입가경漸入佳境이다. 나는 이들의 광기와 재정적 손실을 물끄러미 지켜본다. 물론 이들의 광란에 책임지는 사람은 아무도 없다.

4-4 변수의 발견

천재들의 특징은 복잡한 상황을 단순하게 설명한다는 점이다. 그들은 핵심을 찌르는 단순명료한 공식을 남기고 어록에 남긴다. 그중에서 과학적 이성과 수학적 합리성이 특출한 사람들은, 항상 가급적 단순하게 자신의 주장을 수식으로 정리한다. 그리고 그들이 직접 만든 공식과 그 공식의 풀이과정을 이해시키는 방정식을 동원해서 자신들의 명제를 증명한다. 새롭게 등장하는 공식 중에서 변수는 없는 것이 으뜸이다. 설령 변수가 있더라도 적은 편이 낫다.

태생적으로 나는 천재가 아니라서 변수가 없는 공식을 만드는 데 실패했다. 그러나 상상할 수 있는 현실에서 월급쟁이가 매월 일정한 금액을 비축하여 저축한다고 가정할 때, 비교적 적은 변수를 동원하여 남극성 이론의 효율성을 증명할 수 있었다.

앞선 장 '**4-1 불가능한 등차수열과 잘못된 상상**'에서 언급된 등차수열은 일반적인 급여 생활자의 저축현실과는 동떨어진 상상이다. 따라서 나는 좀 더 현실적이고 그럴듯한 시나리오를 작성했다. 1년 12달 중 처음 11달 동안은 매달 동일한 저축액을 마련하고, 마지막 12번째 달에는 저축액을 1~11번째 달까지의 평균저축액보다 $\frac{1}{6}$

더 많이 책정했다. $\frac{1}{6}$의 추가는 능히 부담할 수 있는 적은 수다. 자장면을 시킬 때 곱빼기를 주문하면 양이 확연히 많다. 그러나 자장면을 그릇에 $\frac{1}{6}$만큼 더 많이 넣으면, 한눈에 잘 드러나지 않는다. 그러니까 1~11번째 달의 월평균저축액을 x라고 할 때, 12번째 달의 저축액은, 비교적 적은 양인 $\frac{1}{6}x$가 늘어난, $1\frac{1}{6}x$인 셈이다. 이렇게 모은 1년, 즉 12개월 동안의 총 저축액은 다음과 같다.

$$11x + (1\frac{1}{6})x = (11 + 1\frac{1}{6})x$$
$$= (12 + \frac{1}{6})x$$

이 $(12+\frac{1}{6})x$라는 식이 남극성의 제1공식이다. 한 달의 평균저축금액을 일정하다고 가정하는 공식을 만들면 좋겠지만, 나는 그다지 머리가 좋지 않아서, 부득이 1~11월까지의 월평균저축액을 불입하고, 마지막 달인 12월에 월평균저축액에 $\frac{1}{6}$을 덧붙이는 상상을 했다. 앞선 장 '**4-1 불가능한 등차수열과 잘못된 상상**'에서 언급했듯이, 매달 일정한 액수를 저축하던 사람이 갑자기 저축액을, 둘째 달부터 매달 첫 달의 2배, 셋째 달에는 3배로 늘리고, 결국 마지막 12번 째 달에는 첫 달의 12배를 저축하는 설명은 누가 봐도 개연성이 없다. 따라서 나는 12번 째 달에 확보하는 저축액을, 1~11월 월평균저축액에 해당하는 액수의 $\frac{1}{6}$만 추가한 것이다. $\frac{1}{6}$의 추가액은 비교적 적은 액수다. 예를 들어 매달 12만 원을 11달 동안 평균적으로 저축하던 사람이 12번째 달에 조금 더 분발하여 평소 저축액의 $\frac{1}{6}$

인 2만 원을 추가하여 14만 원을 저축한다고 보면 된다. 12번째 달에 약간 더 저축한다는 것을 감안하여 미리 조금씩 모아도 되고, 12번째 달의 소비를 줄여서 마련해도 된다. 조커의 동원능력이 뛰어난 사람은 조커를 활용해도 된다. 아무튼 이 $\frac{1}{6}$이라는 변수를 통해 '남극성 이론'을 무리 없이 설명할 수 있다. 사실 12번 째 계좌를 개설하면서 월평균저축액의 $\frac{1}{6}$인 2만 원이 아닌, 더 적은 액수나 많은 액수를 개설해도 된다. 그렇기 때문에 $\frac{1}{6}$이 상수가 아닌 변수인 것이다. 남극성의 제1법칙을 설명하려고 그럴듯한 비교를 하기 위해 $\frac{1}{6}$이라는 '작은 변화'를 추구했다.

　이것은 신비한 종교의 형이상학적 체험이 아니다. 그렇다고 해서 경험주의적 인식은 더더욱 아니다. 물론 나는 이 방식에 입각해서 상대적인 추가수익을 올린 과정을 이미 경험을 통해 인식했다. 그러나 경험하기에 앞서 이 공식을 분명 머리로 창안했다. 나는 태생적으로 머리가 나쁜 관계로 이 공식을 고안하기까지 지긋지긋한 세월을 계산과 증명으로 보내고, 정신적 스트레스를 받아 역류성 식도염으로 고생했다. 그리고 나보다 뇌세포의 품질이 떨어지는 자들의 비열한 표절에 시달렸다.

　저축자산 운용에 있어서의 시간과 공간의 의미를 이해하고, 이 지식을 최고의 효율성으로 승화시키는 데 필요한 무기는 오직 수학이다. 수학의 영역은 경험의 영역과는 분명 다르다. 초등학교만 나온 사람이라도 135과 235의 합이 370이라는 것을 안다. 이러한 답은 일일이 하나씩 세어 봐서 나오는 것이 아니다. 즉 경험과는 상관없는 분야다. 태어날 때부터 가지고 나오는 선험적 인식에서 비롯된다. 따라서 암기 능력과는 전혀 상관이 없다.

　천재의 반열에 오른 위인偉人들은 비상한 재주를 선천적으로 타고난 사람이다. 그러나 남극성 이론은, 보통 월급쟁이들의 처지를 고려하여 시간의 흐름에 따라 돈이 팽창하는 가속도를 가장 단순하게 표현한 것이다. 따라서 남극성 이론의 추종자들이, 비상한 두뇌의 소유자들처럼 광기에 사로잡혀 요절하거나 폐인廢人이 되는 일은 없다. 나의 이론을 성실히 이행하는 사람들은, 정신 나간 책을 펴내며 목에 힘을 주는 저자들을 비웃으며 흔들리지 않고 자신의 길을 걸어갈 뿐이다. 대중大衆은 재테크 서적에서 '골치 아픔'을 강요받고 싶어 하지 않는다. 머리 쓰는 걸 싫어하는 사람들은 상대적으로 가난해질 것이다. 그리고 인공지능이나 로봇에 밀려서 실업자와 서민으로 규정될 것이다. 이들의 어리석음을 누가 구제할 수 있을까? 그리고 이들을 더 멍청하게 만드는 작자들의 농간은 계속될 것이다. 이 난국을 누가 타개할 것인가? 스스로 깨닫는 방법 외에는 없다. 대중이 대오각성大悟覺醒하여 몽매함에서 탈출하지 않는 이상, 인생과 시간을 낭비한 채 죽음에 가까워 질 것이다.

4-5 변수의 적용

　남극성의 제1공식 $(12+\frac{1}{6})x$는 1~11번째 달에 일정한 월불입액을 마련하고, 마지막 12번째 달에 이 일정액보다 $\frac{1}{6}$이 많은 추가액을 부담하는 것이다. 명확한 비교를 위해, $(12+\frac{1}{6})x$이 를 정기 예금의 방식으로 굴리면 다음과 같이 표시된다. 1~11번째 달에는 12만 원을 불입하고, 12번째 달에 14만 원을 불입하는 방법이다.

표 4-8

정기 예금 개설일		정기 예금 만기일	
1년차	정기 예금 원금	2년차	만기 이자
1월	12만 원	1월	3,297원
2월	12만 원	2월	3,297원
3월	12만 원	3월	3,297원
4월	12만 원	4월	3,297원
5월	12만 원	5월	3,297원
6월	12만 원	6월	3,297원
7월	12만 원	7월	3,297원
8월	12만 원	8월	3,297원
9월	12만 원	9월	3,297원
10월	12만 원	10월	3,297원
11월	12만 원	11월	3,297원
12월	**14만 원**	12월	**3,846원**
총합	146만 원		40,113원

〈표 4-8〉에서 12만 원을 정기 예금 금리 3.2% 월복리로 계산하면 다음해에 받는 이자가 3,297원이 된다. 12월 째에 14만 원을 원금으로 삼으면 다음해의 이자는 3,846원이 된다. 2년차에 받는 이 이자들을 합산하면 다음과 같다.

(3,297 x 11) + 3,846 = 40,113

1년차의 원금은 총 146만 원인데, 이를 정기 적금으로 전환하면 다음과 같다. 정기 적금 표기방식의 이해를 위해 다음의 사실을 먼저 비교해 보겠다.

표 4-9

납입일	1년차						
	1월	2월	3월	4월	5월	6월	
실제 납입일	1월 계좌 개설일	1월 계좌 개설일	1월 계좌 개설일	1월 계좌 개설일	1월 계좌 개설일	1월 계좌 개설일	
매월 불입액(2만 원)	2만	2만	2만	2만	2만	2만	
선납 및 이연일수	0	+30	+60	+90	+120	+150	
누적 선납 및 이연일수	0	+30	+90	+180	+300	+450	

표 4-10

	1년차						
	1월	2월	3월	4월	5월	6월	
매월 불입액(2만 원)	12만 →						
선납 및 이연일수	0	+30	+60	+90	+120	+150	
누적 선납 및 이연일수	0	+30	+90	+180	+300	+450	

〈표 4-9〉와 〈표 4-10〉은 같은 내용이다. 1번째 계좌를 개설하고 매월 2만 원씩 내야하는데, 1월에 계좌를 개설하면서 6개월분인 12만 원을 한 번에 냈다. 한 달을 계산의 편의상 30일로 하고, 1월을 제외한 2~6월까지 매월 선납일을 확보하여 6월까지 450일의 누적선납일을 확보한 경우다. 이를 남극성의 제1공식인 $(12+\frac{1}{6})x$를 적용하여, 1~11월까지 매월 정기 적금을 개설하면서 12만 원(x)을 불입하고, 12월에는 14만 원($1\frac{1}{6}x$)을 불입한다. 〈표 4-11〉을 통해 이를 나타냈다. 12월에 14만 원 불입한 것을, 1번째 계좌의 6회분을 납입

하는 12만 원과 12번째 계좌의 2만 원의 두 칸의 파란색으로 나누어 표기하니 잘 살펴보기 바란다. 12월에 불입하는 14만 원 중 12번째 계좌를 개설할 때 납입하는 〈표 4-11〉의 아래쪽 파란색 2만 원은 오직 한 번만 불입하니 착오 없기 바란다.

표 4-11

	1년차												2년차에 받는 이자
	1월	2월	3월	4월	5월	6월	7월	8월	9월	10월	11월	12월	
1번째 계좌	12만											12만	5,499
선납 및 지연일수	0	+30	+60	+90	+120	+150	-150	-120	-90	-60	-30	0	
2번째 계좌		12만											5,499
선납 및 지연일수		0	+30	+60	+90	+120	+150	-150	-120	-90	-60	-30	
3번째 계좌			12만										5,499
선납 및 지연일수			0	+30	+60	+90	+120	+150	-150	-120	-90	-60	
4번째 계좌				12만									5,499
선납 및 지연일수				0	+30	+60	+90	+120	+150	-150	-120	-90	
5번째 계좌					12만								5,499
선납 및 지연일수					0	+30	+60	+90	+120	+150	-150	-120	
6번째 계좌						12만							5,499
선납 및 지연일수						0	+30	+60	+90	+120	+150	-150	
7번째 계좌							12만						5,499
선납 및 지연일수							0	+30	+60	+90	+120	+150	
8번째 계좌								12만					5,499
선납 및 지연일수								0	+30	+60	+90	+120	
9번째 계좌									12만				5,499
선납 및 지연일수									0	+30	+60	+90	
10번째 계좌										12만			5,499
선납 및 지연일수										0	+30	+60	
11번째 계좌											12만		5,499
선납 및 지연일수											0	+30	
12번째 계좌												2만	5,499
선납 및 지연일수												0	
원금합계 = (12만 x 11) + (12만 + 2만) = 146만 원													합계 65,988

월 2만 원을 납입하여 12개월 만기 5.0% 정기 적금 단리식의 2년 차의 만기일에 받게 되는 12개의 계좌 총이자액은 6만 5,988원이다. 〈표 4-8〉과는 25,855원의 차이가 난다.

65,988 - 40,133 = 25,855
25,855 ÷ 40,133 = 0.644232...

4만 133원을 받는 〈표 4-8〉과 비교하면 무려 약 64.42% 많은 이자소득을 가져온다. 상황이 이런데도 정기 예금 풍차 돌리기를 고수하겠는가? 남극성 이론에 따라 정기 예금을 정기 적금으로 바꾸면 된다. 불입액과 만기일 모두가 동일하다. 단 계좌를 개설할 때 6회분인 12만 원을 한꺼번에 불입하며 남극성의 제1시뮬레이션을 활용하는 1~11번째 계좌와 달리, 〈표 4-11〉의 12번째 계좌는 개설 시 2만 원만 1회 불입한 후, 2회분인 2년차 1월부터, 일절 선납과 지연을 발생시키지 않고, 계속 매달 2만 원씩 제때에 꼬박꼬박 불입하면 된다.

〈표 4-11〉을 통해, 1년차의 원금 146만 원 중에서, 1년차 1~11번째 계좌를 개설할 때 6회분인 12만 원을 한꺼번에 불입하여 **검은색** 화살표를 형성하면서 132만(12만 x 11) 원을 쓰고, 나머지 14만(146만 - 132만) 원 중, 1번째 계좌의 12월에 나머지 부분인 6회분 12만 원을 납입하고(〈표 4-11〉의 파란색 위 칸에 표기), 12번째 계좌를 개설하면서 2만 원을 불입하여(〈표 4-11〉의 파란색 아래 칸에 표기), 1년차에 이월액을 전혀 남기지 않는다. 남극성의 제1공식은 이월액을 남기지 않는 것이 핵심이다.

표 4-12

	1년차			
	1월	2월	3월	4월
1번째 계좌	x=18,462	x	x	x
2번째 계좌		x	x	x
3번째 계좌			x	x
4번째 계좌				x
	⋮	⋮	⋮	⋮
이월액	10만 1,538	18만 4,614	24만 9,228	…

〈표 4-12〉는 실제 〈표 4-4〉를 반복했을 뿐이다. 〈표 4-12〉처럼 이월액(10만 1,538원, 18만 4,614원, 24만 9,228원,...)을 남기고, 이를 CMA계좌에 투입하면 얼마 안 되는 CMA이자를 추가 소득으로 거둘 수 있다. 그러나 이월액을 아예 없애고, 남극성의 제1공식에 따라 정기 적금 계좌에 넣으면, CMA보다 훨씬 높은 수익을 거둘 수가 있다.

〈표 4-3〉의 1년차 원금 144만 36원보다 약간의 원금을 추가한 〈표 4-11〉은 남극성의 제1공식, $(12+\frac{1}{6})x$를 이용하였다. 〈표 4-11〉의 1년차 원금 146만 원으로 〈표 4-3〉의 1년차 원금 144만 36원보다 1만 9,964원이 증가했다. 원금이 증가한 비율은 2%가 되지를 않는다(정확히는 약 1. 386%).

   146만 − 144만 36 = 1만 9,964
   1만 9,964 ÷ 144만 36 = 0. 01386...

그러나 2년차에 받는 이자액은 〈표 4-3〉의 60,912원에서 〈표 4-11〉의 65,988원으로 증가하여 약 8.3% 늘어났다. 〈표 4-3〉과 〈표

4-11〉의 비교는, 늘어난 1년차 원금의 비율(약 1. 386%)에 비해 더 높은 비율로 이자가 증가하는(약 8.3%) 상황을 설명한다. 이 배경에는 전적으로 남극성의 제1공식인 $(12+\frac{1}{6})x$이 존재한다. 사소한 영역에 과도하게 신경 쓰는 몇몇 사람들은 〈표 4-3〉의 방식을 두둔하기 위해, 〈표 4-4〉에서 설명한 것처럼, 이월액을 CMA계좌에 보관하여 이자액이 생긴다고 주장할 수 있다. 그러나 이 방식으로 이월액을 CMA계좌에 불입하여 발생하는 이자소득은 미미하므로 대세에 영향을 주지 못한다.

4-6 2년차 1월의 지출

지금까지 남극성의 제1공식$(12+\frac{1}{6})x$을 적용한 후, 2년차에 발생하는 이자액을 계산해보았다. 이제 2년차 납입방식의 비교를 통해, 3년차에 발생하는 이자액의 차이를 살펴보겠다. 2년차는 〈표 4-8〉이나 〈표 4-11〉 1년차의 납입방식과 약간 다르다. 2년차에는 매달 12만 원의 저축가능금액을 상정한다. 1년차의 12번째 계좌에서는, 1~11번째 계좌에 불입하는 평균액인 12만 원보다 $\frac{1}{6}$많은 2만 원을 추가하여 14만 원을 불입했다. 이와 달리 2년차의 12번째 계좌에는, 1~11월의 불입평균액과 똑같은 12만 원을 내어, 결국 2년차에 총 144만 원의 저축원금 투입을 전제로 한다. 〈표 4-8〉을 참고하면서, 정기 예금 풍차 돌리기의 방식으로 2년차에 매달 12만 원을 더하면 〈표 4-13〉을 이해할 수 있다. 다시 강조하지만, 총저축액이 146원인

1년차와 달리, 매월 12만 원씩 납입하는 2년차의 새로운 총저축액은 144만 원이다.

표 4-13

정기 예금 개설일		정기 예금 만기일	
2년차	정기 예금 원금	3년차	만기 이자
1월	24만 3,297원	1월	6,684원
2월	24만 3,297원	2월	6,684원
3월	24만 3,297원	3월	6,684원
4월	24만 3,297원	4월	6,684원
5월	24만 3,297원	5월	6,684원
6월	24만 3,297원	6월	6,684원
7월	24만 3,297원	7월	6,684원
8월	24만 3,297원	8월	6,684원
9월	24만 3,297원	9월	6,684원
10월	24만 3,297원	10월	6,684원
11월	24만 3,297원	11월	6,684원
12월	**26만 3,846원**	12월	**7,249원**
총합	294만 113원		80,773원

다음의 〈표 4-14〉에서는 남극성의 제1공식 $(12+\frac{1}{6})x$에 입각해서 2년차 1월에 생기는 돈을 계산하였다. 2년차에도 매월 12만 원의 저축이 가능하다고 가정하겠다.

    1년차 1번째 계좌 만기액 + 2년차 1월 불입액
    = 24만 원 (원금) + 5,499 (이자) + 12만 원
    = 36만 5,499원

표 4-14

	1년차								2년차		2년차의 만기일에 받게 되는 이자
	1월	2월	3월	4월	9월	10월	11월	12월	1월		
1번째 계좌	12만							12만	New x		5,499
선납 및 지연일수	0	+30	+60	+90	−90	−60	−30	0			
2번째 계좌		12만							12만		5,499
선납 및 지연일수		0	+30	+60	−120	−90	−60	−30	0		
3번째 계좌			12만								5,499
선납 및 지연일수			0	+30	−150	−120	−90	−60	−30		
4번째 계좌				12만							5,499
선납 및 지연일수				0	+150	−150	−120	−90	−60		
5번째 계좌											5,499
선납 및 지연일수					+120	+150	−150	−120	−90		
6번째 계좌											5,499
선납 및 지연일수					+90	+120	+150	−150	−120		
7번째 계좌											5,499
선납 및 지연일수					+60	+90	+120	+150	−150		
8번째 계좌											5,499
선납 및 지연일수					+30	+60	+90	+120	+150		
9번째 계좌					12만						5,499
선납 및 지연일수					0	+30	+60	+90	+120		
10번째 계좌						12만					5,499
선납 및 지연일수						0	+30	+60	+90		
11번째 계좌							12만				5,499
선납 및 지연일수							0	+30	+60		
12번째 계좌								2만	2만		5,499
선납 및 지연일수								0	0		
	원금합계 = (12만 x 11) + (12만 + 2만) = 146만 원										합계 65,988

〈표 4-14〉의 중간부분은 〈표 4-11〉과 겹치므로 생략하겠다. 2년차 1월에 납입이 필요한 돈은, 〈표 4-14〉에서 알 수 있듯이, 2년차 1월의 New x와, **굵은 검은색**으로 둘러싸인 위의 12만 원과 아래의 2

만 원이다. 아래의 **굵은 검은색**으로 둘러싸인 2만 원은 1년차 12번째 계좌의 2회분 납입액이다. 앞서 설명한대로 1년차 12번째 계좌는, 선납과 지연이 발생하지 않고 제때에 모든 불입액을 납입하는 계좌다. **굵은 검은색** 두 칸을 합치면 14만 원이 되므로, 2년차 1월에 요구되는 지출은 $New\ x$와 14만 원이 되겠다.

2년차 1월에 발생하는 돈은, 앞서 말 한대로 36만 5,499원이다. 2년차 1월에 납입하는 $New\ x$와 두 칸의 **굵은 검은색** 테두리를 합친 14만 원(12만 원+2만 원)을 빼면, 다음과 같은 방정식의 도출이 가능하다.

$$36만\ 5{,}499 - (New\ x + 14만) = 36만\ 5{,}499 - New\ x - 14만$$
$$New\ x = 36만\ 5{,}499 - 14만$$
$$New\ x = 22만\ 5{,}499$$

즉 2년차에도 매월 12만 원을 저축할 수 있으니, 2년차 1월에 남는 돈으로 월불입액 $New\ x$를 22만 5,499원으로 삼는 계좌의 개설이 가능하다. 나 같으면, $New\ x$의 1회분 납입액을 22만 5,499원으로 하는 정기 적금의 계좌를 즉각 개설할 것이다. 왜냐하면 2년차 1월부터 매월 생기는 돈으로 22만 5,499원 이상의 불입이 가능하기 때문이다. 그러나 매달 이자를 받는 〈표 4-13〉과 정확히 비교하기 위해서, 유감스럽지만 효율이 다소 떨어지는 방식을 택하고 $New\ x$를 구해보겠다. 2년차에 가능한 저축원금은 다음과 같다.

1년차의 원금 + 2년차에 발생하는 이자 + 2년차의 원금
= 146만 + 65,988 + 144만
= 2,965,988

따라서 이 원금 296만 5,988원을 78로 나누면 2년차의 $New\ x$는 이렇게 도출된다.

2,965,988 ÷ 78 = 38,025.4871...
≒ 38,026

따라서 2년차를 이끄는 $New\ x$를 38,026원으로 설정하고 계산하면 다음과 같은 표의 전개가 가능하다.

표 4-15

	2년차												3년차 만기일에 받게 되는 이자
	1월	2월	3월	4월	5월	6월	7월	8월	9월	10월	11월	12월	
1번째 계좌	$New\ x$ =38,026	$New\ x$	$New\ x$	$New\ x$	$New\ x$	$New\ x$	$New\ x$	$New\ x$	$New\ x$	$New\ x$	$New\ x$	$New\ x$	10,445
2번째 계좌		$New\ x$	$New\ x$	$New\ x$	$New\ x$	$New\ x$	$New\ x$	$New\ x$	$New\ x$	$New\ x$	$New\ x$	$New\ x$	10,445
3번째 계좌			$New\ x$	$New\ x$	$New\ x$	$New\ x$	$New\ x$	$New\ x$	$New\ x$	$New\ x$	$New\ x$	$New\ x$	10,445
4번째 계좌				$New\ x$	$New\ x$	$New\ x$	$New\ x$	$New\ x$	$New\ x$	$New\ x$	$New\ x$	$New\ x$	10,445
5번째 계좌					$New\ x$	$New\ x$	$New\ x$	$New\ x$	$New\ x$	$New\ x$	$New\ x$	$New\ x$	10,445
6번째 계좌						$New\ x$	$New\ x$	$New\ x$	$New\ x$	$New\ x$	$New\ x$	$New\ x$	10,445
7번째 계좌							$New\ x$	$New\ x$	$New\ x$	$New\ x$	$New\ x$	$New\ x$	10,445
8번째 계좌								$New\ x$	$New\ x$	$New\ x$	$New\ x$	$New\ x$	10,445
9번째 계좌									$New\ x$	$New\ x$	$New\ x$	$New\ x$	10,445

10번째 계좌							New x	New x	New x	10,445
11번째 계좌								New x	New x	10,445
12번째 계좌									New x	10,445
원금총합 = 78 New x = (78 × 38,026) = 2,966,028										합계 125,340

원래 New x값(약 38,025. 4871...)에 소수점 이하를 올림 처리하지 않고 곧바로 78을 곱하면, 2년차의 원금총합은 296만 5,988원이다. 이 표에서는 New x의 소수점이하를 올림 처리하여 38,026원으로 하였고, 이를 78로 곱하면 296만 6,028원이 되는데, 결국 그 과정에서 2년차 원금이 30원이 더 늘어났다. 그러나 역시 다음 표에서 볼 수 있듯이 이월액들(18만 7,473원, 33만 6,920원, 44만 8,341원,...)을 CMA계좌에 보관하면, 30원보다 많은 이자액이 저절로 생기니 이를 충당하는 데 별문제가 없다.

표 4-16

	2년차			
	1월	2월	3월	4월
1번째 계좌	New x=38,026	New x	New x	New x
2번째 계좌	6x=12만	New x	New x	New x
3번째 계좌		6x	New x	New x
4번째 계좌			6x	New x
⋮	⋮	⋮	⋮	⋮
12번째 계좌	x=2만	x	x	x
이월액	18만 7,473	33만 6,920	44만 8,341	⋯

〈표 4-16〉은 〈표 4-15〉의 좌측상단을 부분 확대한 것이다. 2년차 1월부터 매달 생기는 돈은 전술한 바와 같이 36만 5,499원이다. 〈표 4-16〉을 보면 알 수 있듯이 2년차 1월에 새로 개설한 계좌와 기존에 개설한 계좌의 납입 지출하는 비용은 17만 8,026원이다. 36만 5,499원에서 이를 빼면, 18만 7,473원이 남아 이월액이 된다.

$$New\ x + 6x + x = 38{,}026 + 12만 + 2만$$
$$= 17만\ 8{,}026원$$
$$36만\ 5{,}499원 - 17만\ 8{,}026원 = 18만\ 7{,}473원$$

2년차 1월에 발생한 이월액인 18만 7,473원을 2년차 2월에 생기는 36만 5,499원과 합치면 55만 2,972원이 되는데, 2년차 2월에 새로 개설한 계좌와 기존에 개설한 계좌의 납입을 하느라 총 21만 6,052원을 지출하면, 33만 6,920이 남아 2년차 2월의 이월액이 된다. 매달 계속 발생하는 이월액은 이렇게 구한다.

$$552{,}972 - [2(New\ x) + 12만 + 2만]$$
$$= 552{,}972 - [2(38{,}026) + 120{,}000 + 20{,}000]$$
$$= 552{,}972 - 216{,}052 = 336{,}920$$

바보들은 이 이월액을 돼지저금통에 비효율적으로 보관하는 것이 현명한 행동인줄 착각하고, CMA계좌의 이자생성가능성을 전혀 고려하지 않는다.

〈표 4-15〉의 3년차 발생이자 125,430원은, 〈표 4-13〉의 3년차 발생이자 80,773원보다 44,657원 많다. 이를 백분율로 나타내면 약 55.

28% 많은 셈이다. 약 55. 28%는 '정기 예금 풍차 돌리기'의 방식보다 3년차에 더 많이 이자를 받는 비율이다. 다시 말하지만, 두 표에서 개인이 부담하는 저축액과 지불 시기는 같다. **'7-2장의 남극성의 제2공식'**을 보면 2년차에 더 많은 비율이 발생하는 것을 알 수 있으니 계속 연구하기 바란다. 연필을 들고 종이 위에 방정식을 정리하면 돈이 된다. 이를 멀리하고 가난해지고 싶다면, 굳이 말리지는 않겠다.

4-7 금융언어의 창시와 문맹, 그리고 새로운 권력

유럽에서 구텐베르크의 활판인쇄술의 보급으로 문자가 보편화한 15세기 이전에, 문자의 사용은 주로 행정과 종교 및 정치를 장악한 소수 특권층에 의해 독점되었다. 지배층과 지식인은 피지배계층과 문맹자들이 글자를 판독하는 능력을 지니는 것을 별로 좋아하지 않았다. 우리나라에서는 그 이전부터 인쇄술이 발달했지만, 주로 종교적 목적으로 사용되었으므로, 인간의 이성과 관련된 과학과 누적되는 지식의 보급에 대해서 크게 고민한 것 같지는 않다. 한글을 창제한 세종대왕이, 백성들이 쉽게 이해하고 표현하는 수단으로서의 문자의 개발을 염두에 둔 것은 맞다. 한글은 창제목적이 명기된 거의 유일한 언어다. 그러나 한글 반포 이후에 출판된 저술들을 보면, 세종대왕이 새로운 문자를 통해 지식을 널리 전파하는 가능성을 고려했다고 보기는 어렵다.

문자나 언어를 사용하지 않고는 어떤 구체적인 사고를 표현하기 힘들다. 고대의 그림문자로 표기된 몇몇 단어가 의미하는 상징은, 그 개념을 이해하지 못한 사람에게는 영원히 풀지 못하는 수수께끼가 된다. 나는 남극성의 이론을 고안한 사람으로서 조커, 선납과 지연, 남극성의 제1 및 제2 시뮬레이션 등의 용어를 규정하고, 이러한 개념어의 사용을 통해 새로운 수익모델의 가능성에 접근할 수 있음을 설명했다. 결론부터 말하자면, 역시 책을 읽고 개념을 파악해야 한다는 말이다. 남극성의 언어를 이해하면 돈이 저절로 생긴다. 블로그에서 볼 수 있는 짧은 분량의 요약이나, 필자의 저작권을 무단 침해한 표절꾼들의 어설픈 설명으로는 총체적 파악이 불가능하다. 12개월 만기의 정기 적금을 개설하면서, 6개월분의 납입액을 한꺼번에 넣어서 선납일을 확보하고 12개월차의 납입일에 나머지 6개월분을 넣는 과정을 시시콜콜하게 설명하는 것보다, '남극성의 제1시뮬레이션' 이라는 용어를 단 한 번 사용하는 것이 낫다. 남극성이 정리한 용어들의 사용으로 남극성 이론을 개념화하면, 계좌를 개설하는 속도가 빨라진다. 왜냐하면 남극성 이론을 숙지한 이상, 시간의 소중함을 느끼는 정도가 남다를 테니 말이다.

  실천의 속도가 빠르면 빠를수록 이자를 받는 시기는 앞당겨진다. 죽기 전에 부자가 될 가능성은 그만큼 높아진다. 따라서 남극성이 개념화한 용어들을 잘 알고 있느냐 모르느냐의 여부에 따라, 그 사람이 금리소득을 극대화하는 방법을 얼마나 숙지하고 있는지 가늠할 수 있다. 남극성이 정리한 용어를 이해하기 힘들거나 처음 듣는 사람이라면, 그 사람은 금리소득을 극대화하는 방법을 전혀 모르고 있다는 말이다. 아마 한심하게도 엉뚱한 데 가서 금리가 현저히 낮은 정기 예금에 가입하고 있을 것이다.

표 4-17

	1년차												2년차에 받는 이자
	1월	2월	3월	4월	5월	6월	7월	8월	9월	10월	11월	12월	
1번째 계좌	12만											12만	5,499
선납 및 지연일수	0	+30	+60	+90	+120	+150	−150	−120	−90	−60	−30	0	
2번째 계좌		12만											5,499
선납 및 지연일수		0	+30	+60	+90	+120	+150	−150	−120	−90	−60	−30	
3번째 계좌			12만										5,499
선납 및 지연일수			0	+30	+60	+90	+120	+150	−150	−120	−90	−60	
4번째 계좌				12만									5,499
선납 및 지연일수				0	+30	+60	+90	+120	+150	−150	−120	−90	
5번째 계좌					12만								5,499
선납 및 지연일수					0	+30	+60	+90	+120	+150	−150	−120	
6번째 계좌						12만							5,499
선납 및 지연일수						0	+30	+60	+90	+120	+150	−150	
7번째 계좌							12만						5,499
선납 및 지연일수							0	+30	+60	+90	+120	+150	
8번째 계좌								12만					5,499
선납 및 지연일수								0	+30	+60	+90	+120	
9번째 계좌									12만				5,499
선납 및 지연일수									0	+30	+60	+90	
10번째 계좌										12만			5,499
선납 및 지연일수										0	+30	+60	
11번째 계좌											12만		5,499
선납 및 지연일수											0	+30	
12번째 계좌												2만	5,499
선납 및 지연일수												0	
원금합계 = (12만 x 11) + (12만 + 2만) = 146만 원													합계 65,988

〈표 4-17〉에 있는 1년차 원금의 총합은 146만 원이다. 이 146만 원을 1년차의 앨리스라고 규정한다. 앨리스라는 용어는 총저축액 원금에 해당하는 말이다. 나는 이 앨리스에 변동사항이 생길 때마다 기

록한다. 그러니까 현재 총저축액이 얼마인지 알고 있다는 말이다. 앨리스는 루이스 캐럴(Lewis Carroll, 1832~1898)의 소설『이상한 나라의 앨리스Alice's Adventures in Wonderland』의 주인공 이름에서 따왔다. 소설에서 앨리스는 신체의 크기가 늘어났다가 줄어들기를 반복한다. 물론 나는 총저축액인 앨리스가 계속 무럭무럭 자라나기를 바란다. 만기일이 도래하면 이자가 포함된 만기액을 다른 계좌에 넣거나 새로 계좌를 개설한다. 만기액에 이자까지 포함되니 이렇게 분산되는 앨리스는 조금씩 자란다. 마치 세포분열하며 증식하는 체세포처럼 앨리스는 성장한다. 이렇게 이자를 꼬박꼬박 가져다주는 앨리스의 개념이 전혀 없는 자는, 이자소득의 큰 무기를 평생 실감하지 못하고 사는 것이다.

'앨리스'라는 한국어 3음절의 개념을 모르는 사람은 정기 적금에 잘 가입하지도 않겠지만, 설령 개설한다고 해도 정기 적금의 만기가 도래하면 무슨 일에 돈을 써버릴 지부터 생각한다. 예를 들어, '이번에 정기 적금을 타면, 해외여행을 떠나고 싶다'는 식의 계획을 세우며 소비가능성을 고민하기 일쑤다. 반면에 정기 적금이 만기되기 전, 종잣돈을 조달하여 새로운 정기 적금의 1회분을 구하고, 이를 발판삼아 만기일을 앞당기는 저축중독자들은 은밀히 자신만의 방법을 실천할 뿐이다. 이 책을 읽는 독자들은 내가 크게 걱정하지 않는다. 다만 이 책을 모르고, 남극성 이론이 뭔지도 모른 채 살아가는 사람들은 하루하루 속절없이 죽음을 향해 비효율적으로 늙어갈 것이다.

이제 남극성 이론은 새로운 권력이 된다. 남극성이 정리한 개념들을 알고 실천하는 사람들은 하루 24시간을 충실히 보내고 있다. 반면에 그와 반대로 움직이는 자들은, 함량 미달의 재테크 저자들에 속고, 자기들이 왜 조롱의 대상이 되는지도 모른다.

4-8 주정뱅이들을 위한 친절한 상상력

어떤 정신 나간 인간이 『구르는 돈~』에 대해서 평하길, 정기 적금 금리와 정기 예금 금리의 차이가 그리 높지 않아서 별의미가 없다고 쓴 것을 본 적이 있다. 예나 지금이나 실천은 하지 않고 입으로만 비아냥대기 좋아하는 사람은 대책이 없다. 그의 헛소리로 인한 손해는 누가 책임질 것인가? 『구르는 돈~』에서 제시한 수학은 답이 정해져 있다. 이론異論의 여지가 있을 리가 없다. 전작이 출판된 지 벌써 몇 년이 흘렀다. 요란한 선동에 속아 넘어간 사람은, 몇 년 동안 아무 것도 안했을 것이다. 그 사이에 착실히 계좌를 개설하는 사람의 잔고와 이자수입은 줄어드는 법이 없이 꾸준히 늘어났다.

이 책의 기준으로 삼은 2014년 11월에, 최고 정기 적금의 금리는 5.0%이고, 최고 정기 예금 금리는 3.2%였다. 『구르는 돈에는 이끼가 낀다』가 출판되었을 때 최고 정기 적금의 금리는 5.8%였고, 최고 정기 예금의 금리는 4.6%다. 2016년 현재 안타깝게도 최고 정기 적금의 금리는 떨어지고 있다.

표 4-18

	최고 정기 적금 금리	최고 정기 예금 금리	①-②의 차
『구르는 돈~』 출판 기준	5.8% ①	4.6% ②	1.2%
『예·적금 풍차 돌리기의~』 출판 기준	5.0% ①	3.2% ②	1.8%

전작이 출판될 무렵 최고 정기 적금과 최고 정기 예금의 차(①-②의 차)는 1.2%였다.

$$5.8 - 4.6 = 1.2$$
$$1.2 \div 4.6 = 0.260869...$$

즉 모든 돈을 최고 정기 예금보다 최고 정기 적금의 금리로 굴렸을 경우, 산술적으로 약 26.08% 많은 이자소득을 얻을 수 있었다는 얘기다. 물론 아직 남극성의 제1 및 제2공식[1]을 적용하지는 않았다. 남극성의 제1 및 제2공식을 적용하면 더 많은 차이가 벌어질 것이다. 『예·적금 풍차 돌리기의 모든 것』이 출판될 때의 기준으로 최고 정기 적금과 최고 정기 예금의 차(①-②의 차)는 1.8%다.

$$5.0 - 3.2 = 1.8$$
$$1.8 \div 3.2 = 0.5625$$

그렇다면 모든 돈을 최고 정기 예금보다 최고 정기 적금의 금리로 굴렸을 경우 산술적으로 약 56.25% 많은 이자 소득의 획득이 가능

---

1) 남극성의 제2공식에 대해서는 7장에서 설명하겠다. 제2공식은 제1공식보다 수익률이 높다.

하다는 얘기다. 더구나 아직 남극성의 제1 및 제2공식을 적용하지는 않았다. 남극성의 공식들을 적용하면 더 큰 차이가 발생한다. 전작을 저술했을 때보다 최고 정기 적금의 금리가 떨어진 것은 사실이다. 그러나 전작을 기술했을 때에 비해, 최고 정기 예금 금리에 대비한 최고 정기 적금 금리의 상대적 수익률은 오히려 증가했다. 이 말은 '정기 예금 풍차 돌리기'를 실천할수록 바보가 된다는 말이다. 아직도 '정기 예금 풍차 돌리기'에 미련을 못 버리는 몰지각한 재테크 저자들이 어떤 텍스트와 원저자를 참고하는지 나는 잘 안다. 그들이 엉뚱한 곳에서 헤매고, '정기 예금 풍차 돌리기'를 언급할수록, 판단력이 떨어지는 독자들은 저효율의 늪에 갇힌다.

내친 김에 미개한 그들이 남극성을 비판하기 위해 바라고 있지만, 절대로 현실에서 이루어지지 않는 상상을 동원해 보겠다. 그것은 최고 정기 적금의 금리와 최고 정기 예금의 금리가 같다는 허망한 망상이다. 물론 그것이 현실화한 적은 단 한 번도 없다. 그러나 나로 하여금 항상 쓴웃음을 짓게 하는 조무래기들이 정 원한다면, 그들이 간절히 원하는 소원을 들어주겠다. 심심풀이로 계산식을 깨작거린다고 해서 세금이 더 붙지는 않으니까 말이다. 2014년 11월 현재 최고 정기 예금의 금리는 3.2%다. 〈표 4-8〉와 똑같은 아래의 〈표 4-19〉에서처럼 1년차 원금 총합 146만 원에 3.2% 월복리를 적용하면, 2년차에 40,113원의 이자를 얻을 수 있다.

표 4-19

정기 예금 개설일		정기 예금 만기일	
1년차	정기 예금 원금	2년차	만기 이자
1월	12만 원	1월	3,297원
2월	12만 원	2월	3,297원
3월	12만 원	3월	3,297원
4월	12만 원	4월	3,297원
5월	12만 원	5월	3,297원
6월	12만 원	6월	3,297원
7월	12만 원	7월	3,297원
8월	12만 원	8월	3,297원
9월	12만 원	9월	3,297원
10월	12만 원	10월	3,297원
11월	12만 원	11월	3,297원
12월	**14만 원**	12월	**3,846원**
총합	146만 원		40,113원

다음의 〈표 4-20〉은 최고 정기 적금의 금리를 3.2%하여 단리로 구한 값이다. 정기 적금의 적용방식은 대개 단리식이다.

표 4-20

	1년차												2년차에 받는 이자
	1월	2월	3월	4월	5월	6월	7월	8월	9월	10월	11월	12월	
1번째 계좌	12만											12만	3,519
선납 및 지연일수	0	+30	+60	+90	+120	+150	−150	−120	−90	−60	−30	0	
2번째 계좌		12만											3,519
선납 및 지연일수		0	+30	+60	+90	+120	+150	−150	−120	−90	−60	−30	
3번째 계좌			12만										3,519
선납 및 지연일수			0	+30	+60	+90	+120	+150	−150	−120	−90	−60	

4번째 계좌				12만				→	←		3,519
선납 및 지연일수				0	+30	+60	+90	+120	+150	−150	−120	−90	
5번째 계좌					12만				→	←	3,519
선납 및 지연일수					0	+30	+60	+90	+120	+150	−150	−120	
6번째 계좌						12만			→	←	3,519
선납 및 지연일수						0	+30	+60	+90	+120	+150	−150	
7번째 계좌							12만			→	3,519
선납 및 지연일수							0	+30	+60	+90	+120	+150	
8번째 계좌								12만			3,519
선납 및 지연일수								0	+30	+60	+90	+120	
9번째 계좌									12만		3,519
선납 및 지연일수									0	+30	+60	+90	
10번째 계좌										12만	3,519
선납 및 지연일수										0	+30	+60	
11번째 계좌											12만	3,519
선납 및 지연일수											0	+30	
12번째 계좌											2만	3,519
선납 및 지연일수												0	
원금합계 = (12만 x 11) + (12만 + 2만) = 146만 원												합계 42,228

금리와 이자지급 시기 및 월불입액은 〈표 4-19〉와 〈표 4-20〉이 동일하다. 〈표 4-20〉에서는 남극성의 제1공식 $(12+\frac{1}{6})x$를 이용해서 3.2%의 금리를 적용했다. 나는 멍청함의 극대값을 달리는 그들이 원하는 조건을 다 들어주었다. 정기 적금 금리와 정기 예금의 금리를 동일하게 부여했다. 물론 그들의 생떼를 다 수용해도 남극성 공식의 효율성은 증명된다. 〈표 4-19〉의 2년차 이자총액은 40,113원이고, 남극성의 제1공식을 적용한 〈표 4-20〉의 2년차 이자총액은 42,228원이다. 이 차이는 2,115원이다. 〈표 4-20〉의 방식이 〈표 4-19〉보다 수익성의 측면에서 훨씬 유리하다. '정기 예금 풍차 돌리기'의 유효성을 찬양하는 정신 나간 작가들이 원하는 조건인, 같은 금리를 적용해도 남극성의 제1공식 $(12+\frac{1}{6})x$를 적용하면, 2년차에 약 5. 27%

많은 이자를 챙길 수 있다는 말이다. 이를 수식으로 설명하면 다음과 같다.

  42,228 – 40,113 = 2,115
  2,115 ÷ 40,113 = 0. 052726……

 사실 이보다 효율이 더 높은 남극성의 제2공식은 아직 적용하지도 않았다.[2] 남극성의 제2공식을 동원하지 않고, 남극성의 제1공식만으로도 빈 깡통처럼 요란하고 골이 텅 빈 작자들의 입을 다물게 할 수 있다. 그러니까 '정기 예금 풍차 돌리기'를 대단하다고 추켜세우며 책을 내는 사기꾼들의 말을 귀담아 들을 필요가 전혀 없는 것이다. '정기 예금 풍차 돌리기'를 운운하는 미치광이들은 여기서 다시 한 번 수학적으로 쓰레기라는 사실이 입증된다. 그들이 원하지만 절대 이루어지지 않는 가정假定을 아무리 동원해도, 남극성의 공식이 수학적인 효율성이 높다는 것이 증명된다. 수학의 세계에는 답이 정해져 있다. 남극성이 틀렸다고 주장하기 전에 그들은 충분한 수학적 근거를 마련해야 한다. 그러나 그것은 불가능한 일이다. 왜냐하면 헛소리를 증명하는 과정은 수학에서 찾아볼 수 없으니 말이다.
 일부 깨어있는 독자들에게 미안한 마음이 들기는 하지만, 미친 사람의 잠꼬대를 복음처럼 여기는 그들이 깨어나길 바라는 마음에서 부질없는 수학적 상상력을 발휘했다. 금치산자들의 오류를 지적하기 위해, 어쩔 수 없이 지면을 낭비했다. 고양이가 알을 낳는다는 식의

---

2) '효율이 더 높'다는 표현은 많은 수익률을 의미한다..

유언비어를 퍼뜨리는 어둠의 세력이 있다. 효율성을 운운하며 '정기 예금 풍차 돌리기'를 말하는 놈이 있거들랑 그 자리에서 멱살을 잡아도 좋다. 그들은 독자와 청중이 지옥으로 향하는 길로 접어들도록 달콤한 말로 유혹한다. '정기 예금 풍차 돌리기'의 폐해弊害가 독자들을 그릇된 방향으로 이끌었다. 몇몇 작자들은, '정기 예금 풍차 돌리기'와 '정기 적금 풍차 돌리기' 및 '남극성 이론'을 전혀 구별하지 못한다. 이것들을 구별하는 수학과 효율성에 대한 개념이 전혀 없기 때문이다. 그들은 데이터가 전혀 없음에도 불구하고, 재테크 서적에 마구잡이 설명을 늘어놓으며 횡설수설하고 있다. 그리고는 명백히 효율성에 차이가 있는 방식들을 선택하는 것이, 마치 독자들의 수학적 지식이 아니라 취향에 달려있다는 듯이 무심히 기술한다. 교묘한 좀도둑들이 몇 년간 연구한 나의 자료를 그대로 베낄 수는 있지만, 인간의 언어로 서술할 재능은 전혀 없다. 그러니까 시중에 떠도는 풍설風說의 시시비비를 가리지 못하는 것이다. 능력이 부족하면, 말하지 않는 게 낫다. 소음공해를 일으키는 자들이 글쟁이 흉내를 내며 세상을 어지럽히고 있다.

'정기 예금 풍차 돌리기'가 그럴듯하게 언급된 책이 있다면, 찢어 버리거나 환불을 요구해도 된다. '정기 예금 풍차 돌리기'를 정신없이 복사하고 찬양하는 한심한 중생衆生들이 책을 출판하고, 독자들은 그들의 재정확보에 기여한다. 어처구니없는 노릇이다. 그들이 벌인 어리석은 행동의 모든 증거를 확보했다. 나중에 그들이 어떻게 말을 바꾸는지 지켜보는 일도 흥미로울 것이다. 사이비 종교에 빠지고 인지부조화를 일으키는 그들이 누구인지 나는 잘 알고 있다.

제5장

남극성 이론과
현실의 몰이해

때는 두 번 이르지 아니하고 일은 지나면 못하나니 속히 분발할 지어다.
- '대한독립여자선언서' 중에서

5-1 착한 딸 앨리스

 컴퓨터 모니터 앞에서 단지 몇 분간 시간을 보내는 행위를 통해서, 만기액의 수령과 계좌의 개설 및 해지가 가능하다. 은행을 직접 방문하느라 교통비를 들일 필요는 없다. 밤 11시 30분 전까지 이 행동을 완료하면 되니, 은행문의 셔터를 내리는 시간인 평일 오후 4시를 염두에 두고 허겁지겁 은행으로 달려가지 않아도 된다. 나는 주로 저녁을 먹고 한가한 시간에 앨리스를 확인한다. 물론 비용이 따로 들지는 않는다. 나는 이런 작업을 거의 매일 수행하기 때문에 수수료 없이 자유롭게 돈 배달하는 방법을 미리 준비해 놓았다.
 누군가는 물리적인 노동력을 통해 열심히 돈을 벌지만, '앨리스'라고 불리는 딸을 키우는 부모는 시간의 흐름에 따라서 은행잔고를 확인하며 돈을 챙긴다. 앨리스는 부모의 속을 썩이는 일이 없다. 그저 무럭무럭 자라나며 행복감을 안겨준다. 오직 필요한 것은 시간이다. 시간을 입증하는 것은, 코페르니쿠스의 이론, 해와 지구, 이 3가지다. 지구가 자전해서 24시간이 지나면 CMA이자가 발생하고, 365일이 지나 지구가 태양 둘레를 한 바퀴 공전하면, 1년 만기 금융상품의 이자액이 생긴다. 코페르니쿠스는 기존의 학설에 의심을 품고, 지구가 태양둘레를 돌면서 움직이는 현상을 설명하는 이론을 완성했다. 남극성 이론에 있어서, 달은 별로 중요한 요인이 아니다. 조수간만의 차를 염두에 두고 해안에서 바지락을 캐는 사람이 달의 인력引力에 대해서 조금은 생각하겠지만, 달은 금리소득을 가져오는 시간의 발생에 그다지 큰 영향을 미치지 못한다. 간단히 말해서, 남극성 이론을 부정하기 위해서는 이 3가지, 즉 코페르니쿠스의 이론 및 태양과 지구의 존재를 부정하면 된다. 그러나 만약 그 억지가 실현될 가능성은, 쉬지 않고 무의미한 얘기를 떠드느라 이빨에서 땀이 나는 확률과 같으므로, 아무도 진지하게 고려하지 않을 것이다.

행동의 선택이 시간의 흐름에 따라 결과로 나타난다. 어떤 결과를 얻는 과정에서 반드시 통과해야 하는 것이 시간이다. 남극성 이론을 제대로 수행하면, 별로 일을 하지 않고 수익을 올릴 수가 있다. 물론 '정기 예금 풍차 돌리기'를 통해서도 이자소득은 발생한다. 은행에 가서 정기 예금 통장을 개설하는 일이나 정기 적금 통장을 개설하는 일에는 별다른 비용의 차이가 없다. 그러니까 은행에서 계좌를 개설하는 같은 일을 하면서 소득의 차이가 발생한다면, 높은 소득을 선택하는 편이 낫다. 이것은 은행창구에서 '정기 예금으로 개설해주세요'나 '정기 적금으로 개설해주세요'라고 요청한 차이만큼이나, 분명하면서도 확연한 격차를 가져온다.

같은 물건을 동일한 가게에서 100원 주고 사기도하고 110원주고 사는 희한한 일이 벌어진다. 그런데 여기서 같은 가게란 다름 아닌 금융기관을 말한다. 매시간 시세가 등락하는 주식시장의 얘기가 절대 아니다. '정기 예금 풍차 돌리기'에 따라 정기 예금을 개설하는 사람은 110원에 사는 사람이고, '남극성 이론'에 따라 정기 적금에 가입하는 사람은 100원에 사는 사람이다. 다시 강조하지만 물건의 품질은 동일하다. 이런 일이 가능하다. 개명천지開明天地 21세기의 금융기관에서 벌어지는 일이다.

우리의 운명을 결정하는 것은, 인생의 고비에서 무수히 겪는 선택의 결과다. 눈물의 씨앗을 얻을 수도 있고, 희망의 열매를 맺을 수도 있다. 남극성 이론을 아느냐 모르느냐에 따라 살림살이의 향배가 달라진다. 이제 중요한 것은 단순히 알고 있다는 사실이 아니라, 그 지식을 어떻게 행동으로 옮길 것인지가 문제다. 선택이 습관이 되고 다시 일과a daily routine로 전환되는 가운데서 남극성 이론의 실천여부는 중요하다.

  굳이 금리소득에 관심이 없는 사람에게 '남극성 이론'을 설파하지 마라. 왜냐하면 시간낭비이기 때문이다. 바보들은 '건강한 삶을 원하지 않으며 장수하고 싶지 않다'고 뇌까릴 수 있다. 혹은 '인생을 완전히 망치고 싶다'는 투로 내뱉을 수도 있다. 우리는 표현의 자유가 충분히 보장되는 사회에 살고 있다. 사정이 그러하니 그들의 행동을 직접 말릴 수는 없다. 그들을 불쌍히 여길 필요도 없다. 가난해지는 그들의 비이성적인 자율의지를 절대로 방해해서는 안 된다. 굳이 은행직원들에게, 남극성 이론에 따라 파이낸셜 세이버매트릭스financial sabermetrics를 실천하는 사람이라고 자신의 정체를 드러낼 필요는 없다. 창구에 앉아있는 그들은 은행가banker가 아니다. 그저 통장에 입출금 내역이나 찍는 오퍼레이터operator일 뿐임을 명심해라.

  나는 다른 사람을 위하여 일하는 대신 자신 자신을 이해 일하는 창업자 정신을 존경한다. 그러나 모든 사람이 피고용인의 신분에서 벗어나 창업기업인이 될 수 없는 것도 엄연한 사실이다. 그런 사람들은 급여 이외의 다른 현금창출 가능성을 모색해야 한다. 만약 당신이 누군가에게 의지하여 수입을 얻는다면, 나는 직장에 매달린다고 해서 모든 것을 해결해 주지 않는다고 감히 충고하고 싶다. 솔직히 가장 미련한 짓이, 월급쟁이가 회사에 의존하는 태도다. 고난의 행군시기에 당과 수령을 믿고 굶어 죽어간 북한주민들을 보는 것 같다. 북한주민들 중에서 두뇌회전이 빠른 사람들은 배급을 중단한 당보다는 장마당의 본질을 더 신뢰한다. 물론 대한민국의 교사나 공무원 및 국영기업체의 정직원은 아직까지 고용안정성이 보장된다. 그러나 언제 위험징후가 드러날지 알 수 없다. 어떤 일을 하든지 위험가능성은 존재하기 마련이다. 그중에서 가장 덜 위험한 것이 남극성 이론이다.

앨리스는 자기증식을 위해 휴일에도 쉬지 않고 일한다. 휴가나 상여금, 심지어 월급을 요구하지도 않는다. 앨리스의 증식작용을 통해 얻는 산물産物은 모두 계좌소유자의 것이다. 앨리스의 소유자, 즉 앨리스의 아빠나 엄마의 것이 된다는 말이다. 앨리스는 절대로 소유권을 주장하는 법이 없다. 이런 충직한 딸을 어찌 사랑하지 않겠는가? 마치 셰익스피어William Shakespeare(1564~1616)의 4대 비극 중 『리어왕King Lear』에 나오는 딸 코델리아Cordelia처럼 아버지를 위해 목숨을 아끼지 않는다. 사실 앨리스라고 부를지 코델리아라고 명명할지 고민하다가, 코델리아가 주는 비극적 이미지가 강렬해서, 명랑해 보이는 앨리스로 부르기로 결정했다.

5-2 신용카드는 내 친구

어떤 책에서는 재테크를 위해 신용카드를 잘라버리라는 극단적인 말을 들은 적이 있다. 이유인즉슨 신용카드를 쓰면 소비의 위험에 노출되기 쉬우니, 현금을 쓰거나 미리 현금을 채워 넣는 체크카드를 쓰라는 얘기다. 신용카드를 가지고 있으면 과소비의 함정에 빠질 수가 있다는 말이다. 실제로 이와 같은 좌우명을 소중히 여기고 현금만 사용하는 사람을 본 적도 있다. 사이비 재테크 서적에 쓰인 말대로 행하는 사람의 존재를 확인했지만, 나는 그 사람의 재테크 수행능력이 0점이라고 본다. 결론부터 말하면, 어리석은 중생의 근거 없는 주장이다. 거의 모든 지출을 신용카드로 해결하는 필자가, 신용카드를 애용한다는 이유로 다른 사람보다 특별히 더 소비를 하지는 않는다.

10만 원짜리 물건을 현금으로 구매하면 지갑에서 10만 원이 사라진다. 체크카드로 상품을 사면 체크카드 연계통장에 마치 실탄을 장전하듯 미리 채워 넣은 10만 원이 없어진다. 그러나 신용카드로 긁으면 그냥 10만 원이 영수증에 찍혀서 카드사로 전송될 뿐이다. 그리고는 약 30일 후에[1] 결제일이 되면 그때서야 연계통장에서 결제액만큼 차감된다.

필자는 체크카드 연계통장을 자유입출금 통장으로 사용하지 않는다. 왜냐하면 체크카드 연계통장의 금리가 CMA금리를 능가할 만큼 매력적이지 못하기 때문이다. 즉 이 말은 돈이 체크카드 연계통장에 머물러 있는 만큼의 시간동안 CMA보다 떨어지는 금리소득을 가져온다는 말이다. 그래서 나는 체크카드를 사용한 적이 단 한 번도 없다. 신용카드의 사용을 줄이기 위해 현금이나 체크카드를 쓴다는 말은

---

[1] 신용카드의 결제일은 평균적으로 약 30일 이후다.

재테크의 문외한들이나 지껄이는 언어다. 이렇듯 소비습관이나 신용카드 및 현금사용의 비율을 통해서도, 개인의 자산관리 수준을 가늠할 수가 있다.

나의 거의 모든 돈은 앨리스에 갇혀있다. '앨리스에 갇혀있다' 는 말은, 거의 모든 돈이 정기 적금의 계좌의 개설이나 불입에 사용된다는 말이다. 앞서 언급한 것처럼 약 30일 후의 결제일에 신용카드의 결제액만큼 차감되는 조건이라면, 그 결제일 사이에 사용한도 내에서 마음대로 카드를 '긁어' 도 된다는 말이다. 물론 남극성 이론에 심취해 있는 사람이 무분별하게 흥청망청 소비를 하지는 않는다. 꼭 필요한 것만 살 것이다. 그러나 약 30일 후의 결제일이 되기 전에, 개설한 정기 적금의 만기일이 돌아오고, 그 만기액으로 신용카드의 결제대금을 지불할 수 있다면 상황은 재미있게 변한다.

현금을 항상 지불하는 사람은 돈을 지불하기에 앞서 지갑을 두둑하게 채워야 한다. 즉 지출을 예상하고 외출하기 전에 항상 일정량의 돈을 지녀야 한다는 말이다. 이를 풀어서 설명하겠다. 만약 1월 10일에 특정한 물건의 소비를 위해 현금 10만 원을 쓸 예정인 사람은, 적어도 1월 10일에는 현금을 마련하고 물리적으로 수중에 지니고 있어야 원하는 상품의 가액價額을 가게주인이나 점원에게 지불할 수 있다. 따라서 지출하는 1월 10일에 10만 원은 품에서 사라졌으니, 이 사라진 10만 원을 금융기관에 맡길 수도 없다. 따라서 10만 원에 대한 이자생성가능성은 0이 된다. 10만 원은 1월 10일 소비와 함께 그날로 사라진다. 따라서 장부나 가계부에서 1월 10일에 -(마이너스)10만 원이 기록되는 셈이다.

그러나 1월 10일에 신용카드로 상품을 구매한다면 얘기는 달라진다. 결제일이 약 30일 후라면 이 사람의 실제지출은 2월 10일에 이뤄진다. 이 사람은 물건을 구하기 위해 실제로 1월 10일에 신용카드를 주고받고 서명을 할 뿐, 현금을 준비하지 않아도 된다. 그러나 남극성 이론을 몇 년째 충실히 이행한 사람이라면, 결제일이 약 30일 늦춰진 사실로 인해 흥미로운 일이 발생한다. 즉 1월 10일과 2월 10일 사이에, 전에 가입한 정기 적금의 만기일이 도래할 수가 있다. 만약 정기 적금 만기일에 발생하는 이자가 2월 10일의 결제금액을 초과한다면, 앨리스의 크기가 줄어드는 일 없이, 즉 -(마이너스)처리를 하지 않고도 2월 10일 결제를 완료할 수 있다. 그리고 즉 10만 원의 소비는 분명 존재하여 눈앞에 물건을 남기지만, 지출의 '기록'은 찾기 힘들 정도로 희미하게 할 수도 있다. 현금을 사용하는 사람은 그날로 10만 원이 없어져서 지출항목에 -10만 원을 기록하는 반면에, 남극성 이론의 추종자는 10만 원을 신용카드로 결제하고, 실제로 10만 원짜리 물건을 구매하지만, 결제일 전에 정기 적금의 만기가 도래하여 10만 원 만큼의 이자를 받는다면, 앨리스의 기록상으로 10만 원의 변동이 드러나지 않게 할 수도 있다.

만약 1월 10에서 2월 10일 사이에 발생하는 이자액이 10만 원이 되지 않는다고 낙담할 이유는 없다. 왜냐하면 이자액만큼 지출액을 증발시키면 되기 때문이다. 이게 무슨 말인가 하면, 이자액이 만약 5만 원에 불과하다면, 이자액으로 5만 원을 충당하고 나머지 5만 원만 실제 결제일에 -(마이너스)처리 하면 된다. 그러니까 결제일 전에 발생하는 이자를 통해서 신용카드 결제액의 전체 혹은 일부를 결제할 수 있다는 말이다. 다시 말하지만, 카드로 계산한 후, 실제로는 평균적으로 약 30일 후에 모든 일이 일어난다. 이 과정이 평생 지속된다면 어떤 결과를 가져올지 아무도 모른다. 현금의 지급을 통해 날렸을지도 모르는 돈을 앨리스에 투입하여 얻는 이자소득의 가능성에 대해서, 남극성 말고는 아무도 언급하지 않는 상황이다. 현금과 체크카드를 선호하는 사람이 평생 놓치는 손해에 대해서 비판하기는커녕, 몇몇 한심한 저자들은 이를 재테크의 수단이라고 찬양하고 있다.

신용카드에는 무이자 할부제도라는 게 있다. 사실 현금으로 물건 값을 지불하면 이따금 싸게 살 수도 있지만, 만약 카드사용과 현금계산에 있어서 금액의 차별이 없을 시 필자는 이를 애용한다. 만약 50만 원을 현금으로 내지 않고 5개월 동안 무이자로 매달 10만 원씩 결제되는 사람이 있다고 가정해보자. 이를 정기 적금의 월적수 개념으로 분석하면 다음과 같이 나타낼 수 있다.

표 5-1

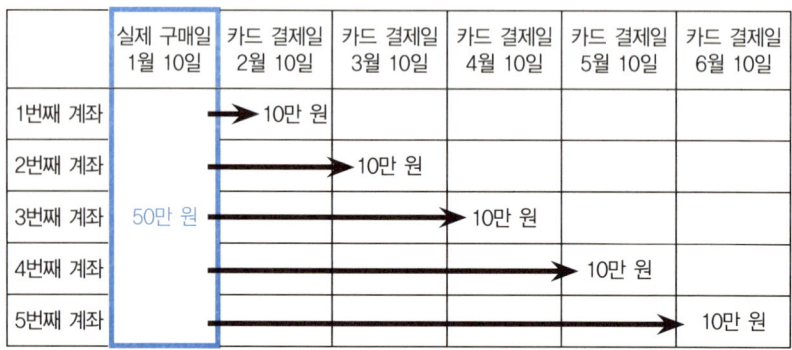

실제 구매일인 1월 10일에 현금을 사용한 사람은 즉시 -50만 원

을 기록한다. 그러나 5개월 동안에 5번에 걸쳐 10만 원씩 결제되는 사람은 평균 약 30일 후에 결제가 이뤄지기 시작해서 〈표 5-1〉 **검은 화살표**처럼 15(1+2+3+4+5)개월의 월적수를 기록하게 된다. '**1-7 정기 예금과 정기 적금의 정확한 비교**'에서 〈표 1-8〉을 보면 정기 적금의 이자계산 방법이 잘 나와 있다. 월불입 10만 원의 12개월 만기 정기 적금의 경우 78의 월적수를 기록하고 있다. 그렇다면 월적수 15를 78로 나누면 다음과 같이 정리할 수 있다.

$$\frac{15}{78} = 0.192307...$$

0.192307...을 백분율로 나타내면 약 19.23%다. 즉 월불입액 10만 원인 12개월 만기 정기 적금의 월적수 78에 비해 15이므로 약 19.23%를 차지한 셈이다. 〈표 5-1〉의 굵은 파란색 테두리 안에서처럼 50만 원짜리 물건을 현금을 지불하면 곧바로 1월 10일에 -50만 원이 기록되지만, 신용카드를 이용하고 5개월 무이자제도의 혜택을 받으면 월불입액 10만 원인 12개월 만기 정기 적금 이자액의 약 19.23%만큼을 버는 셈이다. 이 제도를 평생 이용하면 어떻게 될까? 신용카드를 잘라버리라는 저자들과 그들에게 농락당한 독자들은 죽을 때까지 이 내용을 모를 것이다. 신용카드의 결제보다 현금을 들고 다니는 것이 재테크의 실천이라고 믿고, 자신의 그릇된 신념을 담아 책으로 펴내는 자들이 있다. 그들을 맹목적으로 신봉하는 독자들도 있으니 참으로 한심한 세상이다. 수학적 상식이 전혀 없는 자들의 잠꼬대를 재테크의 방법이라고 소개하는 출판계 하류인생들의 장난은 엄

하게 다스려야 한다. 표현의 자유는 보장하는 것이 맞다. 그러나 허위의 사실을 책으로 펴내고, 경제적으로 도움이 되는 방법이라고 발악하며 황당설을 퍼뜨리며 사기 칠 자유는 없다.

현금사용을 고집하는 몇몇 사람은 이를 재테크의 수단이라고 자위하고 있다. 하긴 버젓이 재테크 책에 나온 내용이니, 이 방법을 실천하면서 뿌듯함을 느끼는 사람도 있을 것이다. 신용카드의 사용을 통해, 자제력이 연기처럼 사라지고, 독버섯 같은 과소비의 유혹에 통제력을 상실할 수가 있으니, 현금을 사용하거나 체크카드를 쓰는 버릇을 들이면 이를 막을 수 있다고 주장한다. 한마디로 망상에 사로잡힌 헛소리다.

내 말을 신용카드사는 유념하기 바란다. 알다시피 경제활동 인구의 감소로 인해 신용카드의 사용이 줄어들고 있다. 그리고 정부의 과도한 간섭으로 신용카드의 수수료 수입도 갈수록 박해지는 추세다. 반면에 체크카드의 사용량은 점점 늘어난다. 그렇다면 신용카드의 사용을 통한 자산관리의 방법을 설파하는 나의 의견을 신용카드사가 잘 경청해야 영업에 도움을 받을 수 있다. 신용카드의 사용이 재테크에 도움이 된다는 확신을 고객에게 심어줘야 한다. 신용카드의 애용이 재테크의 첫 단추라는 사실을 알고, 카드업계의 활성화를 고민하는 사람은 안타깝게도 나를 제외하고 현재 몇 명이 되질 않는다.

5-3 월 추가수입 30만 원의 달성

내가 5%대 후반과 6%대 초반의 정기 적금의 금리로 운용하고 있을 때가 2010년 무렵이었다. 그 당시 총 저축액, 즉 앨리스가 7,800만 원 정도였다. 월불입액을 100만 원으로 하고 12개의 통장을 만들던 시점이다. 이를 표로 나타내면 다음과 같다.

표 5-2

	1월	2월	3월	4월	5월	6월	7월	8월	9월	10월	11월	12월
1번 계좌	x=100만원	x	x	x	x	x	x	x	x	x	x	x
2번 계좌		x	x	x	x	x	x	x	x	x	x	x
3번 계좌			x	x	x	x	x	x	x	x	x	x
4번 계좌				x	x	x	x	x	x	x	x	x
5번 계좌					x	x	x	x	x	x	x	x
6번 계좌						x	x	x	x	x	x	x
7번 계좌							x	x	x	x	x	x
8번 계좌								x	x	x	x	x
9번 계좌									x	x	x	x
10번 계좌										x	x	x
11번 계좌											x	x
12번 계좌												x
	원금총합 = 78x = 7,800만 원											

1번째 계좌의 만기가 도래하면 1,200만 원의 원금과 함께 당시의 금리로 약 30만 원 남짓의 이자소득이 생겼다. 그러니까 매월 30만 원 정도의 월세소득을 얻는 셈이었다. 본인 소유의 부동산에 월세를

들이면, 수수료와 거래세금 및 수리비가 든다. 또 거기다가 재산항목까지 늘어나니 건강보험료의 인상요인이 된다. 세입자의 눈치도 봐야하니 여간 번거로운 일이 아니다. 그러나 이자수입이 다달이 생기니 은행에 한 달에 한 번 정도만 방문하면 되었다. 인터넷으로 이체하면 은행을 방문하는 시간과 교통비마저 줄일 수가 있다.

 아무튼 나 자신을 위해서 한 달에 이자수입인 30만 원을 다 써도 앨리스에는 전혀 감소가 없었다. 그러니까 하루에 평균적으로 약 1만 원씩 소비해도 됐다는 말이다. 평소 짜장면을 먹다가 비싼 간짜장을 주문해도 상관없고, 프랜차이즈 햄버거를 즐기다가 수제 햄버거를 파는 가게에 부담 없이 발걸음을 옮겨도 됐다는 말이다. 물론 지금은 놀고먹는 전업 작가로서의 생활을 구가謳歌하고는 있지만, 아무튼 당시 화폐를 버느라 눈코 뜰 새 없이 바빴던 나로서는 꽤 행복했다. 그러나 딱 1주일 만에 이 생활은 종료를 고하고 말았다. 결과적으로 이 중단은 현명한 판단이었다. 이자를 더 챙겨보려는 나의 욕심이 이 결정을 이끌었다.

표 5-3

	1월	2월	3월	4월	5월	6월	7월	8월	9월	10월	11월	12월
1번 계좌	x=100만원	x	x	x	x	x	x	x	x	x	x	x
1-1번 계좌	y=30만원	y	y	y	y	y	y	y	y	y	y	y
2번 계좌		x	x	x	x	x	x	x	x	x	x	x
3번 계좌			x	x	x	x	x	x	x	x	x	x
4번 계좌				x	x	x	x	x	x	x	x	x
5번 계좌					x	x	x	x	x	x	x	x

6번 계좌						x	x	x	x	x	x
7번 계좌							x	x	x	x	x
8번 계좌								x	x	x	x
9번 계좌									x	x	x
10번 계좌										x	x
11번 계좌											x
12번 계좌											
	원금총합 = $78x + 12y$ = 7,800만 원 + 360만 원 = 8,160만 원										

여기서 y는 이자수입을 뜻한다. 나는 이 이자수입마저 쓰지 않고 고스란히 앨리스에 투입하여 원금을 늘리기 시작했다. 이 1주일의 고민이 나를 바꾸어 놓았다. 젊은 나이에 한 달에 30만 원이 나온다면 그리 적지 않은 돈이 생기는 셈이다. 그러나 여기에 그치지 않고 발생하는 이자를 계속 원금으로 삼아 모은다면, 몇 년 후에는 원하지 않는 일을 하기 위해 남에게 고개를 숙일 필요가 없게 된다! 나는 y를 원금으로 삼아 계속 정기 적금에 가입하기 시작했다. 그리하여 본격적인 도전을 개시했고, 현재 수십 개의 정기 적금의 계좌를 운용하고 있다.

만약 y의 가능성을 인지하지 못했더라면 계좌수와 앨리스가 급격하게 늘지는 못했을 것이다. 갑자기 생긴 y의 존재만큼 조커의 활용도 또한 높아질 것이다. 만약 1년쯤 지나서 원금이 7,800만 원인 〈표 5-2〉와 원금이 8,160만 원인 〈표 5-3〉중에서 하나를 고르라면 어느 것을 선택하겠는가? 다다익선多多益善이다. 나쁜 곳에 쓰지 않는다면, 돈이 많아서 나쁠 이유가 없다. 무이자 조커의 개념을 발표했을 때, 이를 황당하다고 비웃었던 자들은 실제로 계좌를 수십 개씩 운용하지 않는다. 청맹과니들은 잘 모르니까, 즉 다시 말해서, 해 본 적이 없으니까, 조커의 개념을 이상하게 여기는 것이다. 남극성 이론은 처음에 이렇게 머리 아프게 시작했다. 지금은 쉽다. 왜냐하면 실제로 이렇게 하는 데 별다른 노력을 들이지 않아도 될 만큼 나 자신이 바뀌었기 때문이다.

남극성 이론을 체계화한 것은 미국에서 통계학 수업을 들었을 때이다. 그러나 어디까지나 머릿속에만 가능했을 뿐이지 실제로 한국에 돌아와서 정기 적금 가입에 몰두하고, 이를 이론화해서 책을 펴낼 계획은 없었다. 따라서 미국의 담당 교수에게도 얘기하지는 않았다. 어차피 미국에서의 금리는 보잘것없기 때문이다. 그러나 한국에서 받은 30만 원 남짓의 월 추가수입이 내 인생을 바꿔 놓았다.

실제로 『구르는 돈~』 단 한 권만으로 고전古典의 작가가 되어 아마존에 이름이 등재되었다. 전업 작가의 삶은 이렇게 완성됐다. 대한민국 출판계에서 단 한 권만으로 글쟁이 행세하며 먹고사는 인간은 내가 유일무이할 게다. 물론 나의 성공 사례를 출판계의 전범典範처럼 떠받들 필요는 없다. 게릴라처럼 은밀히 다가온 표절꾼을 상대하느라 피곤한 점도 있다. 내가 처음 이론화하여 출판했기 때문에 피할 수 없는 일이다. 그러나 이미 화살은 발사됐으니 어떡하랴? 이미 남극성의 이름으로 저작권이 등록되었고 책은 전 세계로 팔리고 있다. 그들은 부인하고 싶겠지만 어리석게도 남극성이 잘못 표기한 내용마저 자기 것이라고 우기고 있다. 그들의 발악은 제3자에 의해 그대로 채증되고, 나에게 보고되어 차곡차곡 증거로 남는 중이다. 그들의 지적절도와 사기가 온 천하에 드러났을 때의 변명과 발악은 참으로 볼 만할 것이다. 출판계의 위선과 소위 '작가'들의 착살맞은 음흉함이 조금은 귀엽기까지 하다.

5-4 이자보다 중요한 절약의 습관

종종 내가 이자소득의 극대화를 위한 방법에 대한 이야기를 할 때, 논점을 이해하지 못하는 사람들은 금리가 낮아서 이자가 얼마 되지 않는다는 푸념을 늘어놓는다. 현재 이 글을 쓰는 2016년의 금리는 참혹할 정도로 낮은 것이 사실이다. 아마 단군 이래 최저 금리라고 해도 무방할 것이다. 은행에서 대출을 받는 사람에게는 좋은 일이지만, 이자수익을 위해 금융기관에 목돈을 예치한 예금자들은 답답한 노릇이다. 특히 노후에 은행 이자로 연명하시는 분들의 고통은 심각할 정도다. 금리가 낮아져서 대출 부담이 줄어들었으니 부동산에 투자하라는 기사가 넘쳐나도, 예금자들의 곤란한 사정을 전하는 보도는 어디에도 보이지 않는다. 낮은 금리의 저축 상품에서 빠져나와 수익이 높은 다른 상품으로 갈아타라는 광고성 기사만이 희뿌연 안개처럼 속삭이며 유혹한다. 물론 수익성이 높은 상품은 손실의 가능성이 있다. 기자들은 이거 해봐라 저거 해봐라 훈수를 두지만, 손실의 결과에 대해서는 전혀 책임지지 않는다. 자신들은 절대 그렇게 실행하지 않으면서 남에게 충고는 잘한다. 경제란의 기사인지 상품 광고인지 구별이 되지 않을 정도다.

앞선 말한 대로 재테크는 결과보다 과정에 중점을 둬야 한다. 특히 나이가 어릴수록 과정의 중요성을 숙지해야 한다. 왜냐하면 한 달만, 혹은 1년만 재테크를 하는 것이 아니기 때문이다. 꾸준히 돈을 모아야 하므로, 돈을 잃지 않고 계속 쌓아가는 흐름을 파악해야 한다. 물론 초창기에는 그 결과가 그리 빛나게 보이지 않을 것이다. '내가 고작 이 정도의 돈을 위해서 그 고생을 했나?'고 항변할 수도 있다. 왜냐하면 부모의 지원을 받지 않고 직장생활을 시작한 사회초년생의 벌이는 뻔하기 때문이다. 나도 마찬가지였다. 유학자금을 내가 마련하느라 뉴욕행이 늦어졌다. 그리고 학교를 졸업한 후에는 빈손으로 귀국해서 다시 돈을 벌었다. 돈이 하늘에서 떨어지지 않는 한 어쩔 수가 없다. 부모의 재산을 물려받지 않은 이상 젊었을 때는 가난한 게 당연하다. 고작 통닭 한 마리 값의 이자를 벌기 위해 지루하게 정기 적금의 만기일까지 기다릴 수도 있다. 그런데 이런 과정을 반복하면 통닭 한 마리가 두 마리가 되고, 나중에는 열 마리가 된다. 그리고 통닭이 지겨워서 피자를 곁들여 먹을 수도 있다.

그런데 이게 끝이 아니다. 이 재미에 빠져들면 이자로 공짜 통닭의 맛을 즐기기보다 돈을 모으는 과정에 재미를 붙인다. 마치 자린고비처럼 쓸데없이 돈 쓰는 것을 싫어하게 된다. 통닭은 먹어도 되고 안 먹어도 그만이다. 닭 한 마리 먹지 않는다고 해서 굶어죽는 일은 없다. 따라서 이자로 통닭을 사먹지 않고, 원금과 함께 그 이자마저 고스란히 모으면 더 많은 저축액을 확보할 수 있다.

저축액이 많아지면 이자는 더 많아진다. 이 과정을 머리로 이해하는 것에 그치지 않고 몸소 체험하면 어쩔 수 없이 다시 강제적으로 저축하게 된다. 여기서 '강제적'이라는 말은 타의에 의해 마지못해 저축을 한다는 뜻이 아니라, 저축에 익숙한 삶의 습관이 자동적으로 예금자로 하여금 저축을 유도한다는 의미다. 이런 사람은 저축에 중독되어 만기일에 만기액을 확인하는 쾌감을 즐긴다. 머리로 아는 것보다 실제로 돈을 만져본 느낌이 강인한 인상을 남겨서 행동을 조절한다. 그 체험을 하지 못한 자들은 비겁한 변명을 늘어놓는다. 실제로 벌어 놓은 돈도 별로 없으면서! 내가 보건대 자산관리에 있어서 경험주의적 인식이 없는 자들의 말은 의심할 필요가 있다.

저축의 초심자들은 어렵게 저축으로 모은 돈으로 만기일에 쓸 계획부터 세운다. 쓰고 나면 원점原點으로 돌아와서 다시 시작해야 한다. 지금까지의 노력이 물거품처럼 사라지고 출발점으로 되돌아올 수밖에 없는 허무한 마음을 느끼고 싶다면, 저축상품의 만기일에 돈을 쓰면 된다. 마치 시지프스 신화에 나오는 이야기처럼, 반복해서 돌을 굴려서 위로 올리고 떨어뜨리는 허무한 일상을 되풀이하는 셈이다. 그러나 더 큰 만족을 느끼고 싶다면, 만기액을 쓰지 않고 다시 다른 계좌에 예치하거나 새로운 계좌를 개설하면 더 많은 이자를 창출할 수 있다.

재테크 책을 읽다보면 저자가 체험하지도 않았음이 분명한 내용을 종종 본다. 원고의 분량을 채우기 위해 잘 알지도 못한 내용을 쓰면, 일반 독자들이 얼핏 봐서는 잘 모를 수도 있지만 고수들은 금방 알아본다. 사기꾼들은 거짓을 숨기고 싶겠지만 대번에 티가 난다. 대책 없는 저자는 자기도 잘 모르는 내용을 정보랍시고 포장하여 출판하지만, 독자들이 얻는 결과에 대해서는 책임지지 않는다. 그러니까 사정을 잘 모르고 부화뇌동하는 사람은 늘 망하게 마련이다. 물론 나 역시 내가 주장하는 '남극성 이론'에 대해서 책임질 수 없는 상황을 맞이할 수는 있다. 그런 경우는 은행들이 망하는 때다. 은행들이 모두 문을 닫는 사태의 실현가능성은, 북한정권에 의해 적화통일이 되어 대한민국 자본주의 시스템이 끝나는 확률과 엇비슷하다. 그때는 은행통장이나 주식은 휴지가 되고, 부동산은 국가(조선민주주의인민공화국)의 소유물이 된다. 그럴 가능성은 삼성전자가 망하는 확률과도 동일하다고 보면 된다. 그러니까 남극성 이론은 대한민국이 존속하는 한 꾸준히 유효할 가능성이 높다. 남극성 이론은, 괴로우나 즐거우나 나라를 사랑하면서 자유민주주의를 수호할 명백한 이유를 제공한다.

나는 이자소득의 극대화를 위해 이 책을 쓰지만, 사실 중요한 것은 이자의 양이 아니다. 이자의 양보다 더 중요하는 것은, 이자를 사랑하는 마음이며, 이자를 끌어당기는 중력이다. 많은 이자를 받기 위해서는 원금이 많아야 한다. 많은 원금을 보유하려면 돈을 많이 벌거나 소비를 줄여서 저축액을 늘려야 한다. 그런데 급여생활자들의 월급이 급격하게 늘어나는 경우는 거의 없다. 대개 호봉체계에 의해 서서히 급여가 오른다. 따라서 수입을 늘리는 방법이 여의치 않으면 소비를 줄여서 저축으로 전환하는 방법을 고려할 수도 있다. 급여가 밖에서 버는 돈이라면, 절약은 안에서 버는 돈이다. 밖에서 버는 돈이 적다고 낙담하면 안 된다. 절약을 통해서 내부에서 버는 수도 있다.

5-5 토마 피케티에 대한 나의 견해

2014년 12월, 나는 KBO와 대한야구협회가 공동으로 주관하는 야구심판학교의 이론수업을 청강하러 가다가 명지전문대에서 빙판길에 낙상하여 발목뼈가 심하게 부러졌다. 병원에 입원해 있는 동안 특별히 할 일도 없어서 독서에 전념했다. 수술을 마치고 석고붕대를 한 채 병상에서 토마 피케티Thomas Piketty의 『21세기 자본[2]』을 읽었다. 우선 각 시대별로 정리한 방대한 경제 통계자료를 분석한 저자의 노력에는 경의를 표하고 싶다. 그러나 나는 텍스트의 초반부를 읽으면서부터 발견한 심각한 의문점을 마지막 장을 덮을 때까지 해결할 수 없었다.

피케티가 양극화의 주범이라고 내세운 공식은 $r > g$이다. 여기서 r은 연평균자본수익률이고 g는 경제성장률이다. 이 공식은, 부자들의 자산소득 상승비율이 경제성장률보다 높으니, 여유가 있는 자는 계속 부자로 남고, 노동의 제공을 통해 급여를 받는 사람은 그 간격을 좁힐 수가 없다는 주장의 배경이 된다. 피케티에 따르면 빈부격차는 이렇게 해서 계속 벌어진다. 그 해결책으로 부자세와 상속세를 높여서 양극화를 해소해야 한다는 것이 피케티의 주요 논지다.

결론부터 말하면, 나는 대한민국의 상황에서 피케티의 주장을 절대적으로 받아들일 필요가 없다고 생각한다. 나는 그 이유를 분명히 설명할 수 있다. 따라서 피케티의 주장은 나에게 지속적인 관심사가 될 수

---

[2] 『Capital in the twenty first century』(2014, The Belknap Press of Harvard University Press)

없다. 한국에서 절대적일 수 없는 이론을 대단하게 포장하여 한국어로 된 번역본을 대대적으로 광고하는 수완에 그저 감탄했을 뿐이다. 감히 말하건대, 파이낸셜 세이버매트리션financial sabermetrician인 나는 깔끔하게 수학적인 증명을 통해서 피케티의 문제점을 지적할 수 있다.

나는 내 책을 이해하는 독자들의 현금흐름에 기여해왔다. 이 점은 '남극성 이론'을 고안한 내가 늘 자랑스럽게 생각하는 부분이다. 내가 피케티 이론의 부족한 점과 맹점을 발견했다고 해서 세계적인 석학에게 한방 먹였다는 거만한 생각은 절대 하지 않는다. 피케티 개인에 대한 유감은 없으며, 방대한 자료 분석을 통한 그의 학문적 업적을 싸잡아서 모독하고 싶은 생각은 추호도 없다. 단지 대한민국에서 개인의 현금흐름에 별로 도움이 안 되는 이론을 대단하게 포장하는 떠들썩한 분위기와 이에 영합한 상업주의가 그다지 마음에 들지 않았을 뿐이다. 피케티 열풍을 태산명동서일필泰山鳴動鼠一匹이라고까지 폄하할 수는 없지만, 몇 가지 문제점이 나의 눈에 들어왔다.

피케티의 두꺼운 책을 단숨에 독파讀破하지는 못했다. 틈틈이 읽던 마지막 페이지를 덮었을 때는 2015년 봄이었다. 당시 대한민국에는 금리 4%가 넘는 저축 상품이 존재했다. 그런데 2015년 국내외 각종 기관에서 발표한 한국의 경제성장률은 2%대였다. 이 말은 대한민국에서 만약 개인이 잉여현금을 가지고 있다면, 경제성장률보다 훨씬 높은 금리로 돈을 불릴 수 있다는 뜻이다. 적어도 대한민국에서는 피케티의 말에 심취하여 세제稅制를 바꾸는 일에 골몰하기보다는, 남극성 이론에 따라 정기 적금 통장부터 개설하는 것이 이익이라는 사실이 입증된다. 재미있는 점은, 나의 이런 결론이 전적으로 피케티의 공식을 통해서 증명된다는 점이다! 피케티의 연평균자본수익률(r)에는 분명 이자interest가 포함된다.

따라서 나는 피케티의 의견을 존중하면서도, 대한민국의 금융기관을 마음껏 이용할 수 있는 한국인의 한 사람으로서 그의 학문적 결론과 해결책을 그다지 매력적인 대안이라고 생각하지 않는다. 사실 피케티의 독자들이 그의 의견에 격하게 공감한다고 해서 한 나라의 제도가 그리 쉽게 바뀔 리는 없다. 설령 바뀌더라도 세월이 한참 흐른 후에나 가능하다. 그때까지 기다리기보다는 오늘이라도 당장 자본수익을 거두기 위해 경제성장률보다 높은 금리를 제공하는 좋은 저축 상품에 가입하는 일이 더 생산적이다.

다시 강조하지만, 피케티의 주장을 간단히 반박할 수 있는 '남극성 이론'에 따라 대한민국에서도 개인의 자본수익증가율이 경제성장률보다 높을 수 있음이 증명된다. 피케티가 간과한 점은, 오직 자본가와 부자만이 자본수익을 독점하는 것이 아니라는 사실이다. 적정한 금리를 확보하면, 적수공권赤手空拳의 프롤레타리아도 여유자금의 운용을 통해, 경제성장률보다 높은 자본수익률을 향유할 수 있다. 피케티의 주장처럼 자본이 돈을 버는 속도가 노동을 통해 돈을 버는 속도보다 빠르다면, 남극성 이론을 통해 개인이 자유롭게 이 방법을 선택하면 된다.

나는 피케티를 통해서 대한민국이 괜찮은 나라라는 것을 다시금 확인했다. 피케티는 시대를 거슬러 올라가면서, 유럽과 미국의 자본주의의 역사와 각국의 경제지표를 분석해가며 방대한 자료를 남겼다. 이런 점은 나도 높이 평가한다. 나 같은 사람은 엄두도 못 낼 일이다. 그러나 피케티 나름대로 결론을 내리고 해결책을 제시했지만, 그의 논의 전개과정과 일치하지 않는 부분이 대한민국 금융시장에는 분명 존재한다. 이 말은 남극성은 잘 알고 있지만, 피케티는 모르는 어떤 맹점이 대한민국 금융시장 구석구석에 현존하며 위력을 발휘한다는 뜻이다. 나의 독자들이 알아야 할 내용이 바로 이런 부분이며, 이 문제의식의 총체를 굳이 명명한다면 '남극성 이론'이라 칭할 수 있다. '정기 예금 풍차 돌리기'니 '정기 적금 풍차 돌리기'니 하는 시중의 오염된 말들은, 철부지 홍위병들에 의해 무분별하게 남용되고 있다. 그래서 금리소득의 극대화를 위한 모든 이성적인 노력은 '남극성 이론'으로 불리는 것이 낫다고 생각한다. '남극성 이론'이라는 용어를 통해서 혼란스러운 용어사용의 난맥상을 일거에 정리할 수 있기 때문이다. 적어도 '남극성 이론'이라는 말을 꺼내는 사람은 내 책을 읽었다는 얘기가 되므로, 정신 나간 사이비들처럼 헛소리를 내뱉지는 않을 것이다.

굳이 피케티를 대한민국 국민의 한 사람으로 비판하자면, 그는 지나치게 '성급한 일반화의 오류fallacy of hasty generalization'에 빠졌다. 따라서 한국의 독자들이 피케티의 주장을 피상적으로만 파악하면, 그가 간과한 점을 영원히 포착하지 못한다. 몇몇 사람들은 부자들에게 세금을 걷어 분배하는 사회적 강제조치에 관심을 가질 가능성이 크다. 피케티는 자신의 이론을 통해, 개인이 사회의 공적 부조扶助를 받지 않고 스스로 빈곤으로부터 탈출할 수 있는 시나리오는 구상하지 않았다. 피케티와 그에 열광하는 독자들의 비극은, 그의 공식을 생산적으로 활용할 수 있는 남극성 이론과 한국의 상황을 모르는 사실에서 발생한다. 남극성 이론을 통해 그가 전혀 생각하지 못했던 이익을 창출할 수도 있음을 안다면, 원론적인 도덕론에 치우친 그의 어설픈 결론을 피할 수도 있다. 피케티의 연평균자본수익(r)에는 주식배당, 임대수익, 이자 등이 포함된다. 남극성 이론을 이해할 경우 얻을 수 있는, 개인의 자본수익 가능성을 피케티는 언급하지 않았다. 그의 데이터 분석을 개인의 이익을 위해 활용하면, 나는 사회적 구제를 통하지 않고서도 개인이 경제적인 자립에 도달할 수 있다고 생각한다. 남극성 이론에 의해 능동적으로 돈을 움직이는 사람은, 국가의 재정이 파탄에 이르더라도 오직 본인의 능력을 통해 위기를 극복할 수 있다. 애국자란 이런 사람들이다.

피케티가 도출한 공식은 위대하지만, 그 공식을 통해 그가 내린 최종결론에 대해서 나는 탐탁하게 여기지 않는다. 역설적으로 피케티의 공식에 따라, 남극성 이론의 추종자들은 국가에 의존하지 않고도 개인의 부를 증진시킬 수 있음이 입증된다. 피케티 이론의 사회적 구현을 통해서 개인의 복지혜택이 늘어나려면, 세상이 바뀔 때까지 시간이 걸린다. 그리고 각 나라마다 처한 사정도 다를 것이다. 하지만 남극성 이론의 실천은 1년 후에 즉각적으로 많은 수익을 가져다준다. 이자소득에 대한 세금은 금융기관과 국가에 의해 원천적으로 걷힌다. 따라서 이자소득의 극대화를 위해 남극성 이론대로 행동하는 사람들은 칭송받아 마땅한 애국납세자들이다. 불법행위인 범죄가 아닌 근로를 통해 하루하루를 열심히 사는 사람의 저축은 절대 죄가 아니다.

5-6 앵거스 디턴의 도전 정신

2015년 노벨 경제학상이 앵거스 디턴Angus Deaton에게 수여됐다. 공교롭게도 수상자 발표 이전에 그의 저서 『위대한 탈출[3]』을 읽었기에 그의 수상소식에 반가운 마음이 들었다. 내가 디턴에 대해 호감을 갖는 이유는 여러 가지가 있지만, 무엇보다도 그가 나처럼 꽤 영화를 좋아한다는 느낌을 받았기 때문이다. 디턴은 자신이 본 영화에서 영감을 받아 글을 풀어냈다. 『위대한 탈출』은 동명 영화제목에서 따왔다. 우리나라에서는 『대탈주大脫走』라는 이름으로 상영된 영화인데, 나는 어린 시절에 이 영화를 TV를 통해서 본 적이 있다. 디턴의 책을 보고난 후 DVD를 통해 영화를 다시 봤다.

영화는 독일군이 관리하는 포로수용소를 탈출하려고 계획한 연합군 포로들의 필사적 노력을 소재로 삼았다. 포로들은 수용소 외부로 통하는 땅굴을 파다가 발각당하지만, 그럼에도 불구하고 계획을 포기하지 않고 의지를 굽히지 않는다. 그러나 도망친 대부분의 포로는 체포되거나 사살 당한다. 포위망을 뚫고 자유를 찾은 포로는 3명에 불과했지만, 그 희박한 성공률에도 불구하고 끊임없이 도전하는 인간의 노력을 디턴은 주목했다.

포로들은 수용소 밖의 자유와 수용소 안의 억압을 비교한다. 이러한 극단적인 대비는 자신의 불운한 처지를 개선하는 행동을 이끄는 계기로 작용한다. 포로들은 불평등을 저주하고 낙담하기 보다는, 자

---

[3] 『The great escape』(2013, Princeton University Press)

신들의 비참한 상태를 스스로 벗어나는 방법을 모색했다. 여러 번의 시행착오를 겪었지만 대담한 도전을 중단하지 않았다. 비록 실패할 확률은 높았지만, 좌절하거나 포기하지 않고 자신들의 처지를 개선하기 위해 패배의식을 버렸다. 그리고 목숨을 걸고 최선을 다했다. 단지 성공한 확률이 낮았다고 해서 이들의 모든 노력이 무의미하다고 판단할 수 있을까?

 디턴은 불평등의 긍정적인 측면을 이끌어냈다. 디턴에게 있어서 불평등은 자본주의의 착취와 모순에 의해 발생하는 결과물이 절대 아니다. 적당한 불평등은 후발주자follower가 선도자first mover를 따라 잡도록 동기를 부여하는 동인動因이 된다. 인간은 불완전한 존재다. 따라서 인간의 욕망은 끝이 없고, 항상 부족함을 느낀다. 그러나 이러한 결핍의식은 위기를 극복하는 실천을 이끌어 낸다. 인류는 이렇게 발전했다. '필요는 발명의 어머니Necessity is the mother of invention'라는 격언에 딱 들어맞는 상황이다. 불평등은 열악하고 저열한 상태에 있다가 탈출하게 되는 동기가 된다. 즉 후발주자는 먼저 탈출한 사람의 화려한 결실을 빼앗아서 불평등을 해소할 생각을 하지 말고, 먼저 성장한 사람의 성공담을 적극적으로 활용해야 한다. 불평등의 인식보다 중요한 것은, 불평등을 극복하려는 실천의지다.

 디턴의 책을 이해하려면, 존 스터지스John Sturges(1911~1992)가 연출한 영화 『대탈주』를 보는 게 더 나을지도 모른다. 영화에서 운 좋은 몇몇 포로는 답답한 현실로부터 탈출한다. 완전한 도망에 성공한 3명은, 수용소 밖으로 나간 인원인 76명에 비해 소수다. 그러나 확률적으로 낮은 탈출성공률을 보였음에도 불구하고 이 영화에서 디턴이 주목한 점은, 자신들의 처지를 극복하기 위해 혼신의 힘을 다한 연합군 포로들의 실존적 자각과 몸부림이었다. 어찌됐든 태어난 이상, 인간은 살기위해 발버둥치고, 보다 나은 미래를 위해 도전해야 한다. 광부의 아들로 태어난 디턴 역시 아들을 좋은 학교로 보내려는 부모의 희생과 본인의 노력으로 대학자大學者의 반열에 올랐다.

남극성 이론도 역시 디턴의 견해와 궤를 같이 한다. 나 역시 먼저 탈출한 사람의 성과를 빼앗아서 후발주자에게 무분별하게 나눠주는 결과의 평등을 별로 좋아하지 않는다. 왜냐하면 이런 분배방식은 생산성이 뒤떨어진 인간을 질적으로 변화시키는 데 큰 영향력을 행사하지 못한다. 이런 점에서 나는 부자들에 대한 세금 징수의 강화를 제안한 피케티식의 해결이 절대적이라고 생각하지 않는다.
디턴은 개발도상국에 대한 지원이 독재자의 입지 강화에 도움이 될 뿐, 실질적으로 일반국민들의 삶의 질을 끌어올리지 못하는 점을 언급했다. 심지어 몇몇 나라에서는 NGO를 위한 지원금이, 학살의 수단으로 둔갑할 수도 있음을 지적했다. 한마디로 무분별하고 무원칙한 지원이 상황을 그르칠 수도 있다는 것이다. 물고기를 무상으로 건네주기보다는 낚시방법을 알려줘야 한다는 게 디턴의 지론이다. 물고기를 잡는 과정에서 체험한 실수와 부족한 점을 뼈저리게 인식해야만, 남보다 더 빨리 적극적으로 배워서 앞선 사람을 금방 따라잡을 수 있다. 디턴이 말한 '불평등'의 인식은, 결국 '너 자신을 알라'고 말한 소크라테스가 강조한 '무지無知의 지知'와 즉각적으로 통한다. 본인이 아무 것도 알지 못하고 있다는 것을 깨달을 때, 인간은 비로소 거짓 신화神話를 배격하고 진정한 지식을 추구할 수 있다.

어떤 사회의 구성원이 경제적 곤란으로부터 탈출하려면, 현실을 냉철하게 파악하고 스스로 일어서려는 마음가짐을 가져야 한다. 그리고 정확한 계획에 따라 실천해야 한다. 남과 다른 상황을 빨리 깨닫고 이를 시정하기 위해 각고의 노력을 해야 한다. 디턴이 강조한 것은 불평등한 현실 자체가 아니라, 이를 극복하려는 개인과 집단의 의지와 자각 및 단결력이다.

1960년대 북한보다 못 살던 대한민국은 가난을 솔직히 인정하고 경제발전에 매진했다. 1961년 5월 16일 아침, 군사혁명위원회에 의해 발표된 혁명공약 제5항은 '민족의 숙원인 국토통일을 위해 공산주의와 대결할 수 있는 실력배양에 전력을 집중한다'는 내용이다. 이는 당시의 대한민국이 북한과 대결할 수 있는 실력이 부족했음을 인정한 고백이다. 남보다 못사는 처지를 인식하지 못하면, 잘 살기 위한 노력을 발휘할 수 없다. 1968년에 대통령 박정희의 이름으로 반포된[4] 국민교육헌장에는 '우리의 처지를 약진의 발판으로 삼아'라는 진취적 표현이 등장하는데 아마 이런 사회분위기에 영향을 받았을 것이다.

빈곤으로부터 탈출하기 위해서는 부유한 사람들에 비해 빈곤한 자신의 처지를 분명히 깨달아야 한다. 가난에서 벗어나려는 절실함이 없는 사람은 『구르는 돈에는 이끼가 낀다』를 이해할 리가 없고, 남극

---

4) 철학자 박종홍(1903~1976)이 쓴 책들을 보면서, 나는 '국민교육헌장'이 그의 초고일 가능성이 상당히 높다고 판단한다.

성 이론을 경험적으로 체득하기 어렵다. 그렇게 부질없이 세월을 보내고는 뭘 잘못했는지도 모른 채 최후를 맞을 것이다. 디턴은 부와 건강, 그리고 불평등을 극복하기 위해 이론상의 말장난과 숫자놀음에 천착하지 않았다. 자신의 의지와 상관없이 세상에 던져진 운명에 맞서는 현대인의 노력을 실존주의적 상상력으로 승화시켰다. 그리고 비록 실패하더라도 노력의 결과를, 영화 속의 주인공들처럼 늘 기꺼이 받아들였다. 문득 혹자가 디턴을 지극히 개인주의적이자 부르주아적이라고 비판할 수도 있겠다는 생각이 들었다. 영화 속의 포로들은 마치 탈출이 의무인 것처럼 혼연일체가 되어 행동했다. 억압받지 않는 오늘날 우리들의 대부분은, 독일군에게 늘 감시당하는 연합군 포로들보다도 자유에 대한 열망이 부족하다.

'이 영화는 탈주계획 중 살해당한 50명에게 바친다This picture is dedicated to the fifty'는 자막을 남기며 영화는 끝난다. 탈출을 시도한 포로 50명이 게슈타포에 죽임을 당했다고 해서 그들의 최후를 비참하게 묘사하지는 않았다. 그들에게 도망의 경험은, 자유를 회복하려는 실존의 꿈틀거림이었다. 76명의 탈주범 중에 오직 3명만이 성공한다. 틈만 나면 수용소를 상습적으로 도망쳐서 독일 비밀경찰에게 찍힐 만큼 찍힌 포로들의 탈출성공 수치는 과연 우리와 같은 비非포로들에게 의미 없는 숫자일까? 수용소 밖을 벗어난 76명 중에서 3명이 자유를 찾았는데 이것은 과연 낮은 확률일까? 행동에 제약을 받는 포로들조차 76명 중에 3명이 성공했는데, 과연 어떠한 규제 없이 자유를 만끽하는 사람들이 목숨을 건다면, 성공률은 얼마나 높아질까? 혹은 전쟁이 끝날 때까지 편히 지내자는 생각으로 포로수용소에 갇힌 현실과 적당히 타협한 사람들의 이야기는 훗날에 영화의 주제로 남을 수 있었을까? 앵거스 디턴의 저술과 존 스터지스의 영화는 끊임없이 질문을 던진다.

자유는 공짜가 아니다Freedom is not free. 자유를 얻기 위해서는 피를 흘리고 대가를 치러야 한다. 미국의 워싱턴DC에 있는 한국참전기념동상 앞에 적힌 유명한 말이기도 하다. 너무나 간단하면서도 당연한 명제를 한동안 잊고 살았다. 존재감을 인식하지 못할 정도로 자유의 개념에 대해 무심했다는 것은, 대한민국이 자유가 넘치는 사회라는 반증이다. 무언가를 거저 얻을 수 있다면, 그것은 자유가 아니라 무성의하게 나눠주는 배급일 것이다. 그냥 나눠주는 무상에 대해서는 아무도 고마워하거나 소중히 여기지 않는다. 물정모르는 바보들과 감사할 줄 모르는 뻔뻔한 사람들이 점점 늘어나는 추세다. 이들에 의해 세금은 낭비되며, 공동체는 갈수록 삭막해지고 있다.

5-7 고소영 씨를 위한 변명

2015년 9월, 여자 연기자 고소영 씨가 일본계 J모 그룹의 이미지 광고에 출연한다는 소식이 들리자 인터넷 세상이 시끄러웠다. 대부업체와 제2금융권을 계열사로 거느리고 있는 일본계 그룹의 광고에 고소영 씨가 출연해서 논란이 예상된다는 투의 기사가 넘쳐났다. 연예인의 광고출연계약은 새삼스러운 일이 아닌데, 전혀 설득력 없는 비판적 기사가 쏟아져 나오는 소동이 일어났다. 기사에 '논란이 예상 된다'는 말은 왜 덧붙이는지 모르겠다. 논쟁거리도 되지 않을 하찮은 일을 침소봉대하고, '논란이 예상 된다'는 애매한 표현을 쓰고는 판단력이 흐릿한 사람을 부추긴다. 언론인이 책임지고 논리적인 생각을 밝히지도 않고(혹은 밝힐 능력이 없으면서) 혼란을 조성하는 호들갑은 대한민국의 언론의 대표적인 폐습弊習이다. TV뉴스를 진행하는 아나운서도 종종 개별 뉴스를 마무리하면서 이런 무책임한 표현을 쓴다. 논란이 예상되니 어쩌란 말인가? 대한민국의 언론인은 사소한 논란조차 정리해서 입장을 밝힐 능력이 없단 말인가? 그렇다면 소생小生 한마디 하는 수밖에!

인터넷 검색을 통해 고소영 씨와 관련된 기사들을 검색해보니, 고금리로 대출을 해주는 대부업체와 저축은행을 자회사로 거느린 일본계 그룹의 광고에 출연하는 행위가 적절치 않다는 얘기가 많았다. 글쟁이가 뜨물 먹고 주정을 부리면 난감한 노릇이다. 남 말하기 좋아하는 장삼이사張三李四들의 오지랖은 이해할 수 있다. 그런데 명색이 기자라는 사람들도 이 판에 끼어든다. 연예계 가십거리를 다루는 기자뿐만 아니라 명색이 경제신문의 기자 직함을 가진 사람까지도 난리를 친다! 세상이 소란스러울 때 시시비비를 가려야 할 사람들이 오히려 논의의 장場을 더 시끄럽게 만든다. 집단의 광기는 이렇게 조성된다.

고소영 씨에게 손가락질하는 사람에게 내가 몇 가지 묻고 싶은 질문이 있다.

질문 1: 일본계 금융그룹을 위한 광고출연은 법적으로 지탄받는 행위인가?

질문 2: 대부업 및 저축은행과 관련된 금융그룹의 광고에 출연하는 일은 도덕적으로 나쁜 행위인가?

질문 3: 만약 일본계 금융그룹이 사회에 해악을 끼친다면, 그들이 합법적인 활동을 하게끔 사업자 등록을 허가한 후 제대로 관리 감독을 못한 정부당국을 제쳐두고, 일개 광고 모델에게 책임을 물어야 하는가?

이런 질문들에 대해서 독자들도 나름대로의 판단을 내릴 것이다. 아울러 고금리 대부업을 사회의 악으로 생각할 사상의 자유도 있다. 그러나 위의 질문에 대해서 스스럼없이 공식적으로 '네'라고 답하는 사람이 나의 책을 애독한다면 참으로 끔찍한 일이다. 합법적인 사업체를 운영하는 광고주가 '갑'으로 명시된 계약서에서 '을'의 위치를 차지하는 연예인 모델에게 나쁜 이미지를 제멋대로 투사投射하고는, 망령된 판단으로 악마로 규정하여 마녀사냥을 벌이는 짓은 명백히 비이성적인 태도다. 이런 미개한 풍조에 편승해서 고소영 씨에게 해명과 사과를 요구한 기자도 있었다. 마치 조선시대 때 죄 없는 사람을 잡아서 형틀에 묶고는, '네 죄를 네가 알렸다!'고 호통을 치며 거짓 자백을 강요하는 사극의 한 장면을 보는 듯 했다. 아마 6.25때 완장을 찬 빨갱이들이 죽창 들고 진행하던 인민재판의 풍경도 비슷했을 것이다. 그런데 연예인의 광고출연에 대해 비분강개하는 인스턴트 우국지사들이 정작 해당 일본계 회사에 대해서는 찍소리도 못한다. 그리고 분위기에 편승해 하이에나 떼처럼 달려들어 일개 연예인을 사정없이 물어뜯는다. 졸렬하고, 비겁하고, 비열하다. 집단의 변태적 가학심리에 불을 지피는 3류 기자들의 작태도 역겹기는 마찬가지다. 만약 이런 부끄러운 짓을 하고도 민족주의적 자긍심을 자부하거나 서민을 위한다는 착각에 빠져있다면, 그 어리석음이 저승까지 전해져 이완용마저 비웃을 것이다.

나는 이런 사람들에게 이렇게 반문하고 싶다.

> 질문 1: 일본계 금융그룹의 광고에 출연하더라도 고소영 씨보다 지명도는 낮은 배우들은 비난의 대상이 아닌가??
> 질문 2: 일본계 금융그룹이 아닌 비일본계 금융그룹의 광고에 출연하는 행위는 괜찮은가?
> 질문 3: 일본계 금융그룹의 광고에 출연해도 욕을 먹지 않는 연예인 지명도의 등급이 있다면 그것을 규정하는 기준은 무엇인가?

나의 반문에 합리적인 기준과 원칙에 입각해서 대답할 능력이 기자에게 있다면, 애당초 고소영 씨를 비난하는 마녀사냥에 나서지도 않았을 것이다. 합법적인 개인의 영리행위를 평가하는 데 어설픈 민족주의적 감성이 끼어들면서, 개인의 자유와 시장의 원리는 자취를 감춘다. 고소영 씨가 지나가는 사람의 멱살을 잡아 흔들고 위협해서 고금리 대출을 강요하기라도 했단 말인가? 문득 고소영 씨에게 강제로 붙잡히는 한이 있더라도 한번 곁에서 구경이라도 해봤으면 좋겠다는 얼빠진 생각을 잠깐 동안 했다. 그러나 그 조건으로 고금리 대출을 강요받는다면, 고소영 씨 근처에서 머물기를 포기하고 나는 재빨리 달아날 것이다.

한때 고소영 씨를 흠모했지만, 그녀가 유부녀가 된 이후, 마음을 비우고 깨끗이 포기한 나 같은 사람이나 아직도 열성적인 고소영 씨의 팬들조차도, 그녀의 좋은 이미지를 고금리 대출상품에 중첩시켜서 불필요하게 과도한 이자를 부담하기로 결정할 가능성은 거의 없다. 낮은 이자의 제1금융권 대출이 불가능할 만큼 신용등급이 낮지 않다면, 굳이 비싼 이자를 주고 대출을 받을 필요가 없다. 즉 고금리 대출의 충분조건은, 고소영 씨에 대한 호오好惡의 감정이 아니라, 저금리 대출이 불가능한 대출 수요자의 낮은 신용등급이다. 고금리 대출을 이용할 수밖에 없는 개인의 낮은 신용등급과 고소영 씨의 영리활동과는 아무 상관이 없다. 따라서 고금리 대출 상품의 부작용에 대해서 광고 모델에게 책임을 묻는 일은, 교통사고의 책임을 자동차 광고 모델에게 떠넘기는 어리석은 행위와 같다.

5-8 집단의 광기가 의미하는 것

안타까운 일이지만 광고계약에 대한 논란과 함께 근거 없는 비난이 쇄도하자 고소영 씨는 사과문을 남기고 J모 그룹과의 광고계약을 해지했다. 고소영 씨가 사과문에서 남긴 말 중에 '간과한 부분이 있다는 것을 뒤늦게 깨닫게 되었다'는 대목이 의미심장했다. 자신의 적

법한 광고출연계약에 대해서 어떠한 기준과 원칙도 없이 뜬금없는 도덕적인 잣대를 들이대며 비난하는 기이한 여론의 형성을, 나뿐만 아니라 분명 고소영 씨도 예상치 못했을 것이다.

문득 나는, 만약 일본 소프트뱅크의 손 마사요시孫正義 회장이 한국의 금융시장에 뛰어들어 본격적으로 투자한다면, 한때 일본의 프로야구단 소프트뱅크 호크스hawks에서 거액의 연봉을 받고 맹활약했던 이대호 선수도 고소영 씨와 같은 이유로 비난받을 수 있다고 생각했다. 사실 일본의 소프트 뱅크가 한국의 SBI인베스트먼트를 자회사로 거느린 시기가 잠깐 있었으니 얼토당토않은 가정은 아니다. 고소영 씨를 비난해도 아직까지 이대호 같은 1류 선수를 친일파로 몰아붙이는 기자는 없다. 고소영 씨만 유독 사이비 언론이 불을 지핀 여론재판의 뭇매를 맞으니 이해할 수 없는 일이다.

대부업체를 위한 광고출연이 생계의 수단인 무명배우들도 많다. 그런데 고소영 씨는 비교적 많이 알려진 연예인이라는 이유로 비난의 화살을 온몸에 맞았다. 나는 고소영 씨의 광고계약에 대한 불필요한 논란은 전적으로 금융시장에 대한 철저한 무지에서 비롯되었다고 단언한다. 그리고 언론이 이를 바로 잡기는커녕 오히려 가만히 있는 우중愚衆에게 쓸데없는 증오심을 불러일으켰다.

제2금융권이라고 불리는 저축은행이나 제3금융권으로 분류되는 대부업체의 금리가 제1금융권보다 높은 것은 사실이다. 그러나 저금리 기조가 유지되어 대출금리가 전보다 낮아진다고 해서 아무나 쉽게 싼 이자로 은행돈을 빌릴 수 있다고 생각한다면 대단한 착각이다. 은행 수익의 대부분은 예금이자보다 대출이자를 높게 책정하여 발생하는 예대차 마진이다. 대출금리가 낮아지면 예금금리도 같이 하락한다. 낮은 금리의 혜택을 보기 위해 대출 수요자들이 몰려드니 은행은 대출심사를 강화한다.

금융지능이 유치원생의 수준이라면, 경제도 어려운 마당에 은행이 보유한 돈에 여유가 있으면, 어려운 사람에게 골고루 빌려주면 좋겠다고 주장할 수 있다. 그 말은 천사의 말처럼 달콤하다. 그러나 그 생각은 악마의 장난처럼 위험하며, 만일 실현된다면 재앙이 될 것이다. 그 이유는 간단하다. 왜냐하면 금융업의 본질은, 대출이 아니라 빌려준 돈을 떼먹히지 않는 데 있기 때문이다. 가뜩이나 대출금리가 떨어져서 은행의 수익이 줄어드는데, 만약 제때에 돈을 갚지 않는 사람이 발생하면 금융기관의 사정이 난처해진다. 이런 손해의 가능성을 고려하여 금융기관은 담보를 설정하고 대손충당금을 적립한다.

2011년과 2012년을 강타한 저축은행 사태의 가장 큰 원인은 PFProject Financing로 불리는 부동산 프로젝트 파이낸싱과 관련된 대출의 부실에서 비롯되었다. 저축은행이 돈을 대준 사업의 수익이 불투명해지자 대출금의 회수가 불가능해졌고, 결국에는 금융기관의 부실로 이어졌다. 사람들에게 싼 이자로 무원칙하게 마구 빌려주는 행위와 저축은행 사태의 허망한 결과는 별 차이가 없다. 그런데도 사람들은 착한 흉내를 내려고 서로 난리다. 무턱대고 고소영 씨를 비난하는 심리의 저변에도 이런 순진한 생각이 깔려있다. 그들의 성스러운 단순함은 21세기의 자본주의와는 전혀 어울리지 않는다.

고소영 씨의 합법적인 광고계약을 비판한 기자가 쓴 기사에는, 고

금리 대부업체의 부작용에 대해서 언급한 대목도 있었다. 그러나 그 '부작용'이 구체적으로 무엇인지 구체적으로 밝히지는 않았다. 내 나름대로 대충 짐작을 해보면, 고금리 이자가 높기 때문에 채무자에게 고통을 준다는 의미일 게다. 그러나 사람들이 고금리 대출을 선택한 이유가 있다. 이는 어디까지나 개인의 선택의 문제다. 상대적으로 금리가 낮은 제1금융권의 혜택을 받지 못한 데는 다 그만한 사연이 있다. 그런데 그 책임이 광고 모델에게 있단 말인가? 이는 정신 나간 생각이다. 고소영 씨는 고금리 대출의 수요창출과 직접적인 관계가 없다. 상대적으로 이자가 싼 제1금융권의 대출상품을 이용하지 못한 책임을, 제2금융권 금융기관의 모델에게 묻는다면 제정신이 아니다.

고소영 사태를 통해서 알게 된 사실은, 몇몇 글쟁이들조차 금융시장을 지극히 비이성적인 관점으로 바라본다는 것이다. 막상 그들에게 급전이 필요한 서민을 위해 돈을 꿔주라고 하면 선뜻 내어줄까? 자신들은 제2금융권을 이용하는 손님의 등급을 매기기 위해 신용도를 철저히 조사하지는 않을까? 혹은 돈을 떼이는 손해의 가능성을 고려하여 여러 안전장치를 마련하지는 않을까? 양심이 조금이라도 있다면, 고소영 씨를 욕하기 전에 가슴에 손을 얹고 솔직해질 필요가 있다.

고소영 씨를 인민재판하려는 자들은, 피의자의 구체적인 잘못을 명시해서 기록하지 못한다. 왜냐하면 전혀 논리적 타당성과 정상인의 개연성을 갖추지 못하기 때문이다. 오직 추상적인 적과 싸우고 있을 뿐이다. 천사의 마음과 악마적 현실을 구별하지 못하는 그들의 순진하고 유치한 감정을 정리하기는 어려워 보인다. 이것은 철학과 학생들이 배우는 윤리학 강의에서도 다루지 않는 주제다. 왜냐하면 법적으로 간단히 말해서, 논의의 실익이 없기 때문이다. 오직 철부지들만이 신경질적인 반응을 보이며 야단법석을 떨 뿐이다.

사람들을 속이기 위해 유언비어를 날조하는 선동꾼들은, 마치 게릴라처럼 정글에 숨어, 정체를 드러내지 않고 이따금 난사亂射하며 수색작전을 어렵게 만든다. 밀림에 급파되어 아직 지형에 익숙하지 않은 정찰조의 신임 소대장처럼, 지적으로 잘 훈련받지 않은 사람은 순간적으로 발생한 사태에 당황하기 마련이다. 그러나 정신을 차리면, 혼란은 의외로 쉽게 해결된다. 사실 계약서에 내용이 다 나와 있다. 마음에 안 들면 계약당사자가 서명을 안 하면 된다. 더 좋은 조건을 따지기 위해, 시간을 두고 꼼꼼히 따져 봐도 된다. 뜬금없이 '누가 과연 이 세상에서 착한 사람인가?' 따위의 질문에 답하기 위해, 고소영 씨를 제물로 삼는 무리들의 난동은, 유태인을 탄압한 나치의 발광처럼 영원히 기록되어야 한다. 21세기의 대한민국에서 이들의 비이성적 행동을 목격한 경험은 끔찍하다. 비겁하기 짝이 없는 것들은 일부러 논쟁을 만들고, 어떠한 근거 없이 개인에 대한 증오심을 키우고는 이를 즐긴다. 이런 저질 인생들 중 일부가 언론계에 종사하며 떠든다. 대한민국의 논리와 이성은 도망치면서 침묵했다.

고소영 사태는 대한민국 금융계를 둘러 싼 논의들이 얼마나 천박한지를 보여주는 좋은 사례를 남겼다. 그 와중에 기자라는 직함을 가진 사람도 한자리를 차지하고 따따부따 목소리를 냈다. 내가 보기에, 그들은 근거 없이 오만하며 사회적 발언을 할 지적인 수준을 갖추지 못했다. 그들은 뻔뻔하게도 사유재산과 직업선택의 자유를 부정한다. 결국 자유를 부정할 자유가 있다고 여기는 것이다. 이쯤 되면 무시무시한 독재자 수준이다. 그리고 법적으로 보장된 개인의 영리행위를 공격하기 위해 주자학적인 명분론을 끌어들인다. 그리고는 개인의 자유에 대한 침해를 마치 사회적 공익인 양 착각한다. 나는 그들의 어리석음과 야비함을 목격했다. 그러므로 이를 한때의 광풍으로 여기며 그냥 보낼 수는 없다. 글로 남겨야한다. 그래야 그들이 부끄러운 줄 알 것이다. 왜냐하면 나의 직업은 작가이기 때문이다. 이런 꼴을 보고도 입바른 소리를 내는 사람이 한 명도 없다면, 대한민국은 물어뜯기 환장한 동물들의 소굴이 된다. 지극히 당연한 개인의 일상사에도 반발하는 광인들의 발작에 이성적 근거가 전혀 없음을 이 자리를 통해 밝힌다. 이들의 난동은 고소영 씨 사건을 마지막으로 끝내야 한다. 이제 그만 봤으면 좋겠다.

사리를 전혀 분별하지 못하는 자들이 큰소리를 내건 말건 묵묵히 자기 실리를 챙기는 사람도 있다. 이들은 세상이 시끄러울 때, 한눈을 팔지 않고 자신의 길을 개척하며 '위대한 탈출'을 계획한다. 그들은 누가 무슨 광고에 출연하는지 별로 관심이 없으며, 불필요한 소음공해를 일으키지 않는다. 그들의 대부분은 철학자나 종교적 구도자가 아니다. 그러나 임마뉴엘 칸트Immanuel Kant(1724~1804)가 말한 것처럼, 행위의 준칙이 자신의 의지에 의해 보편적 자연법칙이 되어야 하듯이 행동한다. 침묵하는 다수는 세금을 잘 내며, 남에게 해를 끼치지 않으려고 신경 쓸 뿐이다. 그들은 비록 가난할지언정, 정신적인 양반과 귀족을 추구한다. 그들의 노력에 박수를 보낸다.

제6장

고정관념과의 싸움

Winners are simply willing to do what losers won't
- 영화『밀리언 달러 베이비(Million Dollar Baby)(2004)』에서 권투도장에 붙은 좌우명

6-1 시간은 도대체 무엇인가?

누군가 시간이 무엇이냐고 묻는다면 나는 쉽게 대답할 수 있다. 나는 힐끗 달력을 보며 말할 것이다. 그리고는 짐짓 고상한 척을 하며, 정기 적금의 만기일까지 지구가 회전하는 자전自轉 횟수나 태양 둘레를 도는 공전의 각도를 숫자로 나타낼 수 있다고 말할 것이다. 나는 통장이 많기 때문에 늘 달력을 보며 만기일을 가늠해야 한다. 산소 없이 숨 쉴 수가 없듯이, 시간이 없으면 이자가 발생하지 않는다. 그러나 통장이 많지 않고, '남극성 이론'이 뭔지도 모르는 대다수의 사람에게, 시간은 그렇게 절박한 문제가 아니다. 우선 계좌가 별로 없는 사람은, 나의 이론을 그다지 절실하게 받아들이지 않을 것이다. 보통의 사람들은 마치 너무나 당연한 공기처럼, 시간이 주변에 존재한다고 착각한다. 그리고는 시간을 무심히 받아들인다.

시간에 대해서 이론적으로 집요하게 밝히는 사람의 직업은, 철학자나 물리학자 혹은 천문학자들일 것이다. 그들마다 시간에 대한 생각은 각기 다르다. 사실 시대에 따라 시간에 대한 관념은 바뀐다. 인류의 역사에서 지동설이 대세를 차지한 것은 불과 수백 년에 지나지 않는다.

결론부터 말하면, 경제적 부를 가늠하는 데 있어서 시간은 굉장히 중요하다. 속도를 나타낼 때 시간이 쓰인다. 속도는 움직인 거리를 시간으로 나눈 값이다. 예를 들어, 시속 50km는, 한 시간에 50km를 움직이거나, 한 시간에 50km 이동한 물체와 빠르기가 같다는 말이다. 속도를 언급하려면 늘 움직인 거리를 시간으로 나눠야 한다. 시간이 없으면 속도는 측정되지 않는다.

그렇다면 돈이 증가하는 속도는 어떨까? 언론에 자주 등장하는 지표인 GDP와 GNP는 1년이라는 시간으로 나눈 결과다. 재테크의 효율성은 늘 돈으로 환산되고, 최종적으로 시간으로 나눈 값으로 표시된다. 저만치 앞서간 부자들은 쉽게 재테크의 축지법을 쓴다. 그들은 신공神功을 발휘하며 상대방을 간단히 제친다. 후발주자들은 그들은 따라잡느라 늘 허덕인다. 원래 동작이 느린데다가 축지법을 쓰는 대상과 겨루니 늘 판판이 깨진다. 이 속도를 증가시키는 '남극성 이론'에는 관심이 없다. 금리가 낮다고 늘 투덜대면서도, 죽을 때까지 어떠한 실천적 전망을 확보하지 않는다. 이들의 무덤은 핑계로 가득찰 것이다.

금리는 한마디로 돈이 증가하는 속도다. 돈이 늘어나는 속도가 느려지기를 원하는 사람은 거의 없다. 그러나 현실에서는 돈의 양에 관심을 가져도, 돈이 팽창하는 속도에 대해 신경을 쓰는 이가 별로 많지 않다. 이는 가난한 사람들의 전형적인 특징이다. 효율성을 주장하며 미국의 전기자동차 혁명을 주도한 테슬라 모터스Tesla Motors의 일런 머스크Elon Musk 같은 사람이 우주개발업체인 스페이스 엑스Space X를 세우고 우주 탐사에 뛰어든 데는 다 까닭이 있다. 그는 태양둘레를 회전하면서 시간을 발생시키는 지구별과 태양을 두 눈으로 직접 관측하고 싶어 한다. 에너지의 효율efficiency을 내세우면서 전기자동차의 효용을 부르짖는 사람이, 시간에 관심을 갖고 직접 나서는 것은 절대 우연이 아니다. 나 같은 미물微物은 아직 우주탐사에 나설 충분한 돈이 없으니, 그저 이따금 지구라고 불리는 행성 위에서 언론에서 발표하는 초신성超新星을 발견했다는 소식에 관심을 갖고 지켜볼 따름이다.

'3-6 당일치기 조커의 발견'에서 총불입횟수를 채우지 않고도 약정만기액을 온전히 받을 수 있었던 이유는, 당일치기 조커가 가능하게끔 이미 충분한 선납일을 확보했기 때문이다. 선납일을 확보했다는 것은 시간을 미리 저축했다는 말이다. 반대로 말하면 지연일이 발생한다는 것은 시간을 대출했다는 말이므로 갚아야 할 시간이 있다는 뜻이다. 정기 적금 불입과정을 '남극성 이론'으로 분석하면 선납과 지연을 통한 시간의 저축과 대출이 가능하다. 시간의 저축과 대출을 통해서 단 하루도 낭비 없이 효율적으로 활용하는 방법들이 바로 남극성의 제1, 제2시뮬레이션, 그리고 조커와 당일치기 조커다.

금융시장에서 오직 돈만 오고가는 것처럼 보이지만, 남극성 이론의 이해를 통해서 시간도 주고받을 수 있다는 점을 독자들이 이해했으면 좋겠다. 일찍이 벤저민 프랭클린은 시간이 돈이라고 밝혔다.[1] 나는 이 말의 출처를 확인하려고 미국의 대학교 도서관에서 프랭클린의 선집을 뒤져서 겨우 발견했지만, 나중에 막스 베버Max Weber(1864~1920)도 『프로테스탄트 윤리와 자본주의 정신(1905)』에서 이 대목을 인용했음을 알게 되었다. 프랭클린은 결론을 얘기했지만, 과정을 정확히 밝히지는 않았다. 나는 프랭클린 대신에 이 부분의 설명을 시도했다. 남극성 이론을 이해하려는 사람들은, 금융소득을 가능하게 하는 시간의 정체를 분명히 파악해야 한다. 왜냐하면

---

[1] Remember that time is money.

나의 이론은, 시간의 저축을 통해서도 돈을 벌 수 있음을 규명했기 때문이다.

고故 정주영 회장은 자서전2) 에서 '시간은 누구에게나 평등하게 주어지는 자본금'이라는 표현을 인용했다. 시간이 만인에게 골고루 주어진 것은 맞다. 그러나 시간을 돈으로 환산할 수 있는 지식은 평등하게 주어지지 않았다. 이 점을 지적하지 않고 정주영은 어물쩍 넘어갔다. 사실 이 지식의 문제는 실천의 문제와 직결된다. 정주영은 사업의 성공담을 곁들이며 장황하게 설명하려고 했지만, 정작 '누구에게나 평등하게 주어지는 자본금'인 시간을 돈으로 바꿀 수 있는 문제에 대해서는 함구했다. 그는 끝내 시간의 비밀을 말하지 않았다.

'국졸國卒이 내 학력學歷의 전부이고, 나는 문장가도 아니며, 다른 사람의 귀감이 될 만한 훌륭한 인격을 갖춘 사람도 아니'라고 정주영은 고백했다. 그는 비교적 담백했다. 그리고 비겁하지 않았다. 1992년 대선에서 김영삼을 선택한 것은, 국민의 실패라고 할 수는 있어도, 결코 자신의 실패가 아니라고 했다. 정주영은 자신의 행동을 꾸미는 데 서툴렀지만, 세계적인 기업을 세웠기 때문에 위인偉人의 반열에 올랐다. 그의 사소한 과오를 비난하며 손가락질하는 사람이 있다면, 나는 대한민국 산업화에 정주영만큼 기여한 적이 있냐고 힐문詰問할 것이다.

정주영이 자서전에서 변죽만 울리고 '시간의 본질'에 대해서 직접적으로 언급하지 않은 점은 적이 아쉽다. 실제로 정주영뿐만 아니라

---

2) 『이 땅에 태어나서』(1998, 솔출판사)

재테크 작가 중에서 시간의 의미를 밝힌 사람은 별로 없다. 내가 '별로'라는 표현을 사용한 이유는, 아직 시간의 의미에 대해서 천착한 재테크 책을 아직 보지 못했기 때문이다. 재테크의 효율성을 주장하려면 판단기준인 시간을 언급하지 않을 수 없다. 시간을 명기하지 않고서는 어떠한 효용성도 글로 나타낼 수 없다.

누구나 어떤 식으로든지 시간을 낭비하기 마련이다. 하루 24시간 중에 1분, 1초도 허투루 보내지 않고 모든 시간을 충실히 보내는 사람은 아마 한 명도 없을 것이다. 따라서 누구나 의미 없는 시간을 흘려보내며 조금이나마 시간을 허비한다고 봐야 한다. 대체로 사람들은 시간을 무의미하게 보낸다는 사실에 무감각하다. 왜냐하면 시간이 누구에게나 공평하게 공짜로 주어졌다고 보기 때문이다. 그 낭비하는 시간을 얼마나 줄이느냐에 관심을 가지는 사람은 있다. 처세술을 언급한 몇몇 작가들의 시간절약에 대한 훈계는, 시간의 효율을 수학적으로 정리하지 못하고 종종 추상적으로 마무리된다. 따라서 효율성을 체험하지 않은 사람에게는 먼 나라의 이야기로 들리기 십상이다.

'대한민국'에서 앨리스의 구조를 완성한 사람은, 무심한 사람이 무의미하게 흘려보낸 시간을 돈과 맞바꿀 수 있는 비상한 권력을 갖는다. 왜냐하면 앨리스의 주인에게 있어서 돈은, 시간이 흘러감에 따라 저절로 생기기 때문이다. 여기서 내가 '대한민국'을 강조하는 이유는, 다른 선진국들보다 대한민국 금융시장에서 예금자가 얻을 수 있는 금리소득이 비교적 높기 때문이다.

번역도 되지 않은 남극성의 책이 아마존에서 비싼 가격에 팔리고 있다. 누군가 지구별 어디에서 남몰래 '남극성 이론'을 활용하고 있을 것이다. 아무리 금리가 떨어지고 있다고 아우성쳐도 금리소득을 원하는 예금자들에게 있어서 대한민국은 꽤 괜찮은 나라임에 분명하다. 남극성 이론을 깨우친 사람은, 그냥 흘러가는 시간이 자동적으로 돈으로 바뀌는 과정을 잘 알고 있는 사람이다.

6-2 늙지 않는 방법

1884년에 일어난 갑신정변의 현장 우정국 부근이 채 정비되지 않았던 20세기말 추억의 한 단편이 문득 떠오른다. 그때는 경복궁의 동쪽 건춘문建春門 건너편의 소격동에 프랑스 대사관과 문화원이 있던 시절이었다. 프랑스 문화원에서 500원을 내고 16mm 영화를 보기 위해 버스를 타고 가서 늘 우정국 앞에서 하차했다. 그리고는 경복궁 동십자각을 돌아서 프랑스 문화원까지 걸어갔다. 이 동네 일대는 북촌개발과 함께 옛 모습을 잃고, 추억을 간직한 사람들이 정신을 못 차릴 정도로 변했다. 지금은 없어진 우정국 옆 허름한 한옥에는 군불로君不老라는 설렁탕집이 있었다. 당시 설렁탕 가격은 2천 원이었다. 군불로라는 뜻은 '그대는 늙지 않는다' 라는 뜻이다.

전작을 정독한 회원들은 알겠지만, 나는 욕심을 부려서 한 권의 책에 꽤나 여러 이야기를 담으려고 했다. 8장章으로 나뉜 내용은 8개의 단락으로 다시 나뉜다. 따라서 총 64개의 소제목이 달릴 글들이 하나로 묶여서 책으로 나왔다. 역경易經의 기본 8괘卦와, 이를 다시 8로 나눈 64괘卦에서 따온 구성이다. 물론 이런 내막을 몰라도 책의 내용을 이해하는 데는 전혀 지장이 없다. 나는 고집을 밀어붙여서 재테크 서적과 상관없을 법한 아인슈타인의 상대성이론과 하이데거의 실존 철학을 언급했다. 아인슈타인과 하이데거의 이론을 거론한 이유는, 나보다 유명한 그들의 저작을 통해 시간에 대한 나의 철학적 성찰을 설명하려고 했기 때문이다.

아인슈타인의 특수상대성이론에 따르면, 정지한 물체의 시간보다 움직이는 물체의 시간이 더 느리게 간다. 이 말은, 빛의 속도에 가까울수록 시간이 느려진다는 말이다. '남극성 이론'은 금리의 속도에 관한 이론이다. 가장 높은 금리 상품에 돈을 예치하면, 돈이 가장 빠르게 증가하고, 그 속도는 적어도 저축자산운용에 있어서만큼은 빛의 속도와 가장 가까워진다. 따라서 보유하고 있는 돈의 움직임을 가장 빠른 속도로 증가시키면, 돈을 보유한 전주錢主의 시간이 느리게 간다. 결국 시간이 천천히 흐르면, 생로병사의 과정도 느려진다. 그렇게 된다면 살아있는 동안 노화가 더디게 진행된다.

이자소득이 많아지면 다른 사람들보다 많은 여윳돈을 번다는 뜻이다. 공짜로 생기는 돈이 '충분히' 많아지면, 돈을 위해 움직이는 물리적 노동의 양을 줄일 수도 있다. 다른 사람이 1년이 걸려야 만질 수 있는 돈을 6개월 만에 마련할 수도 있다. 그렇다면 단위시간당 돈을 버는 속도가 빨라진 것이다. 반대로 말해서, 버는 돈을 일정액으로 고정시키고, 시간의 단위금액으로 따지면, 돈을 빨리 증가하는 사람의 시간은 '상대적으로' 느리게 흘러간다고 할 수 있다. 왜냐하면 느리게 버는 사람이 일정액을 벌 때까지, 빨리 돈을 버는 사람은 그만큼 지루하게 기다려야 한다. 100만 원을 6개월 만에 버는 사람은, 다른 사람이 1년에 걸쳐 100만 원을 만들 때까지 꼬박 6개월을 기다려야한다. 이 따분함을 이해하려면, 달리기 경주에서 한참 앞서간 토끼가 하염없이 거북이를 기다리는 심정을 헤아리면 된다. 물론 현실세계에서는, 그냥 놀면서 시간을 보내는 사람은 거의 없다. 느리게 돈을 버는 사람의 사정은 아랑곳하지 않고, 남극성 이론의 속도를 간파한 사람은 계속 돈을 빠르게 벌기 바쁠 것이다. 그리고 그 차이를 계속 벌릴 것이다. 여윳돈이 생기면 스트레스도 덜 받으니 노화현상이 늦게 찾아온다.

아인슈타인의 특수상대성이론을 응용하면 돈이 증가하는 속도에 관한 개념을 정립할 수 있다. 돈을 버는 속도가 증가하면 그 돈의 소유권을 가진 사람 주변의 시간이 느리게 흐른다는 결론에 도달할 수 있다. 질량-에너지 등가성Mass-energy equivalence을 나타내는 방정식 $E=mc^2$에 따르면, 결국 에너지가 질량이 되고 질량이 에너지가 된다. 이는 시간과 돈의 가치를 동일시하며, 시간은 돈이라고 밝힌 프랭클린의 논리전개와도 비슷하다. 남극성 이론은, 시간이 돈이 되고, 돈이 시간이 되는 원리를 수학적으로 증명한다.

아인슈타인은 운동하는 속도에 따라 시간은 상대적이라고 규정했다. 이 개념을 자산관리에도 적용할 수 있다. 아인슈타인의 상대적 시간개념을 적용하면, 부자가 될 때까지 걸리는 시간 역시 사람마다 상대적으로 다르다는 것을 알 수 있다. 부자가 되는 속도가 빨라지면 시간이 느리게 갈 것이다. 여윳돈과 남는 시간이 생길 것이고, 취

미생활도 부담 없이 즐길 수 있다. 무엇보다 불필요한 짜증과 긴장을 덜 겪는다. 내가 생각하는 늙지 않는 방법이 이것이다. 현대인이 겪는 원인불명의 증세의 대부분이 스트레스에서 기인한다. 나는 아인슈타인의 상대성이론을, 돈이 증가하는 속도와 심적인 여유의 관점에서 파악한다. 내가 자산관리를 언급하면서 과도할 정도로 아인슈타인을 강조하는 이유는 바로 이거다.

돈을 버는 속도와 노화방지, 혹은 무병장수는 즉각적으로 연결된다. 이것은 결코 나의 과대망상이나 현학적 허세가 아니다. 이 책을 읽고 뭔가를 깨달은 사람들은 제발 늙지 않기 바란다. 아울러 이런 점을 헤아려서 내가 책을 펴낸 뜻을 세심히 이해하기 바란다. 돈에 대한 성찰을 통해서도 노화의 속도를 늦출 수 있다. 이렇듯 나에게 있어서 저축을 해야 하는 이유는 절박하다. 어찌 보면 돈을 모으지 못하는 사람은 이런 이유가 없기 때문일지도 모른다.

실존주의는 죽음에 대한 인식을 기반으로 존재의 의미를 명확히 밝히는 철학이다. 죽음의 의미를 염두에 두지 않은 인간의 삶이 충실할 리가 없다. 이것은 종자돈을 마련하기 전에 알고 있어야 할 절대진리이다. 우리 모두는 죽음을 피할 수 없다. 이러한 깨달음의 기반이 없는 사람의 자산은 비효율적이며 항상 위험에 노출되어 있다.

'남극성의 전예협(전국예금자협의회)' 정기모임을 개최하면서 느낀 것이 있다. 전예협 회원이 도박이나 마약으로 몰락할 가능성은 거의 없다. 이 점은 모임에 참여한 모든 회원들이 동의할 것이다. 표절할 의도로 접근하는 몇몇을 빼고, 한마디로 모범 시민이다. 속된 말로 사고를 칠 가능성은 거의 없다. 그리고 골치 아픈 나를 제외한 미혼 남성회원들은 일등 신랑감이기도 하다. 아울러 다소 괴상하고 지루한 수식으로 가득 찬 본인의 졸저를 이해했거나, 이해하려고 노력하는 수학적 이성을 지닌 지성인이다.

나는 2014년 12월에 빙판길에 낙상하여 발목뼈가 부러져서 병원에 오래 머물며 많은 생각을 했다. 과연 어디까지 전예협 내에서 정보를 공유할 것인가의 문제를 생각했다. 고민 끝에 더 이상 나의 주특기인 천기누설을 하지 않기로 결심했다. 여기서 '천기누설'이란 금융계에 잘 알려지지 않은 비밀이다. 이제 이런 건 나 혼자 간직할 것이다. 사실 저축자산관리에 있어서의 나의 상상력은 온전히 나에 의해서 개발된 창의적인 생각은 아니다. 나는 그렇게 천재적 유형의 인간이 아니다. 솔직히 고백하면, 문과출신의 건달에 가까운 성격이다. 나의 개념을 정립하는 데 있어서 종종 과거 금융관련 범죄역사(犯罪歷史)에서 아이디어를 얻는다. 특히 대기업이나 정치꾼이 관련된 비자금사건의 내막을 연구하다보면, 내부자의 고발이 없으면 아무도 알아채지 못하게 실정법을 위반할 수 있는 방법이 보인다.

몇 년 전 모 재벌그룹의 비자금사건의 내막을 조사하다보니, 회장이 불법자금운용의 유혹을 떨쳐내지 못한 상황을 이해하게 되었다. 그다지 윤리적으로 훈련되지 않은 인물인 나 역시 그 입장이라면 마음이 흔들렸을 것이다. 그러나 불법행위는 명백한 범죄다. 완전범죄를 꿈꾸는 몇몇 사람들이 모의하는 장소인 교도소는 종종 '학교'라고 불린다. 물론 교도소에 가본 적이 없는 나는, 신문 사회면의 비자금사건 기사 행간에 기자들이 숨긴 의미를 찾으려고 애쓸 뿐이다. 보통의 신문 독자들이 진실을 알지 못하도록, 기자들은 기사의 문장사이에 그들만이 알아볼 수 있는 진실을 숨긴다. 역설적으로, 그렇기 때문에 나는 기자를 신뢰하지 않으면서도 신뢰한다. 아둔한 사람이 들여다보면 아무 것도 보이지 않는 기사의 컴컴한 그늘 속에 금융사건의 범죄교본이 놓여있다. 전예협에 가입하려다 실패한 어느 신청자가 나에게 해서는 안 될 말을 했다. 그는 가입신청을 하면서, 본인이 다니는 회사 사장에게 건의하여 회사의 자금을 『구르는 돈~』에서 언급한 방식대로 운영해보겠다는 포부를 밝혔다. 그렇게 되면 『구르는 돈에는 이끼가 낀다』는 개인의 금리소득 극대화를 위한 지침서가 아니라, 비자금관리를 위한 범죄지침서가 되고, 나는 그들의 선생이 된다. 물론 시중에는 합법적으로 세금을 내지 않는 방법을 언급한 책도 팔린다. 그런 책의 저자가 탈세를 조장했다고 국세청으로부터 고발당했다는 소식은 아직까지 듣지 못했다. 졸저의 방식을 응용해서 이자수입을 올리는 사람은 알겠지만, '남극성 이론'에 미치면 거의 강제적으로 소비를 억제할 수 있다. 저축액이 많아지고, 덩달아 공짜 돈인 개인의 이자수입도 늘어난다.

6-3 현실의 한계와 영화적 상상력

인간의 수명은 100살을 넘기기가 힘들다. 그러나 몇몇 영화는 자연의 섭리를 거부하고 상상력을 발휘한다. 영화는 100살이 넘게 인간이 사는 경우를 종종 설정한다. 프랭클린 샤프너 Franklin J. Shaffner가

1968년에 연출한 『혹성탈출Planet of the apes』은 1972년에 우주로 출발한 우주비행사들이 서기 3978년에 지구에 도착한다. 영화 초반부에 비행사들은 착륙지점이 너무나 낯설어서, 그들이 도착한 곳이 지구인줄 모른다. 2,000년이 훌쩍 지나버린 지구는 알아보지 못할 정도로 천지가 개벽했다. 조종사들은 케이프 케네디Cape Kennedy 우주기지를 떠나 빛의 속도로 우주공간을 떠돌다가 지구로 귀환했다. 그들이 도착한 곳이 지구임이 밝혀진 것은 주인공 테일러Taylor의 탈출이 끝날 무렵인 영화 막바지였다. 만약 그들이 도착한 곳이 원숭이에게 통치받지 않고, 여전히 인간에 의한 지배가 유지되며 자본주의 체제가 존속하는 지구였으면 얘기는 어떻게 될까?

보다 현실적인 이야기는 크리스토퍼 놀란Christoper Nolan이 2014년에 연출한 영화『인터스텔라Interstellar』를 보면 된다. 이 영화에서 빠르게 운행하는 우주선을 타고 웜홀wormhole을 지나야 도착하는 행성 이야기가 나온다. 이 행성에서 1시간을 보낼 때마다 지구시간으로 7년씩 훌쩍 지나버린다. 나중에는 우주비행사인 주인공 쿠퍼Cooper는 지구나이로 124년이 되어도 여전히 젊은 채로 있고, 딸 머피Murph는 할머니가 되어 지구가 아닌 다른 행성의 병원에서 만난다. 만약 우주여행을 떠난 비행사가 지구별에서 정기 적금이나 정기 예금을 개설하고 떠났다면 어떻게 될까?

보통의 사람들의 관심은 시간여행에 빠져있을 때, 나는 금융과 관련된 상상을 해보았다. 이런 나의 상상은 전혀 잔망스럽지 않다. 1626년 네덜란드의 식민주의자들이 24달러를 주고 계약한 뉴욕의 맨해튼 섬의 가치를 매년 8%의 복리로 계산하면 362년이 지난 1988

년에 약 30조 달러에 달했다는 피터 린치Peter Lynch의 계산식을 들어본 적이 있을 것이다.[3] 만약 그의 주장이 허무맹랑하지 않다면, 나의 이야기도 그다지 이해하기 불가능하지 않을 것이다. 피터 린치의 주장처럼 지구상의 인간이 300년 넘도록 살 수도 없거니와, 300년 이상 8%의 금리가 지속되는 복리상품은 존재하지 않는다.

나의 가정假定은 피터 린치의 상상보다 과장의 정도가 덜하다. 따라서 인간의 평균수명을 고려하지 않은 그의 황당한 주장보다 나의 이론이 현실에 가깝다. 만약 우주비행사들이 수십 년, 아니 수천 년 동안 우주를 여행한 다음에 젊음을 유지한 채로 다시 돌아오자마자 자기가 들었던 은행계좌의 만기액을 찾는다면 어떻게 될까? 은행은 과연 그 이자를 어떻게 감당할 수 있을까? 이런 수학의 가능성은 금융과 관련된 나의 계산에만 드러날 뿐, 아직 영화의 주제로 나타난 적이 단 한 차례도 없다.

영화 『혹성탈출』에서 유인원들은 그들만의 법전을 금지옥엽처럼 떠받든다. 그들의 신념faith이 과학이라고 주장하고 논리와 이성을 운운하지만, 그들은 미개한 유인원일 뿐이다. 제정신을 지니고 언어능력을 갖춘 테일러가 남극성이고, '정기 예금 풍차론자'들을 지지하거나 혹은 '정기 예금 풍차론'의 유효함을 운운하며, 남극성을 표절하는 사기꾼들을 유인원으로 간주해도 무방하다. 그들은 분명 '정기 예금 풍차'의 위대성을 책으로 엮어 읊어대고, 의기양양하게 출처를 공개하며 자신들의 수학적 무식을 드러냈다. 마치 영화에서, 인간을 무

---

[3] 『One up on Wall Street』(1989, Simon & Schuster)

시하는 유인원이 배타적인 법전을 맹신하며 엉뚱한 소리를 법정에서 지껄이는 것 같다. 나는 그들의 주장이 틀렸음을 수학적으로 증명했다. 만약 그들과의 전투가 벌어진다면, 전혀 이성적인 훈련이 되어있지 않아서 억지를 부리며 현실을 부정하는 유인원과, 그나마 입바른 소리를 하는 테일러의 설전이 될 것이다. 물론 분별력이 없는 사람은 이를 판단할 자격이 없다. 손에 쥐는 현금의 액수를 따지는 계산능력이 모든 것을 설명할 것이다.

남극성 이론은 금리를 올바로 이해하는 지식이기도 하지만, 시간의 저축을 의미하기도 한다. 엉뚱한 생각이 무의미한 데서 끝난다면 아무런 쓸모가 없다. 계좌의 핵심에는 항상 금리와 시간이 있다. 이는 돈이 팽창하는 힘이다. 이 팽창력이 충분히 크다면 힘든 일을 하지 않고도 시간의 흐름과 함께 돈을 창출할 수 있다. 이것은 머리가 좋은 누군가에게 감지되지만, 두뇌회전이 느리고 지력이 떨어지는 사람의 눈에는 보이지 않는 힘이다. 왜냐하면 '시간의 흐름'이라는 것은, 결국 지구의 자전이나 공전처럼 우주의 관측을 통해서 설명되기 때문이다. 땅에 발붙이고 그날그날의 삶에 연연하는 사람은 우주에 대해서 생각해 볼 틈이 없다. 이런 사람은 거액의 돈을 투자하며 우주개발에 심취하는 사람을 절대 이해하지 못한다. 이 와중에 '정기예금 풍차론자'들은 유언비어를 퍼뜨린다. 나는 사이비 광신자들이 누구인지도 잘 알고 있다. 이를 예리하게 비판할 수 있어야, 제대로 된 행동의 대안이 도출된다. 누구나 잠깐 동안 듣기 좋은 말은 할 수는 있다. 때로는 엉터리 지식에 속아 책을 써낼 수도 있다. 그러나 사람을 영원히 속일 수는 없다.

누가 이단異端일까? 과연 누구를 위한 반역인가? 자신의 경험만이 진리라고 착각하는 것이 죄는 아니다. 그러나 이들이 책을 펴내고, 거짓말을 팔아먹으며, 독자들을 혼란에 빠뜨려서, 결국 상대적으로 곤궁하게 한다면 문제가 심각해진다. 지적인 영역에서 금지구역 the forbidden zone은 존재하지 않는다. 오늘날 인권의 고귀함을 당연한 듯이 말하고 있지만, 사실 불과 몇 세기 전까지 노예제가 존재했으며, 몇몇 인간들은 영혼이 없는 것처럼 여겨지던 시절이 있었다. 아직도 그 흔적이 남아서 인종차별주의가 지구별 곳곳에서 기승을 부리거나, 사람들 마음 구석구석에 남아있다. 모든 인간이 현명하지 않은 것처럼, 모든 재테크 작가들의 머리가 그리 좋지 않다. 그러나 이들이 전문 작가 행세를 하는 것은 법으로 금해야 한다. 이것은 표현의 자유와 전혀 별개의 문제다. 경찰이 개입해서 사기꾼을 잡아들이는 것과 같다고 보면 된다. 이들이 진술하는 '과학이라고 불리는 것'의 정체가 결국 수학적 오류라고 판명된다면, 그 결과는 과연 누가 책임질 것인가? 이들이 난동을 부리는 상황을 진리라고 우겨대는 출판계는 책임이 없을까?

　철학은 과거에 누군가 말한 추상적 이론을 습득하는 과정이 절대로 아니다. 생각과 추론의 과정을 지극히 높은 수준에서 발전시키고 실천하는 것이 철학의 동사動詞적 실현이자 완성이다. 따라서 이 책은 재테크 책에 머물지 않는다. 수數자체에 대한 수리철학이다. 그리고 그동안 독자들을 허위의 구렁텅이로 몰고 갔던 사기꾼들과 표절꾼들의 정체가 독자들에 의해 드러날 것이다. 이 책의 필자인 나와 독자들은 국가제도와 정치인에 전혀 의존하지 않는 독립적 주체를 꿈꾼다. 자기 행동에 대한 책임을 진다. 즉 늘 정신적 귀족을 꿈꾸고 선진시민의 태도를 지향한다.

6-4 영화 설국열차를 보고

　2013년에 봉준호 감독의 『설국열차』가 개봉했다. 이 영화에서는, 2014년 지구온난화에 고심한 각국의 정부가 인공냉각제인 CW-7을 살포하지만, 예상과는 달리 모든 생명체가 절멸하는 것으로 이야기가 시작한다. 소수의 사람만이 윌포드Wilford가 제작한 기차에 올라탔다. 이후의 17년을 지나 18년째에 접어든 기차의 이야기가 영화의 소재다. 열차의 '꼬리 칸tail section'에 무임승차한 사람들은 호시탐탐 '앞 칸head section'을 노리며 반란을 꿈꾸고, 바퀴벌레로 만들어진 단백질 블록protein bloc을 씹는다. 그들은 틈틈이 인원점검을 강요받으며 아이들을 앞 칸에 빼앗긴다.
　반란의 지도자 커티스Curtis는 점차 '앞 칸과 꼬리 칸의 균형balance'의 원리를 깨닫고 기차 안 세상을 이해한다. 한편 남궁민수와 그의 딸 요나는 답답한 기차속이 넌덜머리가 나서 밖으로 나가는 문을 부수기로 계획을 꾸민다. 결국 산업쓰레기이자 환각성 인화물질인 크로놀kronole을 일거에 터뜨려서 영원할 것 같았던 기차의 운행을 멈추게 하는 데 성공한다. 반란의 지도자 커티스와 엔진의 수호자 월포드는 최후의 만찬을 스테이크로 먹은 후, 기차의 최후를 지켜본다. 기차가 폭파된 후에 살아남은 요나와 어린 아이만이 기차 밖으로 걸어 나오며, 멸종당했다던 생명체인 북극곰을 목격하고는 영화가 끝난다.

이 열차에 종교가 존재한다면, 기차를 움직이는 엔진의 영원성이다. 이 영원성에 천착한 사람이 기차의 설계자인 윌포드다. 윌포드는 영화의 결말에 이르러 세상의 이치를 터득한 사람처럼 커티스에게 지도자가 될 것을 제안하며 열차의 비밀을 말해준다. 여담이지만 내가 보기에 이 장면은 이 영화에서 '옥의 티'다. 영화적 상상력을 더 이상 발휘하지 못하고, 극중 인물의 대사로 점철되었다. 영화 마지막에 등장인물들이 주고받는 대사의 설명으로 채운 자리를, 공간적 상상력으로 조금 더 가다듬었더라면 좋을 뻔 했다. 물론 이 영화 대부분의 에피소드는 영감으로 가득하다. 애초에 사람들마다 정해진 자리가 있다고 주장하는 윌포드에 맞서는 커티스는, 자신의 영적인 지도자였던 길리엄Gilliam의 정체가, 원래는 '앞 칸'의 엔진을 책임지는 윌포드와 연락을 주고받는 '꼬리 칸'의 끄나풀이었음을 알고는 혼란을 느낀다.

영화에서 기차 속의 인간들을 한심하게 바라보는 윌포드의 태도와, 바로 내가 '정기 예금 풍차 돌리기'를 주장하며 선동하는 사람들을 측은하게 바라보는 시선은 같다. 그들은 책을 펴내 그들의 주장을 설파하고 서로 감동받으며, 꼼꼼하지 않은 사람에게 잘 드러나지 않도록 교묘하게 출처를 숨기며 남의 지식을 베끼고 있다. 그들에게 동화된 독자들의 운명이 어찌 될지는 신경 쓰지도 않는다. 그저 미래에 대한 독자들의 불안과 공포를 적절히 이용하여 황당설을 팔아먹는다. 그게 세상이다. 사기꾼들의 정체를 깨닫고, 거짓말을 제대로 지적하며 함정에 빠지지 않는 데 기여만 해도, 졸저의 가치는 충분할 것이다. 사악한 그들은 이론의 중독성을 조작해서 퍼뜨리고는 사람들을 세뇌시킨다. 속은 줄은 꿈에도 모르고, 감화받고 감격한 독자들은 상대적으로 계속 가난해지거나 돈을 더 벌 수 있는 기회를 놓친다.

『설국열차』의 내부공간은 제한적이다. 기차의 외부에는 인간이 견딜 수 없는 추위만이 존재할 뿐이다. 사람이 날 때부터 운명이 정해지는 설국열차에는 '꼬리 칸'과 '앞 칸'이 구별된다. 봉준호 감독은, 이 구분이 현실에서도 존재한다고 믿는 듯하다. 그러나 내가 보기에, 아직 극도의 추위가 닥치지 않고, 이동이 자유로운 지구의 현실에서 '꼬리 칸'과 '앞 칸'의 벽은 존재하지 않는다. 굳이 사람들이 '앞 칸'으로 전진하려고 골몰하지 않는다. 사실이 절박함이 없다는 것이 큰 문제다. 피부에 와 닿지 않으니, 일부 어리석은 사람들은 '꼬리 칸'이 '앞 칸'인줄 착각한다. 혹은 '꼬리 칸'과 '앞 칸'이 뭔지도 모르고, 죽을 때까지 정해진 자리와 운명에 순응한다.

도저히 현생인류가 살 수 없는 빙하기 같은 허구의 공간이 아닌, 21세기의 따뜻한 지구의 현실에서는 추위를 피하기 위해 기차에 올라탈 필요가 없다. '꼬리 칸'과 '앞 칸'을 정하는 것은 어디까지나 마음가짐이지, 물리적 위치가 항구적으로 정해지는 않는다. 인생은 늘 가변적이다. 따라서 온전한 세상에서 '꼬리 칸'과 '앞 칸'을 규정하는 것은, 현재 단백질 블록을 먹느냐 스테이크를 먹느냐에 달려있다. 그런데 이것은 어디까지나 선택의 문제다. 바퀴벌레를 주재료로 삼아 요리한 단백질 블록은 '정기 예금 풍차'를 의미하고, 스테이크가 '남극성 이론'을 뜻한다면 얘기가 어떻게 될까? 그리고 단백질 블록의 맛이 스테이크보다 낫다고 주장하는 사람이 나타난다면, 물끄러미 구경만 해야 할까? 결론적으로 말해서, 이것은 개인의 취향문제이므로 말릴 필요가 없다. 따라서 '정기 예금 풍차'의 위대성에 대해서 떠드는 작자가 설칠수록 '남극성 이론'을 따르는 사람은 이득이지만, 이를 드러내지 않고 뒤돌아서 키득거릴 뿐이다.

 단백질 블록이 맛있다고 세뇌되었다면, 평생 그것이나 씹도록 그냥 내버려 두면 된다. '앞 칸'으로의 전진이, 단 몇 권의 정확한 독서와 수학적 명징함에 달려있다고 믿지 않는 사람이 많다면 할 수 없는 일이다. 폭동이나 반란을 일으키며 서로 살해하는 중생들을 하릴없이 바라보는 윌포드처럼, 그냥 말없이 우아하게 스테이크를 썰면 된다. 게임의 법칙은 그런 것이다. 개체수의 균형이라는 미명하에 한정된 공간에서 희생당하고 싶거든, 멋대로 떠들어도 좋다. '정기 예금 풍차'를 주장하건 '남극성 이론'을 주장하건, 그들이 모여서 잡탕 같은 인류가 된다. 당사자의 선택과 운명에 제3자가 개입할 필요는 없다.

 이런 상황을 안다면, 물정모르는 무지렁이들을 이끄는 지도자로 아무도 나서고 싶지 않을 것이다. 서로를 잡아먹는 아비규환을 조성하는 무리들을 묵묵히 구경하며 현금을 챙기는 편이 신상에 낫다. 그들이 처한 처지가 처참한 줄 모르는 식인종 같은 인간들은 그냥 '꼬리 칸'에서 소란을 피우도록 내버려두고, 한적하고 우아하게 '앞 칸'에 살면 된다. 스테이크 먹기가 지겨워서 단백질 블록을 별미로 먹을 수는 있다. 그러나 날마다 배급받는 단백질 블록에 찌들대로 찌든 사람이 스테이크의 맛을 그리워한다면 얘기는 달라진다.

 영화에서 설정된 밀폐된 『설국열차』가 아닌 현실에서는 아무도 단백질 블록 또는 스테이크를 택하도록 누구에게 강요하지 않는다. '앞 칸'과 '꼬리 칸'의 규칙 및 정해진 자리를 영원히 강제하는 법은 어디에도 없다. '꼬리 칸' 사람들이 좋아하지 않는 인원점검을 강요하고 자유를 억압하며, '앞 칸'으로 가려는 의지를 막을 힘은, 북한을 비롯한 몇몇 극소수의 나라를 제외하고는 보이지 않는다. 영화에서 승객들은 기차가 '예카테리나 다리' 위를 지날 때마다 새해를 맞이하며 기뻐하지만, 남극성 이론의 힘을 믿는 사람은 죽을 때까지 오직 다가오는 정기 적금의 만기일만 손꼽아 기다릴 것이다.

6-5 머니볼의 교훈

2011년 배넷 밀러Bennett Miller 감독이 연출한 영화 『머니볼Moneyball』은 마이클 루이스Michael Lewis가 쓴 책을 영화화한 작품이다. 아메리칸리그 소속 오클랜드 애슬레틱스Oakland Athletics의 단장GM, General Manager 빌리 빈Billy Beane이 치룬 2001년과 2002년 시즌의 이야기를 다루었다. 영화대본을 각색하는 과정에서 약간의 내용수정이 추가되었지만, 사실을 거의 충실하게 재현했기 때문에 실화라고 해도 무방한 작품이다. 나는 남보다 조금 야구에 관한 시시콜콜한 내막을 잘 알고 있어서 영화적 허구와 역사적 사실 사이에 다소 차이가 존재하는 것을 안다. 그러나 여기서는 그 내용이 중요하지 않으므로 대중적으로 많이 알려진 영화의 이야기를 중심으로 논의를 전개하겠다.

내가 이 책에서 이 영화를 언급하는 이유는 이 영화가 단지 야구만을 다룬 영화가 아니기 때문이다. 영화의 등장인물들이 펼쳐나가는 이야기 전개와, 내가 글을 쓰면서 접하는 사연에 유사성이 있음을 발견했다. 영화의 주인공은 승리를 위해 눈에 잘 보이지 않는 고정관념, 몰이해, 혹은 구태의연한 사고방식에 대해 끊임없이 의심하고 맞선다. 그리고 기존의 관행을 철저하게 신봉하는 주변 인물들과도 갈등을 일으키는데, 이는 내가 '남극성 이론'을 정립하는 과정에서 부딪쳤던 비이성적인 반발과도 매우 흡사하다. 오랫동안 잘못 알려져서 사람들을 혼동에 빠뜨리는 신화神話들은 야구판뿐만 아니라 재테크 출판계에도 수두룩하다. 상당수 독자들의 뇌세포는 심각할 정도로 오염되었다.

빌리가 단장으로 있는 오클랜드 애슬레틱스는 가난한 구단이다. 따라서 비싼 선수는 타 구단에 팔아야 하고, 대신에 싼 선수를 사와야 한다. 이런 암울한 상황에서도, 2002년 애슬레틱스는 뉴욕 양키스와 같이 103승이라는 승수를 올려서 아메리칸리그 플레이오프까지 진출한다. 양키스는 1승을 올리는 데 140만 달러를 썼고, 애슬래틱스는 26만 달러를 썼다. 양키스는 애슬레틱스보다 한 경기를 이길 때마다 114만 달러를 더 지불한 셈이다. 무려 약 5. 38배가 넘는 돈을 썼다. 그럼에도 불구하고 시즌 중에 양키스가 얻은 결과는 애슬레틱스와 같다! 이것은 애슬레틱스의 상대적 효율성과 양키스의 상대적 비효율성을 극명하게 나타낸다. 양키스의 수뇌부는 연봉이 높은 선수를 사는 데 신경을 쓴 반면, 빌리는 승리를 싼 값에 샀다. 이 결과에 따라 새로운 이론은 유명해졌다.

예일 대학 경제학을 전공한 신임 부단장인 젊은 피터 브랜드Peter Brand[4]에 영향을 받은 빌리는 출루율을 강조한다. 타자가 단타를 쳐서 1루에 진루하나, 볼넷으로 안전진루권을 얻어 1루에 걸어 나가나, 결과는 같다. 예를 들어, 어떤 타자가 5번 타석에 등장해서 사사구 없이 단타를 2개 치면, 1루에 두 번 진루한다. 그런데 다른 타자가 5번 타석에 등장해서 단타를 1개 치고, 볼넷으로 한 번 걸어 나가도 역시 1루에 두 번 진루하여 결과는 같다. 전자의 타율은 5타석 5타수 2안타이므로 4할(0.400)이다. 후자는 5타석 4타수[5] 1안타로 타율은 2할 5푼(0.250)이다. 비록 후자의 타율은 떨어지지만 1루에 두 번 진루하여 전자와 같은 성과를 낸다. 여기에서 고정관념이 발목을 잡는다. 대개 야구를 좀 안다고 자처하는 사람들은 2할 5푼의 타율을 기록한 타자보다 4할을 기록한 타자가 월등하다고 평가한다.

4할의 타율은 메이저리그에서 보스턴 레드삭스Boston Redsox의 테드 윌리암스Ted Williams(1918~2002)가 1941년에 달성한[6] 이후 70년이 넘도록 도달한 선수가 없다. 따라서 이런 경이적인 기록을 남긴 선수가 연봉을 많이 받는 현상을 대부분 당연하게 받아들이다. 그리고 2할 5푼을 기록한 선수는 당연히 4할 타자보다 연봉이 낮게 책정되는 게 옳다고 믿는다. 그런데 앞에서 언급한 내용을 따지고 보면 두 선수는 같은 성과를 냈다! 두 선수의 연봉 차액만큼 4할 타자에게 더

---

4) 실제 인물은 영화 속 피터 브랜드와 다른 이미지의 사람이지만, 영화에서는 각색을 통해 피터 브랜드라는 새로운 이름과 캐릭터를 창조했다.
5) 볼넷은 타수에서 제외되므로 5타수가 아니라 4타수가 된다.
6) 1941년에 테드 윌리암스는 4할 6리(0.406)의 타율을 기록했다.

지불한다고 해서 승리에 크게 기여하는 바가 없는데도 말이다! 만약 이런 상태에서 2할 5푼 타자에게 적은 연봉을 준다면, 성과에 대한 공정하고 합당한 대가라고 볼 수가 없다. 적어도 수학적으로는 옳지 못하다. 그런데 연봉 협상장의 분위기는 4할 타자에게 훨씬 우호적이다.

자, 이제 재테크와 전혀 상관없을 것 같이 보이는 야구 얘기를 '남극성 이론'에 적용한다고 생각해보자. 약자가 승리를 거두는 이변은 스포츠의 세계에서만 일어나는 일이 아니다. 적은 돈으로 상대적으로 많은 이자소득을 얻으려는 수학적 접근의 이해가 이 책의 목표다. 머니볼 이론을 금융세계에 적용시킬 수 있다. 적은 비용으로 최대의 효과를 거두려는 경제원칙은 여기서도 통용된다. 같은 돈을 들이고 좀 더 효율적인 결과를 얻거나, 적은 비용으로 예상외의 높은 수입을 얻는 사람이나 단체가 항상 승리자다. 이런 일은 스포츠 세계에서만 가능할까?

수학이라고 부르기에 민망하지만, 어리석은 그들이 전혀 생각하지 못하고 실천하지 못하는 사소한 계산을 통해서, 적은 노력을 투자하고도 상대적으로 많은 수익을 낼 수 있다. '남극성 이론'은 이런 수학과 관련되어 있다. 이면지에 낙서하듯 휘갈기고 몇 분이면 해결되는 계산을, 대책 없는 사람들은 거부한다. 그리고는 '정기 예금 풍차 돌리기'라는 괴상한 주문을 외는 광신도들의 선택을 합리화한다. 실상이 이 정도라면, 가난에 이르는 고질병의 원인을 의학적으로 규명해야 한다.

야구단의 단장은 승리를 거두기 위해 노력하고, 남극성 이론을 추종하는 사람은 금융의 본질에 가까워지려고 신경을 곤두세운다. 줄거리의 소재는 분명 야구지만, 이 영화를 단순한 스포츠영화라고 치부하는 순간 대단한 착각의 늪에 빠진다. 영화의 교훈은 야구 외적인 면에서 빛난다. 야구를 해 본 적도 없고 팀을 운영해 본 적도 없는 식료품 통조림 공장의 야간경비원 출신이라고 무시당했던 빌 제임스George William James가 이론의 창시자로 존경받고, 그의 머니볼 이론Moneyball theory을 채택한 빌리가 야구단 운영에 적용하여 지구 우승을 차지한다. 세상은 그들을 비웃다가, 어느 순간 조금씩 이해하게 되고, 드디어 영화의 소재로 격상시킬 만큼 찬양한다. 영웅의 탄생에도 시간이 필요하다. 그들의 업적을 인정하는 사람이 빠르게 늘어날수록 그 시간은 앞당겨질 것이다. 그러나 그 시간에 도달할 때까지, 간사한 대중은 무책임하며 저열하다. 결국 어리석은 자들에게 맞서 싸울 용기가 없는 사람은 아무 것도 하지 못하고 죽는다. '남극성 이론'을 모르거나, 수준 낮은 표절꾼에 속은 사람들은 계속 가난해질 것이다.

6-6 본질에 가까운 숫자놀이

바로 앞 장에서 5타석 5타수 2안타를 기록한 선수를 A라고 하고, 5타석 4타수 1안타를 기록한 선수를 B라고 하자. 앞선 장에서는 B선수가 단타를 하나 기록한 것으로 했는데, 여기서는 단타가 아니라 2루타를 하나 친 것으로 살짝 바꿔서 가정해 보겠다. 물론 그렇게 가정해도 B선수의 타율은 여전히 2할 5푼이다.

표 6-1

		A선수	B선수
기존의 고정관념	타석	5	5
	타수	5	4
	안타수	2	1
↑	타율	0.400	0.250
↓	사사구	0	1
새로운 시각	단타	2	0
	2루타	0	1
	OBP	0.400	0.400
	SLG	0.400	0.500
	OPS	0.800	0.900

메이저리그 경기를 현지 생방송으로 보면 중계 화면에 한국에서 별로 언급하지 않는 지표가 보인다. 타자의 기록을 나타낼 때 OBP나 OPS같은 지표가 등장한다. 앞으로 한국에도 이런 지표가 조만간 많이 보이겠지만, 아직까지 내가 이글을 쓰는 2016년 현재 잘 언급되지 않는다. 타자의 공격력을 분석하는 한 지표인 OBPOn-base percentage는 출루율이라고 불린다. 이는 타자가 얼마나 살아나갔는가를 백분율로 나타낸 것이다. 이를 공식으로 나타내면 다음과 같다

$$OBP(출루율) = \frac{안타 + 몸에 맞는 볼 + 볼 넷}{타수 + 몸에 맞는 볼 + 볼 넷 + 희생타}$$

SLGSlugging percentage는 우리말로 장타율이라고 하는데, 다른 말로

해서 한 타수에 얼마나 많은 루를 진루하느냐를 보여주는 자료이다. 이를 구하는 공식은 다음과 같다.

$$SLG(장타율) = \frac{[(1루타 \times 1) + (2루타 \times 2) + (3루타 \times 3) + (홈런 \times 4)]}{타수} = \frac{총루타수}{타수}$$

OPS_{On-base plus slugging percentage}라는 용어는 아직 딱 부러지게 우리말로 번역되지 않았다. 이 개념에 해당하는 한국어가 없다는 것은 아직 이 개념을 분석적으로 사용하는 사람이 적다는 뜻이다. 마치 '남극성 이론'이 일반에 의해 회자되지 않는 것처럼, 그저 개념상으로 소수의 사람들에 의해 언급될 뿐이다. 이 개념은 출루율과 장타율을 더한 것이다.

빌리는 분명 B선수가 A선수와 차이가 별로 없다고 느낄뿐더러, 어떤 면에서는 B선수가 A선수보다 낫다고 생각할 것이 뻔하다. 두 선수의 출루율_{OBP}이 같지만, 장타율_{SLG}이나 OPS상으로 따지면 B선수가 월등하다. 그러나 전통적인 기준으로 보면, 타율이 높은 A선수를 주목하므로, A선수의 몸값이 시장_{市場}에서는 더 높다. 따라서 빌리는, A선수와 별 차이가 없거나, A선수보다 나은 점이 있다고 여겨지는 B선수를 훨씬 싼 가격에 구할 수 있다. 이런 식으로 오클랜드 애슬레틱스의 전체 연봉은 줄어들고 패넌트레이스에서의 승수_{勝數}는 올라간다. 나는 빌리의 전략을 장황하게 설명했다. 보다 간단히 말하자면, 그는 투자는 줄이고 효과는 높이는 경제원칙에 충실했다.

이 내용을 현실의 재테크에 적용한 사람이 있다. 바로 앞서 말한 피터 린치다. 그는 '10루타the tenbagger'라는 용어를 언급했다. 현실의 야구경기에서는 타자가 한 타석에 등장해서 홈런을 쳐도 기껏해야 4루타를 기록한다. 한 타석에서 타자가 4루타를 초과하여 기록을 남기는 경우는 없다. 피터 린치는 야구기록의 한계를 자산관리의 새로운 용어를 만들며 극복했다. 10루타라는 말은, 타석에 단 한 번 나선 사람이 공을 때려서 10베이스를 진루했음을 의미한다. 피터 린치의 지식은 잘 알려진 대로 골프에 멈추지 않는다.[7] 그는 야구기록에 대한 상당한 조예가 있음을 은근히 드러냈다. 현실에서는 절대 일어날 수 없는 야구기록의 한계를 재테크의 언어를 통해 극복했다. 물론 그는 10루타만 언급했지만, 자산관리에 있어서 10루타를 뛰어넘는 100루타나 1,000루타가 불가능할 이유는 없다. 그 언급한 10루타는, 타석에 등장한 회수를 1회로 한정한 조건이다. 이 타수를 야구선수가 아닌 일반인에게 환원하면, 재테크에 있어서의 판단기준인 '시간'이 된다. 야구에서는 한 번의 타석에서 4개 이하의 진루타가 기록에 남지만, 자산관리에서는 홈런을 의미하는 4루타보다 더 효율적인 것이 있다는 게 피터 린치의 주장이다.

 머니볼 이론을 신봉하는 빌리는, 유감스럽게도 2015년까지 시즌의 마지막 경기에서 이겨보지 못했다. 이 말은 그가 단장으로 부임한 이후, 오클랜드 애슬레틱스가 아직 월드시리즈에서 한 번도 우승하지 못했다는 뜻이다. 정규 패넌트레이스에서는 그의 믿음이 분명 효과가 있었지만, 단기전인 포스트시즌에서는 고비를 넘기지 못했다. 그

---

[7] 그의 책 『One up on Wall Street』에서 One up이라는 말은 골프의 매치 플레이에서 한 홀 앞선다는 뜻이다.

러나 이것은 본질적인 문제가 아니다. 여러 요소가 작용하는 포스트 시즌은 머니볼 이론의 고려대상이 아니다. 이미 빌리의 실험을 확인한 보스턴 레드삭스는 머니볼 이론의 창시자 빌 제임스를 영입했다.

 빌리가 갈등을 일으키는 원인은 다른 데 있지 않다. 그는 시장에 나온 선수들의 가치를 컴퓨터로 평가하고, 들어줄 가치가 없는 말을 끊임없이 쏟아내는 전통적인 스카우터들을 무시했다. 기존의 주장을 무의미한 잠꼬대라고 치부한 이유는, 한마디로 승리에 도움이 안되기 때문이다. 예를 들어 스카우터들은, 못생긴 여자 친구의 존재는 야구선수의 자신감부족을 보여준다고 주장하며 토론장을 어지럽힌다. 남극성 이론 역시 시장의 몰이해와 싸워야 했다. 남극성과 그 추종자들이 중요하게 생각하는 영역은 이자다. 그 이자를 통해서 자유를 누릴 수 있기 때문이다. 그 이자소득을 통해서 조기에 은퇴를 하고, 남에게 의존했던 삶을 바꿀 수 있다.

 고정관념에 사로잡힌 자들은 빌리와 늘 갈등을 일으킨다. 그러나 칼자루는 누가 가지고 있는가? 빌리의 말을 듣지 않는 스카우터는 목이 달아나게 되어있다. 평생 야구를 직업으로 삼은 스카우터의 자리를, 야구를 해 본적도 없는 사람이 차지해도 오클랜드 애슬레틱스가 지구우승을 차지하는 데 아무 지장이 없다. 야구선수를 찾아 전국을 헤매며, 인간성을 눈으로 직접 확인하려는 노력은 머지않아 사라질 것이다. 점차 컴퓨터와 기록이 스카우터의 주장을 대체한다. 스카우터들의 수는 점차 줄어들고 있다. 얘기가 여기까지 이어질 때 머리가 좋은 사람은, 내가 야구와 관련된 특정직업인의 감소를 말하려는 게 아닐 거라는 것을 직감할 것이다.

누구에게나 개혁을 거부할 자유가 있다. 그러나 업황의 변화로 인해 특정직업종사자의 수요와 인원의 감소를 막을 권리는 없다. 이 문제는 노사문제가 절대 아니다. 따라서 타협의 대상이 될 수 없다. 1980년대에 시내버스 요금납입방식의 변화로 인해 버스안내양이라는 직업이 없어진 사례를 보면 된다. 앞으로 무인자동차가 좀 더 보편화하면 운전기사마저 사라질 것이다. 그런 시기가 오면, 지금은 필름마저 사라진 일제시대의 영화, 이규환李圭煥(1904~1982) 감독이 연출한 『임자 없는 나룻배(1932)』의 주인공처럼 실직의 울분을 표출할 것인가? 나룻배로 행인을 건네주는 삯으로 먹고 살다가, 철교의 건설로 인해 생계를 잃고는, 새로운 교통수단에 악감정을 품고 기차에 도끼를 들고 무모하게 달려드는 영화의 등장인물을 생각해보라. 이 상황에서 한가하게 설자리가 줄어드는 금융계 종사자의 기분을 논한다면, 본인이 아직도 돌아가는 분위기를 감지 못하고 있다는 얘기다. 그 누구도 세상의 생산적인 혁명에 저항할 수가 없다. 기존 금융업종사자의 수는 빠른 시일 안에 상당히 줄어들 것이다. 나는 피할 수 없는 변화의 대세를 말하고 있다. 평화롭게 차와 담소를 즐기며, 당위명제의 타당성을 논할 시간조차 없다.

6-7 그들이 두려워하는 것들

앨리스라는 말이 퍼지면 그 말을 사용하는 사람은 남극성 이론을 아는 사람이라고 봐도 된다. 물론 남극성의 이름을 들어 본 적이 있다고 해서 실천적 전망까지 담보하지는 않는다. 다시 말하지만 지식을 머리로 아는 것과 몸으로 행동하는 것과는 별개의 문제다. 만약 이자수입을 노리고 은행을 이용하는 사람 모두가 남극성 이론대로 행한다면, 제1금융권의 수신고는 아래로 곤두박질 내리꽂힐 것이다. 그러나 현실은 그렇지 않다. 제2금융권에 관련된 사람보다 제1금융권을 위해서 일하는 사람[8]이 압도적으로 많다. 제1금융권이나 제2금융권, 모두 합법적인 사업체다. 굳이 제2금융권을 위해서 일하거나 거래한다고 해서 위축감을 느낄 필요는 없다.

흑묘백묘黑猫白猫라는 한자어가 있다. 검은 고양이든 흰 고양이든 쥐만 잘 잡으면 된다는 뜻으로 쓰인다. 원래는 '흑묘백묘 주노서 취시호묘黑猫白猫 住老鼠 就是好猫'라는 말인데 이의 줄임말이다. 덩샤오핑鄧小平이 1970년대 후반에 쓰면서 유명해 졌는데, 자본주의 건 공산주의 건 간에 인민들만 잘 살면 그만이라는 뜻이다. 금융기관에 따라 수익성이 제각각 다르다면, 이성적인 고객은 더 많은 화폐를 가져오는 곳을 선택할 것이다. 은행 간판의 색깔은 중요하지 않다.

제1금융권의 광고 모델로 나오는 사람은 통장 개수와 상관없이, 매년 10월 마지막 주 화요일에 열리는 저축의 날에 표창을 받고, 반면에 제2저축은행이나 제3금융권 대부업체 광고에 출연하는 모델은 사회적 지탄을 받는다. 대한민국에서 통장관리에 둘째가라면 서러워할 남극성이나 전국예금자협의회 회원이 저축의 날 표창장을 받은 적은 없다. 자신 명의의 통장 개수도 모른다고 당당히 밝힌 배우가 대통령

---

[8] 여기서 '일하는 사람'은 급여를 받는 피고용인만 뜻하지 않는다. 제1금융권을 위해 일하면서 임금을 받기는커녕, 오히려 돈을 갖다 바치는 노예, 즉 대출자들도 여기에 포함된다.

표창을 받을 정도니, 굳이 그 상의 권위에 도전하고 싶지는 않다.

대통령 명의로 지급되는 표창장에 '저축 증대를 통하여 국가 경제에 이바지한 공로가 크'다고 명기되어 있지만, 남극성을 비롯한 그 추종자들은 절대 그렇게 생각하지 않는다. 저축자산 관리의 전문가들이고, 15.4%의 원천 세금을 원천징수당하는 애국납세자지만, 어디까지나 이런 행동을 고려하면서 '국가경제에 이바지'할 생각은 거의 하지 않는다. 15.4%의 세금을 기꺼이 내지만, 대한민국 정부나 금융위원회는 땡전 한 푼 도와주지 않는다. 이따금 이자를 노리고 지방에 가기 위해, 내 돈을 써가며 KTX기차에 탑승하기도 한다. 이런 사람들을 위해 정부가 기차 값을 깎아주지는 않는다. 솔직히 바라지도 않는다. 남극성과 그 이론을 따르는 사람들은 어디까지나 개인의 금리소득의 극대화를 추구한다. 따라서 제1금융권보다 제2금융권의 사용 빈도가 훨씬 높다.

은행에 계좌를 개설하면 국가 경제에 이바지하는 것은 사실이다. 그러나 남극성 이론을 알고도, 그런 주장을 진지하게 얘기하는 사람이 있다면 거짓말쟁이라고 봐야한다. 저축의 날에 표창을 하려면, 저축을 통해 국가 경제에 기여한 순서를 확실히 매기거나, 획기적인 방법으로 저축을 통해 국가 경제에 기여한 방법을 제공한 사람을 조사해야 한다. 국민의 세금으로 원칙 없이 상금을 지급하고 표창을 계속 남발하며 이를 정당화한다면, 금융위의 저축의 날 행사담당자는 정신감정을 받을 필요가 있다. 이것은 분명한 세금낭비다. 이 주장은, 시상식 소식을 듣고 배가 아파서 하는 얘기가 절대 아니다.

제1금융권과 제2금융권 수익의 대부분은 예대차 마진이다. 수익을 올리는 본질에 있어서 제1금융권과 제2금융권에 차이점이 없다. 제1금융권의 대출자격이 안 되는 사람은, 상대적으로 고금리를 무릅쓰고 제2금융권이나 제3금융권으로 가야 한다. 누차 강조하지만, 이 과정에서 제2금융권이나 제3금융권을 위해 광고에 출연하는 연예인에게 절대로 책임이 없다. 눈에 보이지 않는 제4금융권도 있다. 장기 밀매매를 일삼는 불법 조직이 여기에 개입한다. 제2금융권과 제3금융권은, 잘 드러나지 않는 범죄의 사각지대인 제4금융권의 발호를 막는다. 나는 언론에서 이 공로를 치하하는 사람을 단 한 명도 보지 못했다. 대한민국의 국민은 이자소득을 위해 제2금융권을 접근하는 데 제한이 없다.

그렇다면 굳이 제1금융권의 노예처럼 행동하는 사람들은 문제가 있지 않은가? 남극성 이론의 창성昌盛은 제1금융권의 몰락을 의미한다. 100짜리 물건을 110원에 사고 싶은 사람은 없다. 그러나 세상은 그렇게 이치대로 잘 돌아가지 않는다. 제1금융권 광고에 나오는 모델들은 직업선택의 자유를 만끽하고 저축의 날에 표창을 받지만, 제2금융권을 위해 광고에 계약한 사람은 출연도 못해보고 손가락질 받는다. 이렇게 제1금융권과 금융위는 안토니오 그람시Antonio Gramsci(1891~1937)의 주장처럼, 일종의 문화적 헤게모니를 잡고 흔든다. 그들은 제1금융권에 대한 맹목적 지지가 어떻게 국민들에게 최상의 재테크 운영 방식이라고 설득하는지 연구하는 것처럼 보인다. 그리고 이들을 보며 제2금융권과 같이 일을 해보려는 사람은, 과도한 눈치를 보고 있다. 이런 불합리한 문제에 대해서 전면전에 나서는 정치꾼은 없다.

논리가 전혀 없는 그들이, 제2금융권에 대해서 이유 없는 시기와 질투를 보내고, 금융위가 주관한 저축의 날에 표창장을 남발하면서, 15.4%의 이자소득세를 내는 예금자와 애국납세자의 세금이 들어 간 상금을 뿌려댄다. 나는 전예협 대표로서 이들이 무슨 짓을 하건 더 이상 상관하지 않겠다. 이런 현실의 모순 속에서 남극성 이론이 빛을 발할 뿐이다. 사람들이 광고에 세뇌당하고, 제1금융권에 지지를 보낸다고 해서 10원짜리 동전 하나 받지 않는다. 수익이 낮은 제1금융권을 추종하는 광신도들의 결정은, 나에게는 그저 조롱거리다. 불합리한 선택은 미개인들의 특징이다. 그들의 방식을 존중하고 또 존경한다. 그러나 향후 발생하는 이자소득을 비교하면, 수학적 무지의 수렁에 빠진 사람들보다 뛰어난 선각자들이 있음을 알게 될 것이다. 만약 남들보다 많은 이자소득을 확보할 수 있다면, 생떼를 쓰는 남에게 머리를 조아릴 필요도 없고, 스트레스를 덜 받으며, 조기은퇴를 해도 된다. 잘나가는 남의 성공담에 별로 신경 쓰지 않을 사람은, 제1금융권의 충직한 하인노릇을 하면 된다. 은행이용자는 조만간 남극성의 이론을 아는 당당한 사람과 알지 못하는 낙오자의 부류로 나뉠 것이다.

　남극성의 공식과 이론이 널리 퍼지게 될 때쯤이면 제1금융권 종사자들도 뭔가를 깨닫게 될 것이다. 그 때가 언제가 되어도 상관은 없다. 오히려 느릴수록 좋다. 나의 이론과 책은, 국내서점뿐만 아니라 아마존을 통해 전 세계에 판매중이다. 그들이 정신을 차릴 무렵에는 한때 잘나가던 은행직원이 다른 일을 하고 있을 것이다. 그들의 미래는 이미 결정된 것이나 다름없다. 은행업은 남아도 은행원의 수는 급격하게 줄어들 것이다. 그들이 남극성 이론을 무시했듯이, 나 역시 그들의 미래에 별로 관심이 없다. 대량 실직의 대상이 된다고 해서 아무도 그들을 동정하지 않을 것이다. 개혁당하기 전에, 선제적으로 개혁해야 하는 절실함이 그들에게 언제 생길지 모른다. 분명한 것은, 그들이 머뭇거리고 있는 지금도 시간은 흘러간다는 사실이다. 그때쯤이면 그들이 믿었던 정치꾼이나 자칭 지식인들은, 도마뱀이 꼬리를 자르고 도망치듯 허겁지겁 달아날 것이다.

6-8 조커, 조장助長의 긍정적 의미

조장助長이라는 한자어는 맹자孟子의 공손추장구公孫丑章句 上에서 나오는 말이다.

송나라 사람宋人이 자신의 기르는 농작물의 싹이 자라지 않아 괴로워하다가 싹을 뽑아 올렸다. 피곤한 모습으로 돌아와 식구들을 불러 오늘은 지친다고 말했다. 자신이 싹이 자라게 도와줬다고 했다予助苗長矣. 그 사람의 아들이 줄달음쳐서 싹을 살펴보니 곧장 말라 죽었다. (孟子 公孫丑章句 上)

억지로 싹을 뽑아 올리는 일은 농작물의 성장을 돕는 일이 아니다. 무익無益할 뿐만 아니라 농사를 망치는 원인이 된다. 분명히 맹자는 조장의 뜻을 부정적으로 사용했고 '조장하지 말라勿助長也'고까지 했다. 맹자는 억지로 호연지기浩然之氣를 기르려는 섣부른 태도를 경계하고자 조장의 문제점을 지적했다. 오늘날 조장은 주로 바람직하지 않은 일을 부추긴다는 뜻으로 쓰인다. 대개 부정적인 의미다. 예를 들어 '사행심을 조장한다', 혹은 '사회혼란을 조장한다'는 말처럼 주로 나쁜 쪽으로 몰고 가는 상황을 표현할 때 사용한다. 그러나 나는 '자라는 데 도움을 준다'는 문자 그대로의 의미에 주목했다. '성장을 촉진하도록 돕는다'는 긍정적인 의미를 자산관리의 영역에 도입해 보았다. 여기서는 싹을 억지로 잡아당겨 망치는 헛된 물리력을 동원하지 않고 오직 시간의 활용 가능성을 통해 저축자산이 자라는 데 도움을 주는助長하는 가능성을 생각했다.

나는 감히 조커를 시간의 조장이라고 말하고 싶다. 시간을 끌어당긴다고 해서 시간이 말라 죽거나 내 일을 그르치는 법은 없다. 즉 내가 조커를 이용하여 시간을 앞당겨 만기일의 도래를 조장한다고 해서 나의 이익이 사라지거나 일을 망치는 경우는 거의 없다. 내가 시간을 끌어당긴다는 이유로, 다른 사람들은 자신들이 피해를 본다고 거의 생각하지 않으며, 나를 시기하지도 않는다. 왜냐하면 나의 조커 사용을 돕는 그들은, 재테크에서 시간을 대수롭지 않은 요소라고 생각하거나, 시간을 돈으로 바꾸는 방법에 대해서 나만큼 알지 못하기 때문이다. 그들은 내가 한 달에 몇 번씩 정기 적금의 만기가 돌아오는 예금자임을 알기에 자금의 유동성이 풍부한 나를 신뢰하고, 소액의 돈을 대수롭지 않게 여기며 기꺼이 꿔준다. 여기서 소액의 돈이란 대개 정기 적금의 1회 납입액만큼의 금액이다. 물론 비교적 짧은 기간 동안 소액의 돈을 빌려주므로 이자는 주고받지 않는다.

나에게 돈을 기꺼이 꿔주는 사람은, 소액의 돈을 짧은 기간 동안 굴리는 방법에 대해서 잘 모른다. 그들이 만약 그 방법을 잘 알고 있다면, 나에게 절대로 돈을 꿔주지 않고, 자신만의 자산관리 방식을 구사하며 관리할 것이다. 사실 이들이 나에게 빌려주는 것은 돈이 아니라 시간이다. 그런데 그들은 나에게 돈을 잠깐 꿔준다고 생각할 뿐, 시간을 내어준다고는 전혀 생각하지 못한다. 나는 모친에게 주로 돈을 빌린다. 가끔 동생에게 꾸기도 한다. 이따금 좋은 정기 적금 상품이 출시됐다는 뉴스를 보고 허겁지겁 돈을 구하느라 모친으로부터 잔소리도 듣는다.

"너는 왜 맨날 돈을 꿔달라고 난리니, 내달 10일이면 카드 값 내야 하는데…"

이런 핀잔을 들으면, 나는 이렇게 대답한다.

"다음 주 화요일에 정기 적금 만기니까 그걸로 갚으면, 내달 10일 카드 결제에는 아무런 문제가 없을 것 같은데…"

나는 이렇게 양해를 구하고, 모친이 카드대금 결제를 위해 통장에 보관한 조커(현금)를 잠시 빌린다. 그리고 며칠 후에 정기 적금의 만기일이 도래하면 만기액 중 일부를 떼어, 모친의 카드결제일 이전에 조커를 갚는다. 늘 이런 식이다. 조커를 활용하지 못하면, 나는 새로운 정기 적금을 개설하기 위해 기존 정기 적금의 만기일까지 며칠 더

기다려야 한다. 개설일이 지연되는 만큼 만기일도 늦춰지고, 죽기 전까지 한 번이라도 더 만기 이자를 탈 수 있는 기회와 멀어진다. 만약 조커의 활용을 통해, 사망에 이르기까지 계좌의 개설일을 여러 차례 계속 앞당긴다면, 죽기 전까지 확보하는 누적이자수입액은 늘어난다. 그리고 늘어난 이자가 원금이 되어 발생하는 복리식 이자도 역시 더욱 늘어날 것이다.

나는 매달 거둬들이는 이자수익의 일부를 부모님께 상납한다. 대부분의 직장인들이 월급에서 일부를 떼어 부모님께 용돈을 드린다. 이따금 재테크 싸이트에서는 부모님께 얼마의 용돈을 드려야 할지 묻는 질문이 올라온다. 빠듯한 살림살이에 부모님께 드리는 용돈의 액수를 고민하는 사람의 심정은 충분히 이해할 수 있다. 나는 몇 년 전까지 부모님을 위한 용돈은커녕, 오직 나만을 위한 유학자금이나 아등바등 모았던 불효자였음을 고백한다. 그러나 지금은 이자소득의 일부를 흔쾌히 떼어낸다. 부모님을 위한 지출을 위해 급여를 쪼개지 않아도 된다. 그러므로 전혀 부담을 느끼지 않는다. 나는 저축자산관리를 통해 공짜로 생기는 돈을 가족과 기분 좋게 나누는 경지에 도달했다.

필자는 대한민국 예비역 공군이다. 내가 군복무를 하던 시절에는 한 달에 한 번씩 외출을 허가 받았는데, 가급적 하루라도 빨리 외출증을 받으려고 필사적으로 노력했다. 왜냐하면 다음 외출일정은 귀대일 기준으로 잡히므로, 가급적 일찍 외출을 나가면 제대 전까지 외출기회가 한 번이라도 더 돌아오기 때문이다. 한정된 복무기간동안 영외營外에서 보내는 시간을 조금이라도 더 늘린다면, 영내營內에서 보내는 실제복무일수를 줄일 수 있다는 계산을 했다. 이를 저축자산의 운용이나 만기 확정수익상품운용의 재테크에 적용할 수도 있다. 즉 죽기 전에 확정 금리의 만기상품을 조금이라도 더 일찍 가입하면, 이자를 한 번이라도 더 받을 수 있다는 얘기다. 통계적으로 인간은 분명 평균수명만큼 산다. 그 평균수명의 기간 동안, 단지 시간을 활용해서 남들보다 한 번이라도 더 많은 확정수익을 확보한다면, 부자로 살다가 죽을 확률은 높아진다. 죽을 운명을 갖고 태어난 인간이 활용할 수 있는 시간은 분명 유한하다. 그러나 조커를 이용하면 남의 시간도 공짜로 쓸 수가 있다.

조커를 이용한다는 것은 자신에게 주어진 시간을 최대한 활용한다는 뜻이다. 즉 시간을 100% 선용善用하고 있으며, 여기에 그치지 않고 약간 욕심을 더 부려서 타인이 별로 중요하게 생각하지 않는 시간을 무상으로 빌려서 내 것처럼 이용한다는 말이다. 조커의 가능성을 모르는 사람은, 시간의 본질을 전혀 이해하지 못하는 사람이다.

제7장

남극성의 제2공식

지금까지 철학자들은 단지 세계를 여러 방법으로 해석했을 뿐이다.
그러나 문제는 세계를 바꾸는 것이다.
- 칼 마르크스

7-1 시간을 고려하지 않는 사람들

야구 경기에서 투수의 타이밍을 빼앗는 주자는 틈틈이 도루를 시도한다. 투수는 나름대로 이를 막기 위해 투구 동작을 속이며 주자를 기만하려고[1] 하지만, 심판에게 걸리면 보크balk 판정을 받는다. 보크 판정을 받으면 루상에 진루한 주자에게 한 개의 안전진루권이 주어진다. 안전진루권이란 주자가 아웃될 염려 없이, 앞 베이스로 진루할 수 있는 권한이다. 시간을 훔치려는 주자의 행동에는 제한이 없다. 1루나 2루에 주자가 나가면, 도루를 막기 위해 투수는 구속의 감속減速을 무릅쓰고, 투구자세를 보다 간결하게 하려고 와인드업 포지션 Windup position에서 세트 포지션Set position으로 바꾼다. 그러나 주자를 속이기 위해 투구를 지연시키려는 행동은, 야구규칙상 제한받는다. 반면에 주자는 마음대로 투수의 시간을 훔칠 수가 있다. 보크는 주자가 없을 때 성립되지 않는다. 즉 시간을 훔치는 주자의 행위는 당연시되고, 이를 저지하려는 투수의 움직임만이 규제받는다. 야구규칙에는 남의 시간을 훔친 투수에 대한 벌칙을 언급한다. 야구 경기에서 심판원은 주자의 시간을 빼앗으려는 투수의 불법행위를 적발할 의무가 있다.

그러나 현실에서는 야구와 조금 다르다. 누구나 시간을 가지고 있다고 생각한다. 혹은 시간을 마음대로 갈취할 수 있다고 여긴다. 사실 남의 시간을 훔친다는 개념을 떠올리기 쉽지 않다. 즐거운 마음으

---

1) 공식 야구규칙에는 '심판원은 보크 규정의 목적이 투수가 고의로 속이는 것을 막으려는 데 있다는 것을 명심해야 한다'고 명기하고 있다.

로 저녁 먹기로 한 약속시간에 1분 늦었다고 해서 지나치게 타박하는 사람은 인기가 없기 마련이다. 시간약속을 지키지 못하면 금전을 추가해서 부담해야 한다는 조항이, 기한을 명기한 계약서에 존재할 수 있다. 그래서 정확한 납기에 유난히 신경을 쓰는 사업체도 있다. 그러나 구체적으로 눈에 드러나는 사물이 아닌, 보이지 않는 시간을 훔쳤다는 행위를 절도로 규정하고, 처벌을 명시한 조항은 형법刑法에 없다. 따라서 시간에 대한 절도나 강도죄는 없다. 그렇기 때문에 시간을 적당히 뒤죽박죽 섞어서 얘기해도, 잘 모르는 사람에게는 속임수가 드러나지 않는다. 왜냐하면 누가 시간을 훔쳤는지 눈을 부릅뜨고 지켜보는 심판이 없다. 이는 야구와 분명 다르다.

필자는 서울 강남구에 거주한 적이 있다. 당시 이웃에 살았던 강남 원주민인 아줌마로부터 들은 얘기가 많다. 그중에서 은마아파트 초창기에 관한 회고담을 아직도 또렷하게 기억한다. 분양 초기인 1979년에 은마아파트는 잘 안 팔려서, 한보건설의 정태수 회장의 아내가 책상과 의자를 아파트 입구에 펼쳐놓고 직접 팔았단다. 당시 정 회장의 부인에게 말만 잘하면 은마아파트를 1,500만 원이라는 싼 가격에 싸게 살 수도 있었는데, 현금을 가져오면 10% 할인해줬다는 구체적인 진술을 하는 걸 봐서는 아주 거짓말은 아닌 듯했다. 그런데 이걸 떠올리는 사건이 터졌다. 2012년 12월에 대통령선거를 앞두고 후보들 간의 토론이 벌어졌는데, 나로 하여금 30년이 넘은 강남의 전설을 상기시키는 대목이 불거졌다. 이정희 후보가 박근혜 후보에게 질문했는데, 1979년 당시 은마아파트 가격의 수십 채에 해당하는 돈을 전두환으로부터 받았다고 공격한 것이다.

나는 이 말을 듣자마자 그 당시의 신문을 뒤적였다. 박정희 대통령의 국장國葬이 열린 날은 1979년 11월 3일 토요일이었다. 이 날이 지난 첫 번째 증권영업일인 11월 5일 월요일, 삼성전자 주식의 시초가는 1,160원이었다. 대략 오늘날 주가의 1천분의 1가격이다. 강남구 부동산 개발의 역사를 목격한 원주민으로부터 증언을 들으면, 당시의 부자들조차 분양 직후의 은마아파트를 사려고 뛰어들지 않았다는 사실을 알 수 있다. 오늘날 가격이 천정부지로 오른 것은 아파트만이 아니다. 아파트 가격보다 삼성전자의 주가가 더 많이 올랐다. 물론 과거와 오늘의 결과만을 따져서, 존재하지도 않는 부동산투기를 제멋대로 상상하고 질문할 자유는 있다. 은마아파트 가격의 변화를 예를 들며 정치적 공세의 수단으로 삼을 수도 있다. 그러나 질문자가 30여년이라는 시간의 의미를 자의적으로 해석하고, 결과적으로 투자에 실패했음이 드러난 다른 가능성은 전혀 고려하지 않은 점은 중대한 오류다. 1979년의 여유자금을, 오늘날 실패했음이 입증된 투자처에 투자해서 흔적 없이 날릴 수도 있다. 따라서 과거의 돈을 오늘날 은마아파트 가격으로 환산하여 질문하는 행위는, 조금만 생각해보면 투자가 무엇인지 아는 이성적인 유권자들에게 전혀 설득력을 가질 수 없다. 왜냐하면 이는 허망한 상상에서 비롯된 단순한 결과론에 불과하기 때문이다. 정치인들 사이의 토론회에 오고가는 질문으로 보기에는 매우 부적절했다.

이 질문은, 현재의 부모님에게 서울토박이로 살았으면서, 옛날에 강남에 땅 안 사고 뭘 했냐고 묻는 것과 비슷하다. 만약 1979년 11월에 삼성전자 주식을 사지 않고 뭘 했냐고 성가시게 캐묻는 철부지가 주변에 있다면, 무슨 생각이 들겠는가? 즉 부동산을 비롯해서, 과거와 오늘날의 시장의 흐름을 정확히 예측할 수 있다면 아무도 가난해질 이유가 없다. 그렇기 때문에 시장市場이 존재한다. 당장 내일의 신문을 오늘 확인할 수 있다면, 주식이나 경마에 투자하면 된다. 그러나 그러지 못하기 때문에 현실은 늘 힘들고, 빈부의 차이와 불평등이 발생한다. 아무도 돈을 잃지 않는다면, 약자와 가난한 자를 대변하는 정당의 존재 이유도 사라질 것이다.

아무튼 나는 통합진보당 후보가 1979년 전두환으로부터 건네받은 돈을 언급하며, 오늘날 은마아파트 가격의 30채에 해당한다고 주장하는 장면을 지금도 흥미 있게 되새기고 있다. 왜냐하면 시간에 의미를 부여해서 투자의 가치증가를 해석하는 관점은 지극히 자본주의적이기 때문이다. 그러나 조금만 생각해보면 이 질문의 맹점을 간파할 수 있다. 왜냐하면 1979년에 대한민국의 부자를 포함한 모든 사람들이 은마아파트를 사려고 덤벼들지 않았기 때문이다. 분명히 얘기하는데, 1979년에 그런 일은 역사적으로 존재하지 않았다. 만약 인간이 예지력을 가지고 있다면, 그것은 앞으로 발생할 미래의 실현여부와 관련되어 있다. 이미 지나간 옛날을 돌이켜 보는 행위는 예지력과 아무 상관이 없다. 과거지사에 대한 기억은 부지불식간에 편집되거나 조작되기 쉽다. 여기에 정치 성향이 개입되면 선동이 춤을 춘다. 존경받는 사회적 존재가, 존재하지 않았던 과거사를 날조하고 무의미한 가정법에 치중하는 태도는 현명치 못하다. 똑똑한 사람은 과거와 현재, 그리고 미래의 자아自我가 서로 대화를 나누며 공시적인 관점을 지닌다. 그러나 그럴듯한 확률과 분명한 과학을 구별하지 못하고 역사의 왜곡을 감행한다면, 실수는 금방 드러난다. 유권자들이 지켜보는 TV토론회에서, 양식 있는 사람들의 지지를 받을 생각이 있는 후보라면 이런 질문을 해서는 안 된다. 한마디로 바둑의 패착敗着이다. 명확한 사실을 지식으로 삼고 냉철한 비판을 정확히 휘두르지 않으면, 세상에는 공허한 정치구호만이 난무할 것이다.

1996년의 얘기다. 당시는 IMF가 뭔지도 모르는 시절이었다. 필자가 머물렀던 캐나다에서 하숙하던 동네친구 집에 놀러간 적이 있다. 집주인인 캐나다 인은 전직 은행원이었다. 실례를 무릅쓰고 직장을 그만둔 이유를 물으니, ATM때문에 자기가 할 일이 은행에서 없어졌다는 식으로 푸념했다. 은행에서 담당하던 대면對面업무를 ATM이 빼앗아 갔으니 젊은 나이에 은퇴하고 하숙이나 친다고 신세한탄을 했다. 그때는 IMF관리체제를 경험하지도 않았고, 인터넷뱅킹도 아직 현실화하지 않았다. 나는 당시 ATM으로 인한 은행원 인원감축의 의미를 실감하지 못했다.

이제 대한민국에서 21세기에 핀테크라는 이름으로 금융권의 인력감축이 가시화하고 있다. 나는 이 과정을 쭉 지켜본 예금자로서 단언컨대, 예금자가 금융계의 기술technology발전을 별로 고려할 필요가 없다고 생각한다. 예금자에게 새로운 금융기술의 개발을 설파하며 혼란을 유도하는 사람은 사기꾼일 가능성이 높다. 문제는 효율efficiency이고, 그 효율의 잣대는 시간이다. 이따금 '금리'라고 표시되며, '남극성 이론'으로 불리기도 한다. 기술의 변화를 얘기하며, 예금자에게 돈을 더 가져다주지 않으면서 자기 배만 채우기에 급급한 금융계의 모사꾼에게 놀아날 필요는 없다. 그들은 예금자를 조금도 존중하지 않는다.

만약 타임머신을 타고 다시 1996년으로 돌아간다면, 나는 계좌를 개설하느라 좀 더 열심히 일할지도 모른다. 아마 계좌 개설에 몰입하느라 어쩌면 뉴욕으로의 유학은 꿈도 못 꿨을 것이다. 물론 시간을 과거로 돌이킬 수는 없으니 부질없는 망상이다. 그러나 그 당시의 금리와 지금의 금리를 고려하면 나의 상상이 아주 의미가 없지는 않다. 나는, 1626년에 24달러를 주고 맨해튼 섬을 산 거래와 오늘날의 땅값을 비교한 피터 린치의 능력을 갖추지 못했다. 따라서 1996년으로 돌아가서 지금의 방식을 이용하면, 현재 얼마를 벌어놨을 거라고 수학적으로 계산하지 못한다. 그러나 상당히 많은 현금의 확보했을 거라고 나는 확신한다. 이는 절대로 허망한 가정이 아니다. 지나간 역사를 기록하며 눈으로 직접 목격한 경험을 통해서 하는 말이다. 1MF 관리체제는 이 글을 읽는 사람이 대부분 몸소 겪었을 가까운 현대사의 한 자락이지만, 몸소 체험하지 못하고 역사책에서 배운 사람의 비율은 점점 더 늘어날 것이다. 그만큼 우리는 급변하는 시대에 살고 있다. 현재 아무 실속 없는 재정적인 추측은 마음속에 머물러야 한다. 공허한 가정법 문장을 밖으로 표출하는 행위는, 실질적으로 경제적인 도움이 안 된다. 시간의 의미와 상황의 결과론을 끊임없이 혼동하며, 정치적으로 남을 공격하는 행위는 옳지 못하다.

보이지 않는 미래를 볼 수는 없다. 특히 현재가 아닌 과거의 시점에서 미래를 정확히 예측하기란 더더욱 힘들다. 옛날에 뭐를 했더라면 지금 좋았을 것이라고 후회하기는 쉽다. 미래를 정확히 본다고 주장하는 사람은 내가 보기에 사기꾼이거나 점쟁이, 혹은 도박사다. 필자는 2014년 10월 오원철吳源哲의 간담회에 청중으로 참여한 적이 있다. 오원철은 5.16 직후부터 경제개발 5개년 계획에 참여하여 박정희 대통령의 총애를 받고, 대통령의 특별 관심사항을 담당한 경제 제2수석비서관을 맡으면서 국보國寶라고 불렸던 사람이다. 그는 여전히 많은 비밀을 간직하고 있었다. 사회자가 박정희의 핵개발 시도를 오원철에게 묻자, '국가기밀이기 때문에' 말할 수 없다고 단호히 대답했다. 우리나라 산업화 과정의 산증인에게 궁금함을 느낀 청중들의 질문신청이 많아서 나에게 차례가 돌아오지는 않았다. 어떤 질문자가 오원철에게, 5.16이 일어난 직후 박정희는 과연 오늘날 대한민국의 발전을 예상했냐고 물었다. 이에 오원철은, 1961년에 경제개발계획을 수립했을 때는 국민의 민생고와 의식주문제의 해결을 최우선으로 고려했다고 진술했다. 대한민국 산업화의 기틀을 닦은 증인마저도 21세기에 세상이 이렇게 변할 줄 몰랐다고 시인했다. 역사변혁의 주체로 나선 사람조차 미래가 어떻게 변할지 정확히 예측할 수는 없다. 세상이 바뀐 21세기의 대한민국에서, 아무도 민생고와 의식주문제의 해결을 절박하게 주장하지 않는다.

시간은 그저 미래를 향해 흘러갈 뿐이다. 단지 과거에 시간을 의미 있게 보냈느냐, 혹은 허망하게 보냈느냐 판단할 수 있는 기준은 현재의 결과다. 그 결과를 다른 말로 대체하면 효율이라고 부를 수 있다. 그 효율에 미친 사람의 부정적인 면만 부각시켜서 나쁘게 묘사할 자유는 있다. 그러나 그 자유에 학문적 가치가 있다고 생각하지 않는다. 왜냐하면 정치논리에 치우쳐서 보편타당함과 과학성을 상실한 글을, 학계에서는 받아들이지 않기 때문이다. 속도가 바로 경쟁과 판단의 기준임을 명심해야한다. 속도와 경제는 뗄 레야 뗄 수가 없다. 속도를 재는 수단이 바로 시간이다. 대한민국의 경제수준을 나타내는 통계수치는, 최종적으로 단위시간당 획득한 화폐의 양을 나타낸다. 1960대에 대한민국의 수준과 비슷했던 다른 나라들은, 결과적으로 오늘날 뒤쳐졌다. 왜냐하면 효율과 성장과는 반대로 행동하는 경향이 사회전반에 강했기 때문이다. 경제성장으로 이끄는 효율의 발목을 잡는 것이 손실가능성 the probability of loss이다. 효율성이 뛰어나더라도 손실가능성이 높으면 투자자를 끌어들이기 힘들다. 경제개발의 초창기인 1960년 초에 대한민국의 성장가능성을 회의적으로 판단한 외국으로부터 차관을 얻기가 힘들었음은 물론이다.

  따라서 효율과 시간 및 손실가능성을 정확히 언급하지 않는 사람이 쓴 책은, 수량화하거나 통계를 낼 수 없으므로 무시하는 편이 낫다. 이들이 추상적인 단어를 남발하며 수치數値로 설명하지 못한 책은 읽을 필요가 전혀 없다. 명백한 시간낭비다. 이런 책을 쓴 소위 작가나 출판인의 수준을 내가 확인했기에 잘 안다. 굳이 나의 독자들이 그들과 상대한다면, 이 또한 정력낭비일 것이다. 역사는 실패자의 비겁한 핑계를 기록하지 않는다. 지금 이 순간에도 지구는 돌고, 시간은 흐르며, 인간은 조금씩 죽음에 가까워지고 있다. 누군가는 의미 없는 활자를 읽느라 허무한 시간을 보낸다.

7-2 남극성의 제2공식

남극성의 제2공식은 제1공식을 보다 더 발전시킨 이론이다. 남극성의 제2공식은 '도루' 라고 불린다. 이 제2공식은, 금융의 영역에 있어서 다소 이질적인 도형과 기하학의 상상력을 동원해서 설명할 수밖에 없는 이론의 위상을 정립하는 과정에서 탄생했다. 완전한 이론으로 규정하기 부족한 부분이 있어서 모형model으로 칭할까 고민했지만, '남극성의 제1공식' 과 상관관계가 있으므로 '남극성의 제2공식'으로 명명했다. 이 제2공식을 적용하는 데 있어서 필요한 것은 역시 두뇌회전이다. 머리가 나쁘면 뭘 해도 안 된다. 그냥 영화『설국열차』에서처럼 '꼬리 칸'에서 나눠 주는 단백질 블록에 만족하고 살면 된다. 남극성의 제2공식은 남극성의 제1공식처럼 12개월째에 추가로 2만 원을 덧붙이는 무리수가 전혀 없다. 월납입액은 12만 원으로 통일하겠다. 월불입액을 12만 원으로 하고 78칸으로 나눈 표는 다음과 같다.

표 7-1

	1년차												2년차 만기일에 받게 되는 이자
	1월	2월	3월	4월	5월	6월	7월	8월	9월	10월	11월	12월	
1번째 계좌	$x=$ 18,462	x	x	x	x	x	x	x	x	x	x	x	5,076
2번째 계좌		x	x	x	x	x	x	x	x	x	x	x	5,076
3번째 계좌			x	x	x	x	x	x	x	x	x	x	5,076
4번째 계좌				x	x	x	x	x	x	x	x	x	5,076
5번째 계좌					x	x	x	x	x	x	x	x	5,076
6번째 계좌						x	x	x	x	x	x	x	5,076

						x	x	x	x	x	x	5,076
7번째 계좌						x	x	x	x	x	x	5,076
8번째 계좌							x	x	x	x	x	5,076
9번째 계좌								x	x	x	x	5,076
10번째 계좌									x	x	x	5,076
11번째 계좌										x	x	5,076
12번째 계좌											x	5,076
	원금총합 = $78x$ = (18,462 × 78) = 1,440,036											합계 60,912

〈표 7-1〉은 2014년 11월 5.0%의 최고 정기 적금을 단리식으로 계산한 것이다. 이듬해에 얻는 이자로 6만 912원이 나왔다. 〈표 4-3〉과 동일하다. 〈표 7-1〉의 1년차 원금총합 144만 36원 중에서, 144만 원은 12만 원을 12회 납입하면서 준비할 수 있고, 우수리 36원은 다음과 같이 구할 수 있다. 〈표 7-1〉를 요약한 〈표 7-2〉의 아랫부분에 볼 수 있는 이월액을 CMA계좌에 넣으면 36원 이상을 충분히 확보할 수 있다. 예를 들어 1년차 1월에 이월액 10만 1,538원이 남는다. 이와 같은 이월액을 CMA계좌에 보관하면 1년간 36원 이상의 이자가 발생한다. 따라서 36원의 초과 원금은 전혀 신경 쓸 이유가 없다.

표 7-2

	1년차			
	1월	2월	3월	4월
1번째 계좌	x=18,462	x	x	x
2번째 계좌		x	x	x
3번째 계좌			x	x
4번째 계좌				x
이월액	10만 1,538	18만 4,614	24만 9,228	…

표 7-3

	1년차												2년차	2년차 만기일에 받게 되는 이자
	1월	2월	3월	4월	5월	6월	7월	8월	9월	10월	11월	12월		
1번째 계좌	x=18,462	x	x	x	x	x	x	x	x	x	x	x		5,076
2번째 계좌		x	x	x	x	x	x	x	x	x	x	x		5,076
3번째 계좌			x	x	x	x	x	x	x	x	x	x		5,076
4번째 계좌				x	x	x	x	x	x	x	x	x		5,076
5번째 계좌					x	x	x	x	x	x	x	x		5,076
6번째 계좌						x	x	x	x	x	x	x		5,076
7번째 계좌							x	①x	②x	③x	④x	⑤x		5,076
8번째 계좌								x	⑥x	⑦x	⑧x	⑨x		5,076
9번째 계좌									x	⑩x	⑪x	⑫x		5,076
10번째 계좌										x	⑬x	⑭x		5,076
11번째 계좌											x	⑮x		5,076
12번째 계좌												x		5,076
	원금총합 = 78x = (18,462 × 78) = 1,440,036													합계 60,912

이제 남극성의 제2공식으로 바꿔보자. 다시 말하지만 오직 필요한 것은 수학적 상상력이다. 남극성의 제2공식이란 다음과 같다. 〈표 7-3〉 7~11번째 계좌의 ①~⑮번까지 15(5+4+3+2+1)칸을 떼어내어 1~6번째 계좌의 57(12+11+10+9+8+7)칸으로 옮겨서 합치고 다시 57로 나눈 것이다. 이를 보다 간략한 그림으로 나타내면 다음과 같다.

표 7-4

	1월	2월	3월	4월	5월	6월	7월	8월	9월	10월	11월	12월
1번째 계좌	x=18,462	x	x	x	x	x	x	x	x	x	x	x
2번째 계좌		x	x	x	x	x	x	x	x	x	x	x
3번째 계좌			x	x	x	x	x	x	x	x	x	x
4번째 계좌				x	x	x	x	x	x	x	x	x
5번째 계좌					x	x	x	x	x	x	x	x
6번째 계좌						x	x	x	x	x	x	x

+

	1월	2월	3월	4월	5월	6월	7월	8월	9월	10월	11월	12월
7번째 계좌								① x	② x	③ x	④ x	⑤ x
8번째 계좌									⑥ x	⑦ x	⑧ x	⑨ x
9번째 계좌										⑩ x	⑪ x	⑫ x
10번째 계좌											⑬ x	⑭ x
11번째 계좌												⑮ x

=

	1월	2월	3월	4월	5월	6월	7월	8월	9월	10월	11월	12월
1번째 계좌	x_1=23,321	x_1	x_1	x_1	x_1	x_1	x_1	x_1	x_1	x_1	x_1	x_1
2번째 계좌		x_1	x_1	x_1	x_1	x_1	x_1	x_1	x_1	x_1	x_1	x_1
3번째 계좌			x_1	x_1	x_1	x_1	x_1	x_1	x_1	x_1	x_1	x_1
4번째 계좌				x_1	x_1	x_1	x_1	x_1	x_1	x_1	x_1	x_1
5번째 계좌					x_1	x_1	x_1	x_1	x_1	x_1	x_1	x_1
6번째 계좌						x_1	x_1	x_1	x_1	x_1	x_1	x_1

이렇게 x_1이 탄생한다. 새로 탄생하는 x_1의 값은 다음과 같다. 참고로 기존의 x값은 1만 8,462원이다.

$$57x + 15x = 72x$$
$$= 72 \times 18,462$$
$$= 1,329,264원$$

$$x_1 = 1{,}329{,}264 \div 57 = 23{,}320.\ 4210...$$
$$≒ 2만\ 3{,}321원$$

따라서 1~6번째 계좌의 x(=1만 8,462원)를 x_1(=2만 3,321원)으로 바꾸고, 7~11번째 계좌의 ①~⑮번인 15칸을 비워둔 도표는 다음과 같다. 한 달은 편의상 30일로 계산하겠다.

표 7-5

	1년차												2년차 만기일에 받게 되는 이자
	1월	2월	3월	4월	5월	6월	7월	8월	9월	10월	11월	12월	
1번째 계좌	x_1=23,321	x_1	x_1	x_1	x_1	x_1	x_1	x_1	x_1	x_1	x_1	x_1	6,412
2번째 계좌		x_1	x_1	x_1	x_1	x_1	x_1	x_1	x_1	x_1	x_1	x_1	6,412
3번째 계좌			x_1	x_1	x_1	x_1	x_1	x_1	x_1	x_1	x_1	x_1	6,412
4번째 계좌				x_1	x_1	x_1	x_1	x_1	x_1	x_1	x_1	x_1	6,412
5번째 계좌					x_1	x_1	x_1	x_1	x_1	x_1	x_1	x_1	6,412
6번째 계좌						x_1	x_1	x_1	x_1	x_1	x_1	x_1	6,412
7번째 계좌							x=18,462	①	②	③	④	⑤	5,076
8번째 계좌								x	⑥	⑦	⑧	⑨	5,076
9번째 계좌									x	⑩	⑪	⑫	5,076
10번째 계좌										x	⑬	⑭	5,076
11번째 계좌											x	⑮	5,076
12번째 계좌												x	5,076
	원금총합 = $57x_1 + 6x$ = (57 × 23,321) + (6 × 18,462) = 1,440,069												합계 68,928

15 칸의 빈칸

〈표 7-1〉의 이자합계액 60,912원이 68,928원으로 바뀌었다. 이를 백분율로 고치면 다음과 같다.

68,928 − 60,912 = 8,016
8,016 ÷ 60,912 = 0. 131599...

〈표 7-1〉보다 약 13.15% 더 많은 이자소득이 늘어났다. 여기서 필요한 것은 오직 산수실력이다. 머리만 좀 더 굴려서 2년차에 받는 이자가 증가했다. 이 〈표 7-5〉의 7~12번째 계좌에 남극성의 제2시뮬레이션을 적용한다고 해보자. 1년차 원금총합은 144만 69원이다. 144만 원을 초과하는 69원은, 역시 〈표 7-2〉처럼 매달 남는 이월액을 CMA계좌에 넣으면 해결된다.

표 7-6

		1년차						2년차	
	6월	7월	8월	9월	10월	11월	12월	1월	2월
6번째 계좌	x_1=23,321	x_1	x_1	x_1	x_1	x_1	x_1	x_1	x_1
7번째 계좌		x=18,462						$11x$=203,082	
8번째 계좌			x						$11x$

1년차 7~12번째 계좌는 〈표 7-6〉에서처럼 남극성의 제2시뮬레이션을 적용하면 된다. 〈표 7-6〉에서 볼 수 있듯이 2년차 1~6월에 매달 $11x$(= 203,082원)를 구할 수 있으면, 1년차 7~12월에 1회분인 $1x$(= 18,462원)만 납입한 후, 납입을 약 6개월 동안 중단하면서 지연일을 발생시켜도 만기 시 만기액을 받는 데 아무 문제가 없다.

2년차에도 1년차와 마찬가지로 매월 12만 원이 저축가능하다면, 2

년차 1월에 필요한 금액은 다음 〈표 7-7〉의 굵은 파란색 네모 안에 표시된다.

표 7-7

	1년차												2년차	2년차 만기일에 받게 되는 이자
	1월	2월	3월	4월	5월	6월	7월	8월	9월	10월	11월	12월	1월	
1번째 계좌	x_1=23,321	x_1	x_1	x_1	x_1	x_1	x_1	x_1	x_1	x_1	x_1	x_1	New x	6,412
2번째 계좌		x_1	x_1	x_1	x_1	x_1	x_1	x_1	x_1	x_1	x_1	x_1	x_1	6,412
3번째 계좌			x_1	x_1	x_1	x_1	x_1	x_1	x_1	x_1	x_1	x_1	x_1	6,412
4번째 계좌				x_1	x_1	x_1	x_1	x_1	x_1	x_1	x_1	x_1	x_1	6,412
5번째 계좌					x_1	x_1	x_1	x_1	x_1	x_1	x_1	x_1	x_1	6,412
6번째 계좌						x_1	x_1	x_1	x_1	x_1	x_1	x_1	x_1	6,412
7번째 계좌							x=18,462						$11x$	5,076
8번째 계좌								x						5,076
9번째 계좌									x					5,076
10번째 계좌										x				5,076
11번째 계좌											x			5,076
12번째 계좌												x		5,076
	원금총합 = $57x_1+6x$ = (57×23,321) + (6×18,462) = 1,440,069													합계 68,928

우선 2년차 1월에 확보 가능한 금액은 다음과 같다.

1월에 개설한 만기액 + 2년차 1월의 납입액 = (23,321×12) + 6,412(이자) + 12만 원
= 406,264원

2년차 1월에 납입이 필요한 금액은 〈표 7-7〉의 굵은 파란색 네모다.

$$New\ x + (x_1 \times 5) + 11x = New\ x + 116{,}605원 + 203{,}082원$$
$$= New\ x + 319{,}687원$$

　　*new x*를 얼마로 설정할지는 2년차 1월에 구사하는 예금자의 '작전'에 달려있다. 극단적으로 계산하면 *new x*를 86,577(406,264 - 319,687)원으로 설정할 수도 있다. 왜냐하면 2년차 1월에 확보할 수 있는 금액에서 굵은 파란색 네모안의 납입금액을 제외하면, 86,577원이 남기 때문이다. 물론 2년차에 얼마의 *new x*를 설정하고 어떻게 앨리스를 운영할지는, 어디까지나 예금자의 능력과 계획에 달려있다. 2년차가 되면 직장의 호봉이 오를 수도 있고, 저축액수가 늘어날 수 있다. 남극성 이론에 눈을 뜨면 조커를 능수능란하게 사용할 수 있다. 전작에서는 이를 고려하지 않았다. 어리석게도 2년차뿐만 아니라 3년차까지 고민했다. 사실 똑똑한 사람들에게는 지면낭비다. 『구르는 돈~』에서는 '남극성 이론'이 발휘하는 힘을 의도적으로 과소평가하여 기술했다. 사실 '남극성 이론'의 보이지 않는 힘은 무궁무진하다. 정신병자가 아니라면, 이 책을 읽고 날이 갈수록 앨리스는 커질 것이다. 2년차와 3년차의 결과를 따지는 행위는 시간낭비다. 굳이 따질 필요가 없다. 점차 커지는 앨리스를 관리하기에도 바쁘기 때문이다.

　　'정기 예금 풍차'에 미친 사람도 있으니 '예의상' 빼먹지 않겠다. 이들은 서로를 찬양하며 베끼고 있다. 이들이 누구를 만나는지 아무도 관심을 가지지 않는다. 그러나 표절의 심각성을 깨달은 나는 정보망을 가동시켰다. 수준이 떨어지는 이들끼리 서로를 찬양하며 무식을 추켜세우고 있음을 알아냈다. 여기까지의 이야기는 코미디다. 그러나 이들은 증거를 남기는 데 그치지 않고 책까지 펴낸다. 천박한 떼거리에 야합한 출판계는 수준이 떨어지는 자들을 후원하며, 결과적으로 독자들을 상대적으로 가난하게 만든다. 이들의 책은 베스트셀러의 목록에도 올라 광기의 역사를 만들며 우스꽝스러운 기록을 남긴다. 상황은 심각하다. 재테크 작가로 행세하며 서로를 속이는 그들은 순진한 어리석은 중생이 아니다. 뿌리 뽑아야 할 악의 축the Axis of Evil인 것이다. 그들이 절대로 재테크계에 발을 붙이지 못하도록 조치를 취해야 한다. 물론 최종 선택은 독자들에게 달려있다. 〈표 7-8〉에서 정기 예금 풍차에 미친 그들을 위해 그들의 모순을 친절히 정리했다.

표 7-8

정기 예금 개설일		정기 예금 만기일	
1년차	정기 예금 원금	2년차	만기 이자
1월	12만 원	1월	3,297원
2월	12만 원	2월	3,297원
3월	12만 원	3월	3,297원
4월	12만 원	4월	3,297원
5월	12만 원	5월	3,297원
6월	12만 원	6월	3,297원
7월	12만 원	7월	3,297원
8월	12만 원	8월	3,297원
9월	12만 원	9월	3,297원
10월	12만 원	10월	3,297원
11월	12만 원	11월	3,297원
12월	12만 원	12월	3,297원
총합	144만 원		39,564원

2014년 11월 기준 최고 정기 예금 금리인 3.2%의 복리이자를 적용하여, 매달 12만 원을 정기 예금으로 개설하며 '정기 예금 풍차 돌리기'를 옹호하는 철부지들의 결과는 이렇다. 고작 2년차에 받는 세후 이자가 39,564원에 지나지 않는다. 같은 돈을 들이고 머리를 조금 써서 남극성의 제2공식을 적용하면 2년차에 68,928원을 받는다. 멍청한 저자들에 놀아나며 '정기 예금 풍차 돌리기'에 중독된 독자들은 남극성의 제2공식을 따르는 사람보다 29,364원을 손해 본다. '정기 예금 풍차 돌리기'의 고정관념에 매몰된 사람이 남극성의 제2공식을 이해하면, 2년차에 약 74. 21% 증가한 이자소득을 받는다.

  68,928 − 39,564 = 29,364
  29,364 ÷ 39,564 = 0. 74218986…

이제 예금자들은 '정기 예금 풍차 돌리기'를 운운하는 사기꾼을 멀리하고 왜 '남극성 이론'을 주장해야 하는지 알게 될 것이다. 무식은 죄가 아니다. 그러나 만약 지식의 오류를 인지하고도 반성하기는커녕, 이를 일부러 악성 바이러스처럼 유포한다면 죄악이다. 이재理財에 밝은 사람이라면, 생산성이 떨어지는 방법을 책으로 펴내면서 작가 행세하며 전문가로 참칭한 자들을 비웃을 것이다. 형편없는 내용의 재테크 책을 내면서 저자의 이름을 남기는 사람도 있다. 나는 그다지 이타적인 사람이 아니다. 하지만 무고한 사람들을 약탈하며 가난하게 하는 도적떼의 발호跋扈는 이제 눈뜨고 못 볼 지경이다. 구로자와 아키라黑澤明(1910~1998) 감독의 『7인의 사무라이(1954)』에 등장하는 의인義人들처럼, 나는 묵묵히 그들의 얄팍한 지식과 싸워왔다. 체

질상 그들과 도저히 같이 어울릴 수 없다.

표 7-9

	금리	2년차 만기이자액 총합	이자 수령 날짜	운용방식 ④와의 차액	운용방식 ④로 전환 시 이자소득 증가비율
① 12만 원 정기 예금 개설 시	3.2%	39,564원	다음해 1~12월에 걸쳐 수령	29,364원	74.2189%
② 매달 12만 원 납입하는 정기 적금 개설 시	5.0%	32,994원	다음해 1월에 수령	35,934원	108.9107%
③ $x=18,462$의 78칸으로 운용했을 시	5.0%	60,912원	다음해 1~12월에 걸쳐 수령	8,016원	13.1599%
④ $x=18,462$과 $x_1=23,321$의 63칸으로 운용했을 시	5.0%	68,928원	다음해 1~12월에 걸쳐 수령		

〈표 7-9〉는 동일한 월불입액인 12만 원을 내며 12개월 만기상품에 가입한 다양한 방식들이다. 만약 매달 12만 원을 월납입액으로 하는 5.0% 금리의 12개월 만기 정기 적금에 가입하면, ②에서 볼 수 있듯이, 2년차인 다음해 1월에 32,994원을 받는다. ②에서 2년차에 받는 이자소득은 이것으로 끝이다. ②의 방식대로 2년차에 새로 12개월 만기 상품에 가입하면, 3년차가 돼서야 이자가 발생한다.

2년차 만기이자액 총합을 비교해보자. ①은 '정기 예금 풍차 돌리기'를 특기特記하며 버젓이 책에 기술하며 호들갑을 떠는 3류 저자들의 방식이다. 이에 비해 1년차에 같은 원금을 사용하면서 '남극성의 제2공식'을 이용하는 ④의 방식을 쓰면, 2년차의 이자소득이 약 74.21% 증가함을 알 수 있다. 이제 '정기 예금 풍차 돌리기'를 떠받들며 '풍차 돌리기'를 운운하는 너저분한 작가들의 수학적 능력은 바닥임이 드러났다. 나는 이를 수학으로 증명했다. 그들은 계속 ①을 주장하면서도 남극성의 제2공식인 ④를 전혀 기술하지 못한다. 왜냐하면 ④를 언급하기 위해서는, 남극성 이론을 참고했음을 고백해야 하기 때문이다. 2012년도에 출판된 전작 『구르는 돈~』에 언급된 내용인데도 애써 무시한다. 만약 부끄러워서 고개를 들지 못한다면, 그나마 양심이 있어서 다행이다. 여전히 표절에 몰두해서 베끼기 바쁜 작자들은 자신들이 증거를 남기는 줄도 모른다. 마치 복사기처럼 남극성의 사소한 실수까지 그대로 반복하는 이들의 지적인 난동은 심각하다. 이들은 학문적 글을 전혀 써 본 적이 없다. 한심하게도 지속적으로 자기 자신을 속이며 수학을 모독한다. 이들의 계속되는 거짓말은 대한민국 지적재산권의 역사가 지켜볼 것이다.

7-3 남극성의 제1공식과의 비교

제4장에서 언급한 남극성의 제1공식은 다음과 같다. 1년차의 총 납입원금 앨리스는 146만 원이다.

표 7-10

	1년차												2년차 만기일에 받게 되는 이자
	1월	2월	3월	4월	5월	6월	7월	8월	9월	10월	11월	12월	
1번째 계좌	12만											12만	5,499
선납 및 지연일수	0	+30	+60	+90	+120	+150	−150	−120	−90	−60	−30	0	
2번째 계좌		12만											5,499
선납 및 지연일수		0	+30	+60	+90	+120	+150	−150	−120	−90	−60	−30	

3번째 계좌		12만				→	←				5,499
선납 및 지연일수		0	+30	+60	+90	+120	+150	-150	-120	-90	-60	
4번째 계좌			12만				→	←				5,499
선납 및 지연일수			0	+30	+60	+90	+120	+150	-150	-120	-90	
5번째 계좌				12만			→	←				5,499
선납 및 지연일수				0	+30	+60	+90	+120	+150	-150	-120	
6번째 계좌					12만			→	←			5,499
선납 및 지연일수					0	+30	+60	+90	+120	+150	-150	
7번째 계좌						12만			→			5,499
선납 및 지연일수						0	+30	+60	+90	+120	+150	
8번째 계좌							12만					5,499
선납 및 지연일수							0	+30	+60	+90	+120	
9번째 계좌								12만				5,499
선납 및 지연일수								0	+30	+60	+90	
10번째 계좌									12만			5,499
선납 및 지연일수									0	+30	+60	
11번째 계좌										12만		5,499
선납 및 지연일수										0	+30	
12번째 계좌											2만	5,499
선납 및 지연일수											0	
	원금합계 = (12만 x 11) + (12만 + 2만) = 146만 원											합계 65,988

 이를 비교해서 다음의 〈표 7-11〉의 남극성의 제2공식을 보면 1년차의 원금총합은 144만 69원이다. 그렇다면 〈표 7-10〉의 1년차의 원금, 즉 1년차의 앨리스인 146만 원보다 약 2만 원(정확히는 1만 9,931원)이 적다. 이를 백분율로 따지면 146만 원보다 약 1. 3651% 적은 셈이다.

$$\frac{19{,}931}{1{,}460{,}000} = 0.0136513\ldots$$

표 7-11

	1년차												2년차 만기일에 받게 되는 이자
	1월	2월	3월	4월	5월	6월	7월	8월	9월	10월	11월	12월	
1번째 계좌	x_1=23,321	x_1	x_1	x_1	x_1	x_1	x_1	x_1	x_1	x_1	x_1	x_1	6,412
2번째 계좌		x_1	x_1	x_1	x_1	x_1	x_1	x_1	x_1	x_1	x_1	x_1	6,412
3번째 계좌			x_1	x_1	x_1	x_1	x_1	x_1	x_1	x_1	x_1	x_1	6,412
4번째 계좌				x_1	x_1	x_1	x_1	x_1	x_1	x_1	x_1	x_1	6,412
5번째 계좌					x_1	x_1	x_1	x_1	x_1	x_1	x_1	x_1	6,412
6번째 계좌						x_1	x_1	x_1	x_1	x_1	x_1	x_1	6,412
7번째 계좌							x=18,462						5,076
8번째 계좌								x					5,076
9번째 계좌									x				5,076
10번째 계좌										x			5,076
11번째 계좌											x		5,076
12번째 계좌												x	5,076
	원금총합 = $57x_1 + 6x$ = (57×23,321) + (6×18,462) = 1,440,069												합계 68,928

〈표 7-11〉의 남극성의 제2공식에 있어서 1년차 원금총합, 즉 1년차의 앨리스는 144만 69원이다. 이는 분명 〈표 7-10〉 1년차의 원금인 146만 원보다 적은 금액이다. 그러나 2년차에 받는 이자는 68,928원으로 늘어난다. 이는 〈표 7-10〉에서 2년차 이자인 65,988보다 2,940원이 많다. 즉 1년차에 들어간 원금총합을 줄이고도 2년차에 이자액을 더 받을 수 있다. 남극성의 제1공식보다 남극성의 제2공식을 통해 이자액이 더 많이 발생함을 알 수 있다. 남극성의 제2공식을 적용하면, 남극성의 제1공식보다 투여된 원금은 줄이고, 수령하는 이자는 늘어남이 입증된다. 2,940원 더 많은 이자는 65,988원에 비해 약 4.45% 많은 것이다.

$$\frac{2{,}940}{65{,}988} = 0.044553\ldots$$

사실 이자액이 늘어난 증가비율은 정확한 비교가 아니다. 왜냐하면 증가한 이자액을 계산하는 과정에서 줄어든 원금을 반영하지 않았기 때문이다. 아무튼 1년차의 원금을 줄이고도 2년차에 더 많은 이자를 받기 싫다면 할 수 없다. 수학문제를 하나하나 풀어가는 학생의 인생이 점차 달라진다고 믿는다면, 남극성의 제2공식을 이해해야 한다. 기업은 항상 생산성의 향상을 추구한다. 사업체가 비용의 절감을 위해 노력하는 행위가 당연한 만큼, 예금자가 더 많은 이자수익률을 좇는 행위는 지극히 자연스럽다. 약간의 수학적 머리회전을 골치 아프게 생각하는 인간은, 죽을 때까지 계속 그렇게 비효율적으로 살면 된다. 이들은 죽을 때까지 자신이 무엇이 부족한지도 모를 것이다. 학교를 졸업한 열등생들의 한계를 사회에서 친절하게 알려주는 사람은 없다. 이 와중에 수학적 오류를 참된 지식인 양 전달하며, 독자들의 무지를 조장하는 사악한 무리들도 날뛴다.

7-4 돈의 중력과 시간의 근저당

아인슈타인은, 물체가 공간을 휘어지게 하면, 빛도 그 틈바구니 속에서 굽어지고 시간도 느리게 간다고 했다. 아인슈타인이 일반상대성이론을 발표한 해가 1915년이다. 영국의 천문학자 아서 스탠리 에딩턴Arthur Stanley Eddington(1882~1944)이 이끄는 탐사대가 개기일식 벌어지는 서西 아프리카의 기니 만Gulf of Guinea에 있는 프린시페 섬the island of Principe에서 아인슈타인의 이론을 천체관측을 통해 확인했다. 빛이 직진한다는 기존의 학설대로라면 각도상으로 태양 뒤에 위치한 별이 원래는 안 보여야 했다. 그러나 태양의 중력 때문에 빛이 휘어서, 별이 원래 위치에서 벗어난 것처럼 지구 상에서 관측됐다. 이를 기록한 날이 1919년 5월 29일이다. 아인슈타인의 이론을 4년 만에 증명한 것이다. 우리나라에서는 스코필드 박사Dr. Frank William Schofield(1889~1970)가 자전거를 타고 현장답사하며, 3.1만세시위를 벌였던 제암리 학살의 만행을 알리려고 동분서주하던 시기였다. 아인슈타인과 에딩턴은 죽을 때까지 인간이 대기권 밖으로 떠나는 모습을 보지 못했다. 오직 그들의 머리와 상상력으로 우주를 생각하며 그들의 이론을 증명했다. 단연코 그들은 천재였다.

그들의 상상을 금융에 적용하여 인간의 언어로 최초로 정리하고, 눈에 보이게 펼쳐놓은 것이 남극성의 제2공식이다. 이자를 많이 가져오는 남극성의 제2공식을 통해 돈의 중력에 의해 시공간이 뒤틀릴 수 있음을 보여준다.

표 7-12

	1년차													2년차 만기일에 받게 되는 이자
	1월	2월	3월	4월	5월	6월	7월	8월	9월	10월	11월	12월		
1번째 계좌	$x_1=$ 23,321	x_1	x_1	x_1	x_1	x_1	x_1	x_1	x_1	x_1	x_1	x_1		6,412
2번째 계좌		x_1	x_1	x_1	x_1	x_1	x_1	x_1	x_1	x_1	x_1	x_1		6,412
3번째 계좌			x_1	x_1	x_1	x_1	x_1	x_1	x_1	x_1	x_1	x_1		6,412

4번째 계좌			x_1	x_1	x_1	x_1	x_1	x_1	x_1	x_1		6,412
5번째 계좌				x_1	x_1	x_1	x_1	x_1	x_1	x_1	x_1	6,412
6번째 계좌					x_1	x_1	x_1	x_1	x_1	x_1	x_1	6,412
7번째 계좌						$x=$ 18,462	1번	2번	3번	4번	5번	5,076
8번째 계좌						x	6번	7번	8번	9번		5,076
9번째 계좌							x	10번	11번	12번		5,076
10번째 계좌					남극성파			x	13번	14번		5,076
11번째 계좌									x	15번		5,076
12번째 계좌										x		5,076
	원금총합 = $57x_1 + 6x$ = (57×23,321) + (6×18,462) = 1,440,069											합계 68,928

남극성의 제2공식을 통해 아인슈타인의 일반상대성이론을 증명했다. 나는 금융의 공식을 나타내기 위해 이론 물리학의 설명을 기술하고, 예금자가 돈을 더 많이 받을 수 있는 방법을 인간의 언어로 표현한 최초의 지구인이다. 분명히 말하건대, 나는 아인슈타인의 이론을 설명하려고 전력을 기울이지는 않았다. 금리소득을 더 많이 가져오는 남극성의 제2공식의 수식數式과 방정식을 입증하기 위해, 현재 나보다 많이 알려진 아인슈타인의 일반상대성이론을 끌어들였을 뿐이다. 아인슈타인이 남긴 몇몇 글들을 보면, 그는 분명 자본주의 체제에서 돈이 증가하는 힘을 알고 있었다. 만약 아인슈타인이 언급한 중력파重力波, gravitational waves처럼 남극성파南極星波, Nam Geuk-sung Waves가 자산관리의 세계에 존재한다면, 〈표 7-12〉의 15칸의 빈칸(1~15번)을 따라 발생할 것이다. 아인슈타인은 블랙홀의 충돌과 결합에서 중

력파가 생기는 존재가능성을 언급했다. 남극성파는 x의 일부가 x_1으로 바뀌며 돈의 중력이 변하는 과정에서 발생한다.

　아인슈타인의 중력파를 몸으로 느끼는 사람은 없다. 중력파는 인간의 감각기관으로 체험할 수 없을 정도로 미약하다. 따라서 중력파를 검출하기 위해서는 인간의 감각보다 감지능력이 뛰어난 기계가 필요하다. 화폐로 따지면 1원보다 훨씬 미세한 중력파를 포착하기 위해서, 물리학자의 노고가 담긴 복잡한 장치를 설치해야 한다. 그러나 이에 비해 남극성파의 존재를 확인하기는 쉽다. 부자가 되는 방법을 얘기하는 데 있어서 수학을 언급하지 않으면 설명이 불가능하다. 화폐의 양이 많거나 적은 사람을 분간하기란 상대적으로 쉽다. 이성이 있는 사람이라면, 남극성의 제2공식을 간단히 증명할 수 있다. 미세한 중력파를 검출하기위한 거대한 도구 따위는 필요 없다. 오직 종이와 연필만 있으면 된다. 남극성파의 생성을 통한 이자의 증가는, 수학의 증명을 통해 입증되는 선험적 지식이다. 아울러 인간의 감각기관으로 인식이 가능할 정도로 충분히 크다. 돈이 늘어나는 과정은 시간의 흐름에 따라 체험할 수 있다. 단지 귀찮기 때문에, 저효율을 담보하는 한심한 방법의 결과와 굳이 비교하여 정리하지 않을 뿐이다. 이 '한심한 방법'은 '정기 예금 풍차 돌리기'라는 이름으로 좀비처럼 배회한다. 〈표 7-11〉의 남극성의 제2공식을 이해하면 간단한 계산 끝에 빈칸을 발생시키고, 〈표 7-10〉의 남극성의 제1공식보다 더 적은 1년차의 원금을 통해 2년차에 더 많은 이자를 받을 수 있음을 알 수 있다.

　남극성의 제1공식은, 남극성의 제2공식보다 효율이 떨어진다. 물론 이보다 더 떨어지는 방식을 고수하는 사람도 있다. 그러나 재테크 책에다 부끄러운 줄 모르고 '정기 예금 풍차 돌리기'를 찬양하는 그들의 정신병에 별로 관심은 없다. 마치 부끄러운 줄 모르고 옷을 벗고 길거리를 뛰어다니는 노출증환자를 보는 듯하다. 환자의 진료기록은 병원 창고에 보관해야 하지만, 정신병자들의 어리석은 주장이 황당하게도 책으로 팔리며 독자들을 꼬드기고 있다. 이 모든 발광의 기록은 똑똑한 부자들이 지켜볼 것이다. 광인狂人의 횡설수설을 귀담아들을 필요는 없다. '정기 예금 풍차 돌리기'를 격찬하는 인간의 머릿속에는 시간과 공간이 뒤틀리며 바뀌는 상상력이 전혀 없다. 이것이 그들의 한계다. 다만 그들의 무지와 어설픈 표절, 그리고 출판계의 요설饒舌에 놀아나는 독자들의 운명이 걱정스럽다.

  빈칸의 존재를 통해 중력이 바뀌며, 시간과 공간의 차원을 넘나드는 앨리스의 남극성파가 발생한다. 이 빈칸의 의미를 통해 시간의 흐름이 바뀌고, 남극성의 시뮬레이션을 통해 이 중력을 조종하는 것이 가능하다. 일반적으로 천문학이나 이론물리학에서 중력을 언급할 때, 중력은 인간의 의지와 별로 상관이 없다. 그러나 남극성 이론에서 '돈의 중력'은 주인의 의지에 달려있다. 중력을 조절하는 능력은, 남극성의 제2공식을 파악하는 수학적 두뇌에 속하는 영역이다. 남극성의 제2공식에서, x가 18,462원이었다가 x_1의 값인 23,321원으로 증가한다. 여기서 증가한 것은 돈과 이자의 액수만이 아니다. 18,642원이 23,321원으로 증가하면서 돈의 질량과 중력이 더욱 늘어났음을 주목해야 한다. 〈표 7-12〉에서 볼 수 있듯이, 마치 파도모양과 비슷한 파란색 굵은 곡선을 따라 1년차에 15칸의 빈칸(1~15번)이 발생한다.

그러나 이것은 영원한 빈칸이 아니다. 다음 〈표 7-13〉는 〈표 7-11〉 의 중간부분을 확대한 것이다. 1년차 7~12번째 계좌에 남극성의 제2 시뮬레이션을 적용한다고 해보자.

표 7-13

	1년차							2년차	
	6월	7월	8월	9월	10월	11월	12월	1월	2월
6번째 계좌	x_1=23,321	x_1	x_1	x_1	x_1	x_1	x_1	x_1	x_1
7번째 계좌		x=18,462						$11x$=203,082	
8번째 계좌			x						$11x$

〈표 7-12〉의 1년차 7~12번째 계좌에서 남극성의 제2시뮬레이션 을 적용하고 있다. 〈표 7-13〉에서 볼 수 있듯이 2년차 1~6월에 각각 $11x$(=203,082원)를 구할 수 있으면, 1년차 7~12월의 1회에 1회분 인 $1x$(=18,462원)만 납입해도 만기 시 만기액을 받는 데 아무 지장 이 없다. 1년차 7~12월에 계좌를 개설하면서 1회분만 납입한 후 그 후로 납입을 미뤘다가, 6개월이 지난 후인 2년차 1~6월에 마련하는 $11x$는 어디까지나 예금자가 2년차에 준비하는 금액이다.

〈표 7-12〉의 꾸불꾸불한 파란색 굵은 곡선에서 볼 수 있듯이, 1년 차에 15칸의 빈칸이 생기는 과정에서 중력의 변동은 발생한다. 2년 차 1~6월에 준비해야하는 $11x$는, 1년차 7~12월의 1회에 1회분 x에 대한 일종의 시간의 근저당根抵當인 셈이다. 근저당이란 미래에 발생 할 채권에 대한 우선적 권리를 말한다. 〈표 7-13〉처럼 1년차 7~12 월에 불입한 x이후에 발생한 공백을 메우기 위해 2년차 1~6월에 몰

아서 납입하는 11x는, 1년차 7~12월에 불입한 x에 대한 근저당의 개념으로 접근할 수 있다. 〈표 7-13〉에서 볼 수 있는 것처럼, 1년차 7번째 계좌 1회분 1x(=18,462원)의 납입 후에 발생하는 5개의 빈칸을, 2년차 1월에 납입하는 11x(=203,082원)를 통해 무마시켰다. 여기서 '무마시켰다'는 말은 만기액을 2년차 만기일에 받는 데 아무 지장이 없게 했다는 뜻이다. 다른 말로는 '상계相計 처리 했다'고 한다. 1년차 7번째 계좌를 개설하는 1x의 납입 이후, 11x의 납입 이전 발생하는 5개의 빈칸의 총지연일을, 11x납입 이후에 마련하는 총선납일을 통해 자동적으로 상계한다. 즉 2년차 1월에 한꺼번에 납입하는 11x가, 1년차 7번째 계좌에서 납입한 1x의 근저당이 되는 셈이다.

그렇다면 이를 시간으로 환원해보자. 1년차 7번째 계좌를 개설하는 1x의 납입 후에 발생하는, 5개월 공백, 즉 5개의 빈칸, 혹은 5개월의 지연을, 2년차 1월에 납입하는 11x를 통해 한꺼번에 해결할 수 있다. 왜냐하면 11x를 납입하면서 이후에 발생하는 선납을 통해, 앞선 지연을 상계할 수 있기 때문이다. 따라서 1년차 7번째를 개설하며 납입한 1x는 일종의 근저당을 설정해야하는데, 2년차 1월에 납입하는 11x는 이에 해당한다. 그렇다면 이것은 1x라는 금액에 대한 근저당이지만, 지연일을 상쇄하는 시간의 근저당이기도 하다. 2년차 1월에 11x를 납입하기 전까지는 지연일을 발생시키며 시간이 느리게 흘러가는 것처럼 보인다. 그러나 2년차 1월에 11x를 한꺼번에 납입하면서, 느리게 흘러간 것처럼 보였던 시간속도의 평균을 바로잡고는 별일 없었다는 듯이 행동한다. 그리고 만기액을 제때에 받는다.

남극성의 제2공식은 x에서 x_1로 증가하는 돈의 중력과 함께 미래의 근저당을 설명한다. 사실 남극성의 공식과 아인슈타인의 이론을 비교하면 엄청난 분량으로 글을 쓸 수 있다. 앞으로 이와 관련된 무수한 논문이 물리학자와 수학자에 의해 발표될 것이다. 그러나 결과론을 따지면 되기 때문에 여기서는 자세히 쓰지 않고 책의 분량을 줄였다. 남극성이 만든 공식들은, 부자에 가까워지는 방법을 수학적으로 보여준다. 남극성 이론의 실행가능성여부는 전적으로 개인의 의지와 결단에 달려있다.

극단적으로 말해서, 어제 가난했던 사람이 오늘 부자가 될 수 있다. 거액의 복권에 당첨된 사람도 존재한다. 그들은 나름대로 돈에 대한 조절 능력을 가지고 있다. 그 능력을 영원히 습득하느냐, 혹은 일시적 갖느냐가 중요하다. 복권에 당첨된 후 파산한 사람은, 이 능력을 영원히 지니지 못한 사람이다. 일확천금을 지녔다가 졸지에 빈털터리가 되는 확률은 이와 관련되어 있다. 경제적인 풍요로움을 지속시키지 못하고 재정적으로 몰락하는 이유는, 돈에 대한 통제력을 상실했기 때문이다.

나는 남극성 이론을 통해서 세상의 빈자貧者들을 구할 수 있을 거라고 생각했다. 그러나 곧 포기했다. 몇 년의 연구 끝에 세상에 나온 전작 『구르는 돈에는 이끼가 낀다』는 세상의 격찬을 받을 줄 알았다. 그러나 내 예상과 현실의 반응은 조금 어긋났다. 나의 책이 은밀히 팔리는 곳은, 국내 판매대행사가 아니라 아마존이었다. 0.1%의 변화에 민감하게 반응하며 돈을 챙기는 사람은, 대한민국의 가난한 사람이 아니라 전 세계의 부자들인 것이다. 나의 이론을 재빨리 받아들이는 부류는, 돈에 여유가 있는 사람들이었다. 확률적으로, 내 말을 귀담아 듣는 프롤레타리아들의 비율은 적다. 내 주장에 주의를 기울이지 않는 가난한 자들은, 영원히 화폐부족에 시달리며 허덕일 것이다. 이 말을 인정하고 싶지 않는 사람의 심정을 이해한다. 그러나 머리를 모래밭에 쳐 박고 현실을 애써 외면한다고 해서, 세상이 자신의 무지를 모를 리 없다. 식자識者들은 단지 겉으로 남의 잘못을 지적하지 않고 속으로 자신의 이익만 챙길 뿐이다. 부정할 수는 없는 사실이다.

7-5 | 1년차에 가능한 방정식 $78x = 63x$

이제 남극성 이론을 응응한 방정식을 발표하겠다. 1년차에 더 많은 돈을 내고도 적게 돈을 내는 사람과 같은 소득을 얻는 다면 분명 억울한 일이다. 그런데 실제로 이런 일이 가능하다. 이 설명은 남극성의 제2시뮬레이션을 통해 정리할 수 있다. 우선 남극성의 제2시뮬레이션이 없는 〈표 7-14〉를 정리하겠다.

표 7-14

	1년차												2년차 만기일에 받게 되는 이자
	1월	2월	3월	4월	5월	6월	7월	8월	9월	10월	11월	12월	
1번째 계좌	x	x	x	x	x	x	x	x	x	x	x		원금 $12x$에 대한 이자
2번째 계좌		x	x	x	x	x	x	x	x	x	x	x	원금 $12x$에 대한 이자
3번째 계좌			x	x	x	x	x	x	x	x	x	x	원금 $12x$에 대한 이자

4번째 계좌			x	x	x	x	x	x	x	x	x	원금 12x에 대한 이자
5번째 계좌				x	x	x	x	x	x	x	x	원금 12x에 대한 이자
6번째 계좌					x	x	x	x	x	x	x	원금 12x에 대한 이자
7번째 계좌						x	x	x	x	x	x	원금 12x에 대한 이자
8번째 계좌							x	x	x	x	x	원금 12x에 대한 이자
9번째 계좌								x	x	x	x	원금 12x에 대한 이자
10번째 계좌									x	x	x	원금 12x에 대한 이자
11번째 계좌										x	x	원금 12x에 대한 이자
12번째 계좌											x	원금 12x에 대한 이자
	원금총합 = 78x											이자합계 (원금 12x에 대한 이자 × 12)

여기서 1년차에 필요한 돈은 78x다. 1년차에 x를 1회분으로 삼고 12개월 동안 납입한 원금 12x에 대한 이자는 2년차부터 발생하는데, 2년차에 이 이자를 다 써버리고 12x의 원금은 고스란히 남긴다고 해 보자. 그렇다면 2년차 1월부터 새로 월불입액을 x_1로 하는 계좌를 개설할 수 있다. 이를 표로 나타내면 다음과 같다.

표 7-15

	1년차									2년차		2년차 만기일에 받게 되는 이자
	1월	2월	3월	4월	...	9월	10월	11월	12월	1월	2월	
1번째 계좌	x	x	x	x		x	x	x	x	x_1	x_1	원금 12x에 대한 이자
2번째 계좌		x	x	x		x	x	x	x	x	x_1	원금 12x에 대한 이자

3번째 계좌			x	x		x	x	x	x	x	x	원금 12x에 대한 이자
4번째 계좌				x		x	x	x	x	x	x	원금 12x에 대한 이자
5번째 계좌						x	x	x	x	x	x	원금 12x에 대한 이자
6번째 계좌						x	x	x	x	x	x	원금 12x에 대한 이자
7번째 계좌						x	x	x	x	x	x	원금 12x에 대한 이자
8번째 계좌						x	x	x	x	x	x	원금 12x에 대한 이자
9번째 계좌						x	x	x	x	x	x	원금 12x에 대한 이자
10번째 계좌							x	x	x	x	x	원금 12x에 대한 이자
11번째 계좌								x	x	x	x	원금 12x에 대한 이자
12번째 계좌									x	x	x	원금 12x에 대한 이자
	원금총합 = 78x											이자합계 (원금 12x에 대한 이자 × 12)

여기서 굵은 파란색 네모 안에 있으며, 2년차 1월에 개설하는 계좌의 첫 불입액인 x_1과 x는 같다고 치자. 2년차 1월에 불입이 필요한 굵은 파란색 네모의 12x(=1x_1 + 11x)는, 1년차 1번째 계좌의 만기액에서 이자를 제한 금액 12x와 동일하다. 즉 12x는, 2년차 1월에 받게 되는 1년차 1번째 계좌의 만기액에서 이자를 제외한 금액이라는 말이다. 따라서 2년차부터 1년차에 마련한 앨리스 78x를 계속 유지하면서, 이자를 써버릴 수도 있다. 사실 x_1를 이용해 2년차 1월부터 계좌를 새로 개설하지 않아도, 2년차의 이자총액(원금 12x에 대한 이자 × 12)을 받는 데 전혀 지장이 없다. 따라서 2년차 1월부터 새롭게 x_1을 개설하는 문제는 별로 중요하지 않다. 분명히 염두에 둬야

할 사실은, 2년차의 이자수령을 위해, 1년차의 원금 78x를 이용했다는 말이다. 아무튼 1년차의 78x를 통해서 2년차의 이자(원금 12x에 대한 이자 × 12)가 발생한다.

그렇다면 다음의 전개는 어떠한가?

표 7-16

	1년차												2년차 만기일에 받게 되는 이자
	1월	2월	3월	4월	5월	6월	7월	8월	9월	10월	11월	12월	
1번째 계좌	x	x	x	x	x	x	x	x	x	x	x	x	원금 12x에 대한 이자
2번째 계좌		x	x	x	x	x	x	x	x	x	x	x	원금 12x에 대한 이자
3번째 계좌			x	x	x	x	x	x	x	x	x	x	원금 12x에 대한 이자
4번째 계좌				x	x	x	x	x	x	x	x	x	원금 12x에 대한 이자
5번째 계좌					x	x	x	x	x	x	x	x	원금 12x에 대한 이자
6번째 계좌						x	x	x	x	x	x	x	원금 12x에 대한 이자
7번째 계좌							x	1번	2번	3번	4번	5번	원금 12x에 대한 이자
8번째 계좌								x	6번	7번	8번	9번	원금 12x에 대한 이자
9번째 계좌									x	10번	11번	12번	원금 12x에 대한 이자
10번째 계좌										x	13번	14번	원금 12x에 대한 이자
11번째 계좌											x	15번	원금 12x에 대한 이자
12번째 계좌												x	원금 12x에 대한 이자
	원금총합 = 63x												이자합계 (원금 12x에 대한 이자 × 12)

여기서 1년차에 투입되는 원금은 $78x$이 아닌 $63x$다. 남극성의 제2공식을 이용해 **굵은 검은색**으로 1~15번의 15칸을 비워 놨다. 1년차의 7~12번째 계좌는, 2년차가 되어 각 계좌의 7번째 달에 $11x$를 불입하는 남극성의 제2시뮬레이션을 적용하면 된다. 그래서 2년차 1월에 납입하는 다음의 굵은 파란색 네모와 같다.

표 7-17

	1년차									2년차	2년차 만기일에 받게 되는 이자
	1월	2월		6월	7월	8월	9월	10월	11월	12월	1월	
1번째 계좌	x	x		x	x	x	x	x	x	x	x_1	원금 $12x$에 대한 이자
2번째 계좌		x		x	x	x	x	x	x	x	x	원금 $12x$에 대한 이자
3번째 계좌				x	x	x	x	x	x	x	x	원금 $12x$에 대한 이자
4번째 계좌				x	x	x	x	x	x	x	x	원금 $12x$에 대한 이자
5번째 계좌				x	x	x	x	x	x	x	x	원금 $12x$에 대한 이자
6번째 계좌				x	x	x	x	x	x	x	x	원금 $12x$에 대한 이자
7번째 계좌					x						$11x$	원금 $12x$에 대한 이자
8번째 계좌						x						원금 $12x$에 대한 이자
9번째 계좌							x					원금 $12x$에 대한 이자
10번째 계좌								x				원금 $12x$에 대한 이자
11번째 계좌									x			원금 $12x$에 대한 이자
12번째 계좌										x		원금 $12x$에 대한 이자
	원금총합 = $63x$											이자합계 (원금 $12x$에 대한 이자 x 12)

여기서 2년차 1월에 납입이 필요한 부분은 굵은 파란색 네모와 같다. 즉 2년차 1월에 (x_1+5x+11x)의 납입이 필요하다. 2년차 1월에 개설하는 계좌의 첫 불입액인 x_1과 x가 같다고 하면, 2년차 1월에 총 17x(=x_1+5x+11x)가 필요하다. 2년차의 x_1을 통한 새로운 계좌의 개설여부는 별로 중요하지 않지만, 일단 여기서는 필요하다고 봤다. 앞서 〈표 7-15〉의 2년차 1월에는 12x(=1x_1+11x)가 필요했다. 이번에는 이보다 5x가 늘어난 추가부담액이 발생하여 17x(=x_1+5x+11x)를 납입해야 한다. 즉 2년차 1월에 늘어난 이 차이를 감당할 수 있다면, 〈표 7-17〉처럼 1년차에 63x의 납입만 하면 된다. 〈표 7-15〉의 1년차 부담액 78x보다 훨씬 적은 금액인 63x을 내고도, 동일한 2년차의 이자(원금 12x에 대한 이자 x 12)를 받는다. 〈표 7-17〉의 2년차 1월에 굵은 파란색 네모만큼 납입할 수 있다면, 1년차에 78x보다 적은 63x을 불입하고도 2년차에 같은 이자를 받을 수 있다. 78x보다 15x만큼 적다면 백분율로 약 19. 23%가 적은 것이다.

$$\frac{15x}{78x} = 0.192307...$$

〈표 7-15〉와 〈표 7-17〉는 1년차의 원금, 즉 앨리스를 통해 비교할 수 있다. 이 차이는 15x다. 〈표 7-17〉에서 굵은 파란색 네모인 2년차 1월의 납입액을 감당할 수 있다면, 1년차에 약 19. 23% 적은 원금을 납입하더라도 2년차에 동일한 이자를 확보할 수 있다. 여기서는 19. 23% 적은 1년차 원금의 가능성을 고려했지만, 2년차 1월에 이보다 더 많이 늘어난 납입금액을 감당할 수 있으면, 다음 7-6장에서는 보

다 극단적인 방법이 있음을 알 수 있다.

7-6 극단적인 시간저축 $78x = 37x$

이전 장에서는 2년차 1월부터 급증하는 추가납입이 가능하면, 1년차에 적은 원금을 투입하고도 2년차에 같은 이자를 받을 수 있음을 알아냈다. 전작을 잘 살펴보고 남극성의 제1 및 제2시뮬레이션을 이용하면, 이보다 더 적은 1년차 원금을 가지고 2년차에 동일한 이자를 받아내는 방법이 있다. 이를 극단적으로 전개하면 다음과 같은 식이 가능하다. 여기서 편의상 한 달은 30일로 계산하겠다.

표 7-18

	1년차												2년차	2년차 만기일에 받게 되는 이자
	1월	2월	3월	4월	5월	6월	7월	8월	9월	10월	11월	12월	1월	
1번째 계좌	x	$6x$											$5x$	원금 $12x$에 대한 이자
2번째 계좌		$6x$											$6x$	원금 $12x$에 대한 이자
3번째 계좌			$6x$											원금 $12x$에 대한 이자
4번째 계좌				$5x$									$4x$	원금 $12x$에 대한 이자
5번째 계좌					$4x$								$6x$	원금 $12x$에 대한 이자
6번째 계좌						$3x$							$6x$	원금 $12x$에 대한 이자
7번째 계좌							x						$11x$	원금 $12x$에 대한 이자

8번째 계좌						x							원금 12x에 대한 이자
9번째 계좌							x						원금 12x에 대한 이자
10번째 계좌								x					원금 12x에 대한 이자
11번째 계좌									x				원금 12x에 대한 이자
12번째 계좌										x			원금 12x에 대한 이자
원금총합 = 37x													이자합계 (원금 12x에 대한 이자 x 12)

여기에서 필요한 1년차의 원금총합은 37x다. 〈표 7-14〉의 1년차 원금은 총 78x다. 〈표 7-18〉의 1년차 원금총합은 이보다 훨씬 적은 37x다. 절반도 되지 않는다. 차이는 41x다. 백분율로 따지면 78x보다 무려 약 52. 56% 적은 원금으로 2년차에 같은 이자를 받는다는 말이다. 〈표 7-18〉은 〈표 7-14〉와 마찬가지로 2년차에 동일한 이자 (원금 12x에 대한 이자x12)를 받는다.

〈표 7-18〉의 1년차 1번째 계좌는, 3-8장의 p131의 밑줄 친 곳에서 강조한 5회분 당일치기 조커의 극단적 사례다.[2] 이를 부분 확대하여 표로 자세히 설명하면 다음과 같다. 편의상 한 달을 30일로 계산하겠다.

---

2) p131의 밑줄 친 부분에서도 이 걸 설명하고 있다.

표 7-19

	1년차												2년차	2년차 1월 만기일에 받게 되는 이자
	1월	2월	3월	4월	5월	6월	7월	8월	9월	10월	11월	12월	1월	
1번째 계좌	x	$6x$					→	←					$5x$	원금 $12x$에 대한 이자
선납일	0	0	30	60	90	120	150							
누적선납일	0	0	30	90	180	300	450							
지연일								150	120	90	60	30		
누적지연일								150	270	360	420	450		

〈표 7-19〉처럼 5회분의 당일치기 조커를 극단적으로 활용하면, 예정일인 2년차 1월의 만기일에 $5x$를 조커로 잠깐 빌려서 이자가 포함된 만기액을 제 날짜에 확보할 수 있다. 확보한 누적선납일 450일을, 누적지연일 450일을 통해서 합계를 0으로 만들며 상계 처리할 수 있기 때문이다. 2년차 1월에 조커로 잠깐 빌린 $5x$를 곧바로 갚으면, 1년차 1월에 가입한 계좌의 만기액은 $7x$남짓($7x$+이자)이 남는다.

여기서 선납 및 지연을 표시하기 위해 화살표를 활용했다. 선납은 시간을 저축했다는 의미다. 그리고 지연은 선납한 만큼 납입을 연장할 수 있는 권리다. 선납일보다 지연일수가 많으면 만기의 이연이 된다. 〈표 7-18〉은 극단적인 선납과 지연을 활용해서 1년차에 $78x$의 절반도 되지 않는 $37x$를 이용해서 2년차에 같은 이자를 받는 것을 나타낸다. $37x$는 $78x$보다 $41x$만큼 적은 금액이다. $78x$의 원금의 약 47.43%인 $37x$만 1년차에 확보하면 된다.

$$\frac{37x}{78x} = 0.474358\ldots$$

만약 2년차 1월부터 급격히 늘어나는 불입액을 확보할 수 있고, 1년차 1월부터 이를 예측하고 대비할 수 있다면 충분히 가능한 일이다. 〈표 7-18〉의 **굵은 파란색**안의 $5x$를 당일치기 조커로 구하고 만기액을 받은 후에 곧바로 갚으면, 2년차 1월에 채워야 하는 금액은 **굵은 검은색**의 $33x(6x+4x+6x+6x+11x)$다. 1년차 1월에 개설한 계좌의 만기가 도래하여 2년차 1월에 받은 만기액 $12x$남짓($12x$+이자)중에서 조커 $5x$를 갚으면 $7x$남짓($7x$+이자)을 남길 수 있다. 이 $7x$남짓을 $33x$에서 빼면 $26x$정도가 실제로 필요하다. 2년차 1월에 납입해야 하는 이 불입액을 확보할 수 있을 때, 선납과 지연을 현명하게 활용하면, 1년차에 $37x$을 내고도 1년차에 $78x$를 납입할 때와 동일한 이자를 2년차에 확보할 수 있다.

〈표 7-20〉은 1년차의 3~8번째 계좌의 2년차에 납입하는 방법을 나타내기 위해, 〈표 7-18〉을 조금 오른쪽으로 이동시킨 것이다.

표 7-20

	1년차						2년차		2년차 만기일에 받게 되는 이자
	7월	8월	9월	10월	11월	12월	1월	2월	
1번째 계좌	→	←					$5x$		원금 $12x$에 대한 이자
2번째 계좌	→	←					$6x$		원금 $12x$에 대한 이자
3번째 계좌		→	←				$6x$		원금 $12x$에 대한 이자
4번째 계좌		→	←				$4x$	$3x$	원금 $12x$에 대한 이자

5번째 계좌			→	←		6x	2x	원금 12x에 대한 이자
6번째 계좌			→	←		6x	3x	원금 12x에 대한 이자
7번째 계좌		x	←			11x		원금 12x에 대한 이자
8번째 계좌			x	←			11x	원금 12x에 대한 이자
9번째 계좌				x	←			원금 12x에 대한 이자
10번째 계좌					x	←		원금 12x에 대한 이자
11번째 계좌						x	←	원금 12x에 대한 이자
12번째 계좌							x ←	원금 12x에 대한 이자
	원금총합 = 37x							이자합계 (원금 12x에 대한 이자 x 12)

〈표 7-20〉에서는 2년차에 새로운 정기 적금계좌의 개설을 고려하지 않았다. 만약 3년차에 이자의 수령을 원한다면, 적당히 계산하여 2년차에 만기가 12개월인 새로운 정기 적금을 사정에 맞게 개설하면 된다. 〈표 7-20〉의 **굵은 검은색**으로 둘러싸인 부분의 총합은 $25x(6x+3x+2x+3x+11x)$다. 1년차 2월에 개설하여 2년차 2월에 만기가 되는 계좌의 만기액 $12x$남짓($12x$+이자)을 이 $25x$에서 제하면, $13x$정도의 실제 납입액이 필요하다. 2년차 2월에는 이 부분을 고려해야 한다. 따라서 2년차 1월부터 발생하는 납입액의 갑작스런 증가를 부담할 수 있다면, 1년차에 $37x$라는 상당히 적은 금액을 내고도, 선납과 지연을 적절히 이용하여, $78x$를 1년차에 납입한 경우와 동일한 이자를 2년차에 받을 수 있다.

7-7 재테크는 과정이다

평소 정체를 숨기며 은인자중하는 내가 재테크 서적의 저자라는 사실이 주변에 드러났을 때 흔히 듣는 질문이 있다.

질문 1: 그래서 지금은 얼마를 모으셨나요?

과정은 철저히 무시하고 결과에만 관심이 있는 사람들을 탓하고 싶지는 않다. 왜냐하면 나도 재테크 초보자였던 시절이 분명 존재했기 때문에 그들의 마음을 이해한다. 필자가 공중파 방송에 출연했을 때도, 눈에 보지 않으면 잘 믿지 않는 시청자를 고려하여 통장을 일일이 보여줘야 했다. 이제 더 이상 이런 유치한 짓은 하지 않는다. 시답지 않은 질문을 던지는 질문자의 심정은 잘 알고 있지만, 우문에 대한 현답을 던지는 순간 대화는 무의미한 잡담으로 전락한다. 그래서 이런 질문을 받으면 그냥 웃고 만다. 그렇다고 해서 무작정 내 책을 읽어보라고 권유하기도 민망한 노릇이다. 영원히 돈의 노예로 사는 사람들은 주로 타인이 지닌 돈의 액수만 알려고 한다. 내가 얼마를 가지고 있다고 밝힌들, 타인의 행동변화에 실질적인 영향을 끼치지 못한다. 막상 재테크의 결과에 해당하는 보유현금 총액의 증가에 아무런 도움을 주지 못한다. 따라서 통장에 찍힌 잔액을 알려줘도 별로 의미가 없다.

나는 외국을 떠돌다 남들보다 유학시기가 늦어졌다. 이유는 뻔하다. 돈이 없었다. 그렇다고 해서 명색이 대한민국 예비역이 부모 탓이나 세상 탓을 할 수는 없는 노릇이었다. 별 수 없이 악착같이 모았다. 졸업 후 귀국하고 보니 은행잔고는, 마치 파도에 밀려와 바닷가에 널린 조개껍데기처럼 텅텅 비었다. 한국에서 일자리를 구하는 수밖에 별 도리가 없었다. 그래서 곧 직장을 구하고 돈을 다시 모았다. 내가 거의 빈손으로 출발해서 유학자금을 스스로 부담하고, 귀국해서 거의 무일푼이었다가 다시 재테크를 시작해서 동년배들에 비해 상대적으로 많은 현금을 가지고 있는 것은 사실이다. 물론 나보다 재산을 더 많이 가지고 있는 사람들은 대한민국에서 넘쳐난다. 국내 굴지의 대기업 총수일가의 재산은 엄청난 숫자로 표기된다. 그 자료는 이따금 대중에게 공개되지만, 그 화폐량을 암기하는 사람의 재산 형성에 기여한다고 보기는 어렵다. 오히려 몇몇 속 좁은 사람들로 하여금 상대적 박탈감이나 시기심을 불러일으킬 수 있다. 그렇기 때문에 질문 1은 그저 사생활에 대한 궁금증의 소산이다. 한마디로 재벌일가의 재산을 안다고 해서 개인의 재산증식에 직접적인 도움은 되지 않는다는 얘기다.

　제정신을 가진 사람이라면, 근사한 여자 친구를 사귀는 남자에게 '당신 여자 친구의 가슴, 허리 및 엉덩이의 정확한 치수는 얼마인가요?' 라는 질문을 하지 않을 것이다. 왜냐하면 이런 질문의 정확한 답을 얻는다한들 질문자의 여자 친구 외모에 별 영향을 미치지 못하기 때문이다. 정 부럽다면, '어떻게 저런 여자를 여자 친구로 만들었어요?' 라고 구체적으로 묻는 것이 정석이다. 이와 마찬가지로, 내가 노력해서 얻은 재화의 양을 알려준다고 해서, 타인의 현금 보유량에 직접적인 영향을 주지 못한다. 자칫 잘못하면 질문자로 하여금 자신의 초라한 결과를 확인시켜서 자신감을 잃게 할 수도 있다. 혹은 합당한 이유 없이 나를 미워하는 질투의 화신으로 만들 수도 있다. 즉 애당초 대화의 시작이 잘못된 것이다.

내 책을 정독하고 이해한 독자들은 이런 질문을 던진다.

질문 2: 요새 괜찮은 정기 적금 상품은 어떤 게 있나요?

이런 질문이라면 대화가 조금 원활히 진행된다. 왜냐하면 결과가 아닌 과정을 묻기 때문이다. 이런 질문을 던지는 사람들은 첫 단추를 비교적 정확히 끼운 셈이라고 보면 된다. 야구에 비유하자면, 초구를 스트라이크로 잡은 투수라고 보면 된다. 통계적으로 첫 번째 공이 스트라이크로 판정받았을 때, 타자들은 심리적으로 수세에 몰려서 제대로 타격을 하기 힘들다. 당연히 타율은 떨어진다. 그러므로 투수들에게 절대적으로 유리하다. 상대팀 타자가 안타를 못 치면 이길 확률도 높아진다. 사실 나에게 접근한 표절꾼도 이런 질문을 던졌지만 알려주기는 싫었다. 내가 일언지하에 답변을 거부하니까 뜬금없이 나에게 엑셀 문서를 구걸하기 시작했다. 이는 내가 무슨 상품에 어떤 방식으로 가입하고 있는지 알아내겠다고 작정을 하고 나왔다는 얘기다. 의심이 가는 사람에게 자산 포트폴리오를 공개한다면 제정신이 아니다. 이것은 정상적인 인터뷰가 아니라는 생각이 들었다. 고수들끼리 오고갈 수 있는 대화의 주제가 아니었다. 이런 질문을 마구 던지는 사람은 애송이라는 얘기다. 나는 돈이 없고 지식이 부족하다는 이유로 사람을 무시해 본 적은 없다. 문제는 이런 사람이 책을 쓰고 기자행세를 하며 취재를 빙자해서 표절을 감행한다는 점이다.

어느 누구도 태어나자마자 재테크의 고수가 될 수는 없다. 사람에 따라 정도가 다르겠지만, 자신에게 맞는 최적의 방법을 찾기까지 시행착오도 겪을 것이다. 최악의 경우, 죽을 때까지 안정적인 재테크 모델을 찾지 못하고 생을 마감하는 수도 있다. 가난한 채로 최후를 맞이한 사람의 시신이 사후 상당기간 시간이 지나서 발견되었다는 뉴스를 종종 접한다. 이런 경우 분명 자산운영에 있어서 잘못된 과정을 반복했을 가능성이 높다. 그리고 끝내 돌이킬 수 없는 지경에 이르러 회복하지 못한 것이다. 과정의 오류가 거듭하여 잘못된 결과를 초래했다. 그 누구도 이런 미래를 피할 수 있다고 장담할 수 없다. 왜냐하면 지식을 갖추지 못한 돈은, 언제든지 남의 주머니로 들어갈지 모르는 위협에 노출되어 있기 때문이다. 이런 상황을 악화시키는 엉터리 재테크 책의 저자들을 나는 금융계의 거짓말쟁이들만큼 증오한다. 이런 혼란의 시대에 그 누구도 흔들리지 않는 자산관리의 지식을 가졌다고 장담할 수는 없다. 급변하는 상황에서 오늘의 지식은, 곧바로 내일의 폐기물이 될 수 있다.

사소한 과정이 모여서 결과를 이룬다. 과정이 없는 결과는 없다. 복권 당첨과 같은 희박한 확률을 꿈꾸는 사람이 이 책을 여기까지 읽고 있으리라고는 생각하지 않는다. 소위 '대박'의 사례가 종종 발생하기에 '대박은 없다'고 장담할 수는 없지만, 확률적으로 '대박'은 거의 없으므로, 나는 재테크 초보자에게 대박의 환상은 버리라고 충고한다. 따라서 끊임없이 올바른 과정을 찾으려고 노력해야 한다. 다소 황당하게 들리겠지만, 올바른 과정을 찾는 가장 확실한 방법은, 100% 수익률을 보장하지 않는 내용을 찾아내어 자신의 자산 포트폴리오에서 하나씩 배제하는 것이다. 이는 거짓말을 자주하거나 돈을 갚지 않는 사람을 친구목록에서 지우는 행위처럼 당연한 행동한 행동이다.

예를 들어, 주식과 같이 불확실성이 상존하는 투자에 있어서 결과는 둘 중의 하나다. 수익 아니면 손실이다. 극단적으로 생각하면 두 경우의 수에서 하나에 걸릴 확률은 50%다. 즉 돈을 따거나 잃을 가능성은 반반이라는 얘기다. 수익이 나면 이롭고, 손실을 보면 해롭다. 마치 홀짝게임과 같다. 수익과 손실이 같아지면 현상유지를 할 수도 있다. 만약 운이 나빠서 '최후의 투자'에서 크게 실패하면 회복할 수 없을 정도로 치명적인 상황을 맞는다. 내가 '최후'라는 표현을 쓴 이유는, 돌이킬 수 없을 정도로 상황이 악화되기 때문에, 다시는 투자할 엄두가 안 나기 때문이다. 어찌됐든 가급적 손실은 막아야 한다. 수익보다 지출을 줄이는 패턴을 유지하고 수익을 내는 투자를 반복하면 재테크의 성공은 보장된다. 그런데 이게 어디 말처럼 쉬운가? 나는 마치 데까르뜨가 의심할 수 없이 확실한 토대 위에서 하나하나 차근차근 따졌듯이, 불확실성을 없애고 소득의 증진을 가져오는 방법을 치밀하게 수년간 고민했다. 남극성 이론은 그렇게 만들어졌다.

안전성이 확보된 상태에서 수익의 실현을 매번 확인하면 자신의 방법을 확신할 수 있고, 자신감이 늘어 더욱더 합리적으로 생각할 수 있다. 따라서 재테크 초심자들은 늘 올바른 과정에 대해 고민해야 한다. 타인의 결과만 의식하고 자신의 처지를 비관하는 태도는 별로 도움이 안 된다. 현재의 결과만을 놓고 비교하면 답이 없다. 항상 노력의 효율성을 검토하는 과정에서 실마리가 잡힌다. 인생은 짧고 재테크는 길다.

7-8 세상에 아무 부럼 없어라

 로스엔젤스 타임스의 베이징 지국장 바바라 데믹Barbara Demick이 북한 탈북자들의 사연을 다룬 『세상에 부럼 없어라Nothing to envy: Real lives in North Korea』[3]를 출판했다. '세상에 부럼 없어라'는 북한에서 널리 알려진 노래의 제목이다. 대한민국의 정서로 보면 건전가요풍의 노래로 분류할 수 있다. 그리고 김 부자父子의 생일날 아이들에게 과자와 사탕을 담아 나눠주는 봉투에도 적힌 말이다. 일종의 사회적 선전구호처럼 널리 쓰이는 문구다. 그러나 데믹의 이야기에 등장하는 북한 사람들의 삶은, 책의 제목과는 반대로 비참하기 그지없다. 데믹의 글에는, 소설가 채만식이 일제식민시대를 다룬 소설의 표제를 『태평천하(1940)』로 정한 풍자의식이 담겨있다. 그러한 풍자의 대상이 엄격히 규제되는 사회에서는 나올 수 없는 글이, 외국인의 관찰자 시점으로 쓰였다.

 데믹은 탈북자를 면담하며, 외부 세계와의 비교 자체가 불가능한

---

[3] 『Nothing to envy: Real lives in North Korea』(2010, Granta Publications)

폐쇄사회에서 살면서 부러울 게 없다고 큰소리치는 북한체제의 자기기만적 정신병을 담담히 기술했다. 부러울 게 있는지 없는지는 바깥세상을 봐야 알 수 있다. 그러나 휴전선 이북의 김씨 조선은 이씨 조선시대 말기의 쇄국정책을 고수하고 있다. 그리고 최고 존엄의 지도자는 입만 살아서, 흥선대원군 이하응李昰應 (1820~1898)처럼 정신의 승리를 영위하는 중이다. 북한이 개방을 두려워하는 이유는 간단하다. 세상 밖의 진실의 전해지면, 그동안 독재자가 인민들을 배신한 사기극의 전모가 드러나기 때문이다. 외부의 진상이 드러나면, 북한 주민들은 버젓한 나라가 된 대한민국 국민의 일상과 자신들의 현실을 비교하며 더 이상 최고 존엄과 당의 절대성을 인정하지 않을 것이다.

뭔가를 부러워하는 사람은, 그 부러운 대상처럼 되기 위해서 연구하고 자신의 부족한 점을 고치려고 노력해야 한다. 그게 정상이다. 부자가 부러우면 어떻게 해서 부자가 되는지 관찰하고 연구해야 한다. 그 과정을 통해서 개인은 한층 더 발전한다. 비록 사소한 실패가 있을지라도, 실천하는 과정에서 드러난 기존의 미비점과는 영원히 작별할 수 있다. 만약 마음속으로는 부자가 되고 싶으면서도, 노력은 하지 않다가 결국 낙오자가 되어 계속 부자를 질투하고 시기한다면, 영원히 가난한 신세를 면하지 못한다.

남극성 이론을 이해한 예금자는 더 이상 '정기 예금 풍차론자'들의 거짓을 믿지 않을 것이다. '정기 예금 풍차 돌리기'를 베끼기에 급급한 사람이 재테크 책을 펴내고 횡설수설한다. 마치 백성을 착취하는 압제자들의 폭정을 시달린 민초民草들이 분개하듯이, 가짜 이론에 속아 혼란에 빠졌던 사람들은, 높은 수익을 얻을 수 있었음에도 불구하도 적은 수익을 가져오게 한 사이비 재테크 전문가들을 증오할 것이다. 그리고는 정신을 차릴 때까지 시간을 낭비하다가 한참 후에야 제대로 된 길을 찾는다.

　재테크 출판계의 거짓말쟁이들은 독자들에게 거짓을 전파하여 손해를 끼치고도 전문가 행세를 해왔다. 심지어 이들은 남극성 이론의 출처를 바꿔치기해서 교묘한 표절을 시도한다. 이들은 엄청난 죄를 짓고 있다. 사실 표절이나마 제대로 하면 다행이다. 문제는 수익성이 떨어지는 '정기 예금 풍차 돌리기'를 찬양하다가, 갑자기 이와는 차원이 다른 남극성이 만든 '정기 적금 풍차 돌리기'를 기술한다는 점이다. 분명 수익률이 다른 둘을 동등하게 비교하며, 마치 독자의 선택과 취향의 문제인 것처럼 설명한다. 이 와중에 수학은 철저히 배제된다. 대화를 나눠본 경험을 보건대, 이들은 수학의 데이터를 증명할 두뇌가 없다. 만약 기차요금이 같다면, KTX와 무궁화호, 둘 중에 어느 기차에 타겠는가? 객창감客窓感을 즐기며 무궁화 열차를 타고 천천히 목적지에 가는 방법이 좋다는 사람을 굳이 말릴 필요는 없다. 왜냐하면 KTX를 타고 나 혼자 빨리 행선지에 도착하면 되기 때문이다.

　더 늙기 전에 빨리 부자가 되고 싶지 않다고 외칠 자유는 있다. 그러나 가난이 좋다고 너스레를 떠는 이들은 자신을 속이고 있다. 나는 솔직하지 못한 자들의 위선이 지겹다. 그동안 거짓정보에 속았으니, 독자들이 느끼는 혼란은 너무나 당연하다. 나는 이들과 달리 '정기 예금 풍차론자'를 신랄하게 비판한다. 이유는 간단하다. 왜냐하면 '정기 예금 풍차론자'를 두둔하는 사람들은, 초등학교 수준의 기초적인 산수능력마저 없기 때문이다. 웃기는 사실은 이런 작자들이 강연을 열고, 독자와 청중들을 잘못된 길로 이끌며, 표절 문제를 제기하는 나에게 어떠한 대답도 못한다.

　수익률이 형편없이 낮은 방법을 포장하며 의미 있다고 주장하는 헛소리는 더 이상 책에 언급하지 말아야 한다. 청동기 시대에 돌멩이는 더 이상 최첨단 도구의 재료가 될 수 없다. 도대체 대한민국에서 정신병자들의 궤변이 언제까지 통용될 것인가? 출판계는 수준 낮은 저자의 주장을 언제까지 금과옥조로 떠받들 것인가? 이런 상황에 대해서 어떠한 언론도 제대로 비판한 적이 없다. 내가 언론의 취재 요청을 받기 시작한 시점은 『구르는 돈에는 이끼가 낀다』가 출판된 지 3년이 지나서였다. 나의 이론을 알지 못할 때까지 사람들은 손해를 봤을 것이다. 이것은 누구의 책임일까?

　'남극성 이론'은 '정기 예금 풍차 돌리기'보다 다소 복잡하고 계산하는 과정이 필요하지만, 머리를 쓴다고 해서 돈이 더 들지는 않는다. 골치가 아프고 재미가 없다는 이유로 공부를 게을리하는 학생은 적어도 '학생으로서는' 성공할 수 없다. 마찬가지로 자산운용의 효율성에 신경을 쓰지 않는 사람은, 자산관리에 있어서 상대적으로 낮은 성과를 거둔다. 그런데 만약 자산 운용방식의 수익성이 저조함에도 불구하고, 자기 최면에 의해 최고라고 착각하면서 다른 사람과의 비교를 거부하면 어떻게 될까?

　이들의 정신상태는, 거짓 선동에 의해 세뇌당한 북한주민의 그것과 흡사하다. '정기 예금 풍차 돌리기' 추종자들의 가장 큰 문제는, 자신들의 방식이 '남극성 이론'에 의해 동일한 조건에서 최선이 아니라는 점이 드러났는데도 불구하고, 여전히 정기 적금의 실질금리가 정기 예금보다 떨어진다고 강하게 믿고 있는 것이다. 이들을 세뇌시킨 사이비 재테크 작가들의 수학실력은 바닥임이 드러났다. 나는 이들의 이름을 모두 알고 있다. 이들의 지속적인 저효율이 가능한 이유는, 이들의 계산이 수학적 오류로 가득하기 때문이다. 그리고 그들의 한계를 극복하는 '남극성 이론'이 나왔는데도, 자신의 오류에 대해서 사과하거나 반성하기는커녕, 새로운 이론을 인정하지 않는다. 그 중 일부는 자신들의 과오를 숨기며 거짓말을 늘어놓는다. 심지어 나에게 접근해서는 한국지적재산권위원회에 등록된 저서의 지적재산권을 강탈하고는 어리석게도 증거를 남긴다. 그러면서 자기의 직업이 경제기자라는 사실을 강조하며, '젊은 여성들'을 위한 재테크를 운운하며 수준 낮은 강의를 한다. 그리고는 돈을 받는다. 매우 착한 '젊은 여성들'은 이런 헛소리를 듣고, 분노하거나 항의하지 않는다. '젊은 여성들'은 선동하고 속이기 좋은 대상이란 말인가? 마치 다단계 행사장에 불려온 가련한 신세 같다. 남극성이 칼을 뽑을 때까지 '당분간' 모사꾼들은 기고만장할 것이다. 거짓말쟁이들이 순진한 사람들의 등을 치는 장면을 나의 눈으로 확인했다. 이들의 위선을 똑똑히 지켜 본 나는, 세상이 사기꾼들로 꽉 채워졌음을 실감했다. 강호江湖의 의리는 이미 땅에 떨어졌고, 아무도 믿을 수 없는 세상이 되었다. 이제 나는 기자들의 접근을 무조건 의심하는 지경에 이르렀다.

　정기 예금 풍차의 헛소리를 유포시킨 사이비 작가들, 그리고 이에 합세하여 놀아난 머저리 기자들과, 또 이를 정신없이 받아 적기 바빴던 후발 재테크 작가들이, 독자들을 악의 구렁텅이로 몰아넣었다. 이 어리석음을 도대체 누가 어떻게 책임진다는 말인가? 독자 스스로 깨어나서 '남극성 이론'을 공부하는 수밖에 없다. 인생에서 사기꾼을 피하기만 해도 몰락의 확률은 급격히 줄어든다. 잘못 기술된 책에 시간과 돈을 낭비하지 않는 것이야말로 부자들의 가장 큰 능력이다. 한 푼이라도 더 벌겠다는 사람이 사이비 종교에 심취하면, 아무 부럼이 없다고 외치며 자기 최면에 빠진 북한 주민의 신세와 비슷해진다.

제8장

기억의 저편

우리가 두려워야 해야 하는 유일한 것은 두려움 그 자체다.
- 프랭클린 루즈벨트

8-1 기록의 중요성

 내가 전예협(전국예금자협의회)을 운영하면서 겪은 일을 정리하며 글을 올리는 이유는 다음과 같다. 이것은 나 개인의 은밀한 역사가 아니다. 금융이라는 이름으로 자행된 인간의 어리석음의 역사다. 이를 기록한 사람은 남극성이다. 기록들을 다시 정리해보니, 금융의 문외한이라면 죽을 때까지 모르고 지나칠만한 이야기도 많다는 생각이 들었다. 나 역시 전예협을 운영하지 않았다면, 평생 동안 모르고 지냈을 법한 금융계의 복잡한 내부사정을 많이 기록했다. 이런 생각들은 내가 기록하는 과정에서 깨달은 것이다. 나 같은 3류 야구심판이 대한민국에서 잘 드러나지 않는 금융시장의 민낯을 경험한 과정은, 금융지식에 대한 소시민의 궁금증을 자극할 것이다. 지금부터 매스컴에서 찾아보기 힘든 내 경험을 전하겠다.
 2011년 5월 1일에 네이버에서 남극성의 전예협(전국예금자협의회)[1]이라는 인터넷 까페를 출범시켰다. 까페를 내가 만들고 주로 내가 글을 올리니 대표는 당연히 내가 맡았다. 그해 초부터 불거지기 시작한 저축은행의 뱅크런과 영업정지 사태를 보면서, 더 이상 예금자들이 속수무책으로 당해서는 안 되겠다는 심정으로, 임진왜란이 일어났을 때의 의병처럼 나섰다.
 당시 기사들을 정독하면서 기자들이 행간에 숨긴 의미를 찾으려고 무던히도 애를 썼다. 당시 90여개에 달하는 저축은행의 몇 년간 누적

---

1) http://cafe.naver.com/maximizinginterest

된 실적과 재무제표를 분석하면서 위험한 은행들을 찾아냈다. 당시나 지금이나 저축은행의 몇 년 전의 재무제표까지 분석해서 보고서를 작성하여 공개하는 사람은 내가 유일하다. 물론 이런 작업을 한다고 해서 예나 지금이나 독지가의 후원을 받거나 정부로부터 돈이 지급되는 일은 없다. 전예협을 출범시킬 당시에는 순진한 예금자의 피해를 줄이기 위해 한시바삐 곧 망할 저축은행부터 찾아내는 일이 급선무였다.

회원의 수에 연연하지는 않았다. 2011년은 내가 지금보다 더 무명이던 시절이라, 형성되지 않은 나의 명성을 듣고 까페에 가입하겠다는 사람은 당연히 없었다. 그저 내가 분석한 자료를 모두가 볼 수 있게끔, 검색엔진 네이버에 공개했고 보고서를 꾸준히 작성했다. 내가 회계전문가는 아니므로 초기에는 다소 핵심전달 능력이 부족했다. 그런데 갈수록 내가 보기에도 자료의 질이 좋아졌다. 나중에는 금감원에서 기자들에게 배포하는 자료와 내가 정리한 결과가 같다는 사실을 알게 되었다. 내가 준비한 자료에 대한 믿음이 생겼다. 그렇게 해서 그럭저럭 위험한 은행들을 간추렸다. 자료를 다시 찾아보니 의미 있는 보고서를 처음으로 작성한 날짜가 2011년 5월 18일이었다. 그때 프라임, 대영, 그리고 솔로몬저축은행의 위험성을 감지하고, 위험상황을 정리한 내용을 보고서로 만들어 공표했다. 물론 이 저축은행들은 후에 모두 영업정지 당했다. 솔로몬저축은행이 2012년까지 억지로 버텨주긴 했지만, 이미 2011년 5월에 이미 나의 레이더에 위험성이 포착되었다.

내가 기록을 하지 않으면, 금융이라는 미명하에 흉악한 짓을 꾸미는 놈들의 걸림돌이 하나 없어지는 셈이다. 그들은 마치 약장수처럼 어리바리한 행인들을 계속해서 꼬드긴다. 한편으론 한국저작권위원회에 등록된 책을 눈 하나 깜짝하지 않고 표절해 가는 인간도 있다. 사기는 곧 들통 나기 마련이다. 결국 내가 계속 쓰고 알려야 그들은 두려워한다. 누군가 나서서 사기와 표절, 그리고 금융 및 재테크라는 미명하에 벌어지는 협잡을 준엄히 고발해야 한다. 작가인 나는 계속 글을 쓸 뿐이다. 물론 나는 대부분 언론을 참고한다. 대부분의 대중들은 분명 기사를 봤는데도 기자들이 남긴 행간의 의미를 알아채지 못한다. 마치 리챠드 도너Richard Donner감독이 연출한 영화 『음모론Conspiracy Theory(1997)』의 주인공 택시운전사 제리Jerry Fletcher [2])처럼 누구의 눈치도 보지 않고 나는 극비리에 보고서를 작성한다. 이를 싫어하는 사람으로부터 내가 암살의 표적이 될지도 모른다. 왜냐하면 나는 숨기고 싶은 그들의 추악함을 잘 알고 있기 때문이다. 내가 보기에 몇몇 기자들은 나보다 더 많이 알지만 그들 중에 독자적인 행동을 하는 사람은 거의 없다. 그들이 침묵한다면 다른 누군가가 나서서, 도저히 정상적인 금융종사자의 행동이라고 여길 수 없는 범죄와 작가의 행위로 볼 수 없는 사이비들의 뻔뻔한 지적재산 절도의 역사를 기록해야 한다.

 은행 영업일이 아닌 토요일인 2011년 2월 19일 아침에, 부산저축은행 계열의 저축은행인 부산2, 중앙부산, 전주저축은행과 함께 보해저축은행이 영업정지 처분을 받았다는 속보가 들렸다. 나는 전날인

---

2) 멜 깁슨(Mel Gibson)이 제리 역할을 맡은 이 영화를 유감스럽게 나는 극장에서 보지 못하고, 1998년 1월 오사카에서 LA로 향하는 유나이티드 에어라인의 기내에서 봤다.

금요일에 전주저축은행에 갔다가, 인출대기자가 너무 많아서 포기하고 그냥 왔다. 대기번호를 받고 몇 시간동안 은행에서 기다리다가, 결국 돈을 받지 못하고 먼저 자리를 떠났다. 약속시간을 지키기 위해서였다. 대기번호표를 나눠준 직원은 도장이 찍힌 대기번호를 받은 사람에 한해서 다음 주 월요일에 우선 인출할 수 있게끔 편의를 봐주겠다고 했다. 그러나 토요일 아침에 영업정지처분을 받아서, 결국 이 말은 허언虛言이 되었다. 나는 은행원의 말이 거짓말이 될 수도 있음을 똑똑히 확인했다.

금융기관에 종사하는 이들은 일종의 지적인 우월감을 느끼며, 이름도 생소한 파생상품들을 만들지만, 나는 잘 속지 않는다. 실속이 없는 내용을 그럴듯하게 포장하며 광고하지만, 내가 파생상품의 손실 가능성을 집요하게 따지면, 그들은 입을 다문다. 약관에 동의한다는 서명을 하고 그들의 고객이 되는 순간, 그들이 돈을 버는 구조다. 그렇기 때문에, 방문객을 속이기 위해 양복을 입고 거만하게 행세하는 그들의 어색한 연기가 역겨워서, 나는 이와 반대로 행세한다. 나는 좀처럼 넥타이를 매지 않는다. 일부러 허름하게 입고 대문 밖을 나선다. 이런 나의 겉모습을 보며 무시하는 세태를 확인하면서 속으로 쓴 웃음 지을 뿐이다.

미국에서 늦은 나이에 통계학 수업을 수강할 때, 과제를 해결하면서 알게 된 사실이 있다. 어떤 업계[3]가 계속기업으로 존속하면서 도

---

3) 나는 그 업계의 전략에 대해서는 잘 알고 있지만, 특정한 업계의 영업비밀을 다루는 것은 이 책의 목표가 아니다. 그러므로 나는 그 특정 업계를 밝히지는 않겠다.

저히 망할 수 없는 비법을 발견했다. 나는 통계문제를 풀면서 이 사실을 알았다. 물론 수학문제는 학생들에게 숫자이외의 답을 요구하지는 않는다. 특정 기업의 지속가능성 여부를 따지는 일은 수학의 영역이 아니다. 그러나 수학의 정답이 많은 영감을 주는 것은 사실이다. 기업의 경영진은 각종자료를 가지고 있다. 마케팅을 위해 소위 '빅 데이터'라는 것을 분석한다. 그들은 돈이 필요할 때마다, 어느 고객들을 상대로 광고를 집중해야 하는지 잘 안다. 고객들은 멋모르고 미끼를 무는 물고기 신세로 전락한다. 그리고는 멍청하게 낚인다. 물고기는 낚시 바늘을 삼키지만, 곧 죽게 될 운명인지 모른다. 현명한 사람과 바보의 차이는, 정보의 질質과 정보를 처리하는 능력에 있다. 이 차이가 비대칭적이기 때문에 시장은 존재한다. 결국 머리가 나쁜 사람은 먼저 보는 사람이 임자다.

남극성의 이론을 모른다고 이유로 누군가를 공식적으로 한심한 눈으로 쳐다볼 이유는 없다. 중요한 것은, 늘 그렇듯이 실천의 문제다. 아무런 변화 없이 지금까지 해왔던 일을 반복하면서, 내심 다른 결과를 기대하는 사람은 제정신이 아니다. 누군가 가냘프고 여린 마음을 친절하게 헤아려 줄 것이라고 생각하면, 순진한 생각이다. 그런 일은 지구역사상 거의 일어나지 않았다. 그저 흉포한 인간들의 잔혹한 짓을 보고 이를 반면교사反面敎師로 여기며, 자신에게 부끄러운 사람은 되지 말자고 소극적인 다짐을 하면 다행이다. 이 세상에서 내 편은 한 명도 없다. 태어난 인간은 언젠가 죽게 마련이다. 세상에 태어나서 이름과 업적을 남기지 못하고 역사 속에서 사라지는 사람이 대다수다. 관속에 누워 핑계를 주절거리고 싶다면, 말리지는 않겠다. 나이를 먹어가며 변명거리를 찾는 대신에, 나는 정확한 기록을 적거나 검토할 뿐이다. 그리고 과거의 기록을 통해 미래를 예상한다. 나는 이 모든 결론을 기록을 통해 이끌어 냈다.

8-2 기록을 다시 들춰보는 이유

금융계 악당들의 지적인 수준이 정상이라면, 나에게 조언을 구할 것이다. 그러나 지금까지의 과정을 살펴보면, 그런 일이 일어날 가능성은 없다. 왜냐하면 그들은 타락한 나보다 더 우둔하고 지저분하기 때문이다. 분명히 말하건대, 가끔씩 작가흉내를 낸답시고 술집에서 객기를 부리는 나보다 훨씬 한심하다. 털어서 먼지가 많이 날리는 인간이기 때문에 웬만하면 남의 잘못을 지적하지 않는 내가, 비판의 칼봉을 휘두를 정도로 금융계의 사정은 심각하다. 남극성 이론을 주장하며 제2금융권의 안정을 추구한 나를 공식적으로 탄압한 곳은 다름 아닌 제2금융권이다. 웃어야 할지, 울어야 할지 잘 판단이 서지는 않지만, 굳이 화를 낼 필요는 없다. 사실 나의 책을 이해하고 감사히 여겨야 할 사람들은 제2금융권 종사자들이다. 처참하게 무너지던 그들의 수신고와 이미지를 제고提高시킨 건 '남극성 이론' 때문임을 그들은 알아야 한다. 그들의 진가를 발굴한 사람은 남극성이다. 그런데도 그들은 나를 죽이지 못해서 안달이다. 나는 거의 득도했다. 군중의 광기는 어쩔 수가 없다. 그들의 지능지수를 한순간에 끌어 올릴 수는 없다. 예수를 배신하고 죽인 사람은 당대의 사람들이다. 나는 오늘

불의에 야합한 세력에 맞서다 내일 죽어도 개의치 않는다. 왜냐하면 나는 글을 쓰는 작가이기 때문이다.

프로야구단 보스턴 레드삭스는 2002년에 단장으로 28세인 테오 엡스타인Theo Epstein을 영입했다. 그리고 86년간 떠돌던 밤비노의 저주Curse of the Bambino[4]를 2004년에 풀었다. 테오 엡스타인은 메이저리거 출신이 아니다. 이와 비슷한 사례가 미국에 또 있다. 대학에서 응용경제학을 배운 존 대니얼스Jon Daniels는, 콜로라도 롸키스Colorado Rockies의 인턴이 되더니, 결국 2015년 10월, 28세 41일의 나이에 텍사스 레인저스Texas Rangers의 단장으로 취임한다. 이들은 기존의 야구인들이 알지 못했던 가치를 통계로 분석하고 과감한 트레이드를 단행했다. 효율을 추구하는 그들은 숫자를 새롭게 해석했다.

대한민국의 금융업종사자와 공무원들은, 남극성이 이미 분석한 자료와 동일한 내용을 보고 받으며, 예금자와 국민이 낸 예금과 세금으로 월급을 받는다. 남극성은 자료를 만들고 공개하는 과정에서 행정력과 세금을 낭비하지 않는다. 오직 나 자신의 돈과 시간을 쓴다. 공공의 이익을 위해 나의 정력을 바칠 뿐이다. 돈이나 영웅대접 따위는 필요 없다. 나는 비교적 남보다 돈에 여유가 있다. 그저 인터넷에 올리는 나의 글과 자료를 삭제하지나 말았으면 좋겠다. 차라리 명예훼손으로 나를 당사자들이 고소를 했으면 좋겠다. 왜냐하면 법원의 판결문은 영원히 기록에 남고, 먼 훗날 누군가 이를 알아볼 수도 있기

---

4) 밤비노의 저주는, 보스턴 레드삭스에 있던 베이브 루스(Babe Ruth, 1895~1948)가 뉴욕 양키스로 이적한 이래 2004년까지 86년간 보스턴 레드삭스가 월드시리즈에서 우승하지 못한 이유라고 호사가들에 의해 언급된다.

문이다. 나의 이론을 내세우고 목에 힘을 주려는 작자들은, 우선 나의 허락을 받은 후, 무단으로 도용하지 말기 바란다. 대한민국의 금융계에서는 새로운 이론가의 등장을 원하지 않을 수가 있다. 내가 침묵하기를 바라는 자들도 있을 것이다. 그러나 이들의 바람과는 달리 기술은 꾸준히 발전하고, 숫자는 어리석은 자들을 비웃으며 기록으로 남는다. 수학적 진실을 밝히려는 노력을 영원히 감옥에 가둘 수는 없다.

사람들의 관습과 고정관념에 따라 금융시장에 어떤 경향이 조성되었다. 잘못된 통념을 바꿔야 한다면, 정치적인 성격을 지닌 사회운동이 되어야한다. 그러나 개인의 경제발전을 부당하게 가로막는 수구세력도 있음을 알게 되었다. 일단 표절을 일삼으며, TV출연과 강연을 통해 그릇된 정보를 유포시키는 인간의 정체는 알아냈다. 그 인간의 배후에 출판계가 있으며, 방송계와 언론이 도사리고 있다. 어리석은 백성을 끊임없이 미혹迷惑에 빠뜨리는 그들의 언어에 맞서 싸우는 대척점에 '남극성 이론'이 존재한다. 사실 예전부터 이런 불합리와 철학자들이 맞서 싸워왔다. 나는 프랜시스 베이컨Francis Bacon(1561~1626)이 우상偶像에 대해 상술詳述한 내용을 떠올리며, 대한민국의 재테크 책의 3류 저자들이 얼마나 엉터리 용어를 만들며 혼란을 조장하는지 다시금 깨닫게 되었다. 루드비히 비트겐슈타인Ludwig Wittgenstein(1889~1951)이 '내 언어의 한계가 내 세계의 한계'[5]라고 주장한 명제를 음미할 수 있다면, '남극성 이론'이라는 5

---

5) 『Tractatus Logico-Philosophicus(1921)』(1998, Dover Publications)

글자의 인지認知여부가 금융부자로 향하는 길로 떠나는 자동차의 시동을 거는 열쇠임을 알게 될 것이다.

 나는 대한민국의 금융계에 진정한 혁신이 일어나지 않는 이유를 잘 알고 있다. 그들이 영업정지 당하지 않고, 적당히 살아가는 방법도 파악하고 있지만, 이 책에서 그 내용을 말하지는 않겠다. 우리나라의 금융은 우물 안의 개구리일 뿐이다. 그들의 한심한 실력과 너저분한 국제경쟁력을 확인하면, 절대로 대한민국에서 세계적인 금융회사가 나올 수 없다는 결론에 이른다. 냄비가 뜨거워지는 줄도 모르고 서서히 죽어가는 개구리 신세를 생각하면 된다. 세상이 바뀌는 데도 민첩하게 대응하지도 않는다. 미안하지만, 나는 금융회사에서 일하는 사람을 감옥에 앉아서 집행을 기다리는 사형수와 동급이라고 여긴다. 왜냐하면 자기 밥그릇을 지키기 위해 독점권을 행사하며 현재 일시적으로 발악하지만, 곧 자기의 의지와 상관없이 시체가 되어 처참하게 찢어진 먹잇감이 되기 때문이다. 이제 금융기관에서 일하는 사람은 갈수록 줄어들 것이다.
 경영건전성에 문제가 발생하는 금융기관은, 프로야구단에서 야구감독을 영입하듯이, 나에게 자문을 요청할 것이다. 그러나 나는 금융기관의 어떠한 질문에도 대답할 생각이 없다. 경영건전성에 문제를 일으킬 정도라면, 회사는 이미 회복 불가능하다고 봐야 한다. 마치 암세포가 널리 퍼진 줄 모르고 수술부위를 절개했다가, 예상보다 널리 퍼진 암 덩어리를 보고 난처함에 빠진 상황과 같다. 수술을 하려고 피부를 잘라냈다가 심각한 상태를 확인하고, 하릴없이 복개覆蓋

지시를 내리는 절망의 고뇌를 즐기는 의사는 없다. 나 역시 이런 악조건을 좋아하지 않는다. 그러나 기업의 지속가능성에 관심이 많고 아직 '상태'가 나쁘지 않은 금융기관은, 잠재적인 암세포를 제거하기 위해 나를 영입하려고 노력할 것이다. '남극성 이론'의 인지여부는, 사회를 효율적으로 발전시키고, 개인이 부유해지는 이성적 판단의 기준이 될 것이다.

금융기관에서 사고가 나고 피해자가 발생하면, 가해자가 누군지 잘 모르게끔 되어있다. 은행의 부실을 메우는 기금은 한 번 나가고 거의 되돌아오지 않는다. 정부는 금융기관의 관리 감독을 소홀히 여기다가 갑자기 부실해지면 각종 공적자금이라는 이름으로 돈을 퍼주지만, 결국 밑 빠진 독에 물을 붓는 셈이다. 이들이 거드름을 부리며 쓰는 돈의 정체는 납세자가 낸 세금이다. 이 돈의 회수율을 들여다보니, 그 결과가 처참하므로 정신건강 유지차원에서 더 이상 조사하지 않기로 했다.

보통 사람이 남에게 빌려준 돈을 떼이면, 화가 나서 고소를 할 수도 있다. 국가기관은 전혀 책임지지 않는 돈을, 일부 사람들에게만 일방적으로 지원한다. 이는 명백한 불평등이다. 세금을 쓰는 일은, 가장 쉬운 일 중의 하나다. 누군가 합법적으로 통닭집을 차린 후 세무서에 사업자로 등록하고 운영하다가 빚을 지고 망하면, 죽을 때까지 채권자가 따라다닌다. 그러나 은행간판을 달았다가 문을 닫으면, 정부는 되돌려 받지 못할 공적자금을 마구 퍼준다. 나는 이 상황을 뻔히 알고 있지만, 눈만 껌벅거리며 영문을 도무지 모르는 순진한 납세자의 무지를 비난하거나 탓하고 싶지 않다. 그들은 조용히 세금을 뜯기며 착취당하는 줄도 모르는 가련한 신세다. 물론 꼬박꼬박 세금을 잘 내는 나도 당하는 건 마찬가지다. 굳이 차이가 있다면, 알고 당하느냐 모르고 당하느냐의 차이다. 사정을 잘 아는 사람도 이 꼴을 다 보고 그저 쓴웃음을 지을 뿐이다. 지렁이도 밟으면 꿈틀댄다. 납세자들을 노예처럼 부려먹는 악당들의 앞날에 반드시 재앙이 있기를 글로써 빌어본다. 세정稅政이 엉망인 나라치고 망하지 않은 나라가 없다. 공동체의 이해관계를 파괴하는 세력들은, 간첩으로 간주해서 국가보안법으로 엄하게 처벌해야 한다.

  전술한대로 정기 적금의 이자가 정기 예금의 이자보다 높은 이유는, 금융상품을 중도 해지하는 비율에 차이가 있기 때문이다. '남극성 이론'을 통해 이 차이를 수학적으로 규명했고, 헛소리를 남발하며 책을 펴낸 자칭 전문가들을 침묵시켰다. 나는 이 와중에 재미있는 결과를 알게 되었다. 은행의 저축상품뿐만 아니라, 계약기간이 몇 년에 달하는 연금저축과 저축성보험의 중도 해지 비율도 상당히 높다는 사실이다. 10년 이상 장기보험의 납입을 유지하는 비율은 절반이 되지 않는다. 그렇다면 금융사와 보험사는 결국 금융상품의 중도 해지로 먹고 사는 셈이다. 중도 해지했을 경우, 사업비라는 명목으로 떼는 돈의 규모가 어마어마하다. 계약기간이 몇 년에 달하는 금융상품을 중도 해지하면 원금이 떼이는 상황도 발생한다. 손실가능성을 인지하지 못하고 수익률이 떨어지는 금융상품에 가입한 사람에게, '남극성 이론'을 통한 이자획득은 다른 세상의 이야기다. 이렇게 대책 없는 사람들이 원금이나마 지키면 그나마 다행이다. 그렇지 못한 경우도 허다하다. 확률적으로 누가 손해를 보는지 알아서 판단하기 바란다.

우주가 생긴 이후의 시간에 비하면, 한 인간의 삶은 너무 짧다. 대부분의 사람들은 우주의 역사에 대해서 별로 중요하게 생각하지 않거나 무시한다. 왜냐하면 지금 얼마의 현금을 가지고 있느냐가 더 중요하기 때문이다. 사랑의 결실인 혼인婚姻을 앞둔 이의 재력財力은 무시할 수 없는 요소다. 중요한 것은 현재다. 그리고 배우자 후보가 지닌 재화의 양은 주요 고려사항이다. 젊었을 때는 돈이 없는 게 당연하다. 그러나 돈이 증가하는 속도에 대해 무심하다면, 늙어서도 가난해 질 가능성이 크다. 남극성 이론을 실천하는 사람들은 세금을 잘 낸다. 그리고 남에게 아쉬운 소리를 하지 않는다. 정치인들처럼 선거 때마다 국민이 낸 세금인 정당보조금을 요구하지도 않는다. '남극성 이론'을 실천하는 사람은 매우 정직한 선진시민이다. 세상의 이치를 아는 이들이 돌변하면 무섭다. 이들의 수가 점차 늘어나면, 금융독점업자들과 이들과 결탁한 정치꾼들이 국민을 속이기 힘들 것이다. 이 모든 판단은 기록을 통해서 내렸다. 안타깝게도 보통사람들은 좀처럼 기록의 중요성을 생각하지 않는다.

8-3 어느 일요일에 일어난 일

2011년 9월 18일의 이야기다. 그날은 맑은 일요일이었다. 나는 그날 영업정지가 발표되는 7개의 저축은행 중 6개 저축은행의 이름을 미리 전예협에 공개했다. 실명을 밝힐 수는 없지만 기자들의 도움을 많이 받았다. 만약 당시에 영업정지되는 저축은행에 돈을 맡겼다가, 내가 제공한 정보를 통해, 자금흐름의 유동성 위기에서 벗어났다면, 나뿐만 아니라 양심적인 기자들의 공이 컸음을 알기 바란다. 7개 중에 1개를 확정 발표하지는 못했다. 이제 와서 꺼내는 얘기지만, 그 금융기관이 바로 토마토저축은행이다.

사실 영업정지를 앞두고 토마토저축은행에 대해서 안 좋은 얘기를 많이 들었다. 그러나 이를 근거삼아 공식적인 보고서를 작성하여 공개할 수는 없었다. 왜냐하면 내가 부정적인 내용의 보고서를 쓸 경우, 그것을 본 예금자가 토마토저축은행으로부터 돈을 미리 뺄 수가 있는데, 만약 토마토저축은행이 영업정지를 당하지 않는다면, 미리 인출한 돈의 약정 금리를 받을 수 없으므로 예금자에게 손해를 끼치기 때문이다. 나는 토마토저축은행의 직전 재무제표를 검토했다. 그런데 은행 바깥에서 돌아가는 상황은, 나로 하여금 고민에 빠지게 할 정도로 심각했다. 평소 타인의 사생활에 영향을 미치는 사회적 발언을 자제하는 내가, 도덕과 공익을 생각할 정도였으니 말이다. 토마토저축은행의 직전 재무제표만 놓고 따진다면, BIS자기자본비율이 8%가 넘고, 고정이하여신비율이 8%가 안 되는, 소위 88클럽 회원이라고 볼 수는 없었다. 그러나 지속가능성에 문제가 있다고 의심할 정도로 심각하지는 않았다. 실제로 9월 18일 이전에 발표한 토마토저축은행의 재무제표보다 여러 지표가 안 좋았던 은행이, 토마토저축은행보다 나중에 영업정지 당했거나 여전히 명맥을 유지하고 있다.

당시 토마토저축은행의 재무제표를 과연 누가 작성했는지 지금도 의심스럽다. 나는 영업정지 발표 직전 분기의 재무제표 작성에 분식

粉飾이 있었거나, 경영공시 결과의 발표 이후에 금융기관의 부실대출, 혹은 불법대출이 있었음을 강하게 의심한다. 아니면 이 모든 과정을 알고도 금융당국에서 방조한 세력이 있었을지도 모른다. 그렇지 않고서는 직전 재무제표에서 별다른 이상이 없었던 토마토저축은행이 한 번에 무너질 수가 없다. 내가 제기한 가능성을 고려하지 않고서는, 도저히 토마토저축은행의 영업정지를 설명할 방법이 없다.

토마토저축은행이 영업정지 당한 2011년 9월 18일 이전인 2011년 2월에 저축은행 영업정지를 발표한 몇몇 은행이 있었다. 그해 2월 19일 급박하게 토요일 아침에 영업정지 발표를 했다. 그러나 그 발표에 앞서 눈치 빠른 예금자는 이상한 분위기를 감지했고, 이들이 예금액을 인출하기 위해 은행으로 몰려가는 뱅크런 현상이 일어났다. 2월의 영업정지 사태 직전에 겨우 빠져나온 사람들 중에 상당수는, 여러 지표가 우량하고 안전하다는 이유로 토마토서축은행에 돈을 맡겼다. 그랬던 사람들이 몇 달 동안 안심했다가 꼼짝없이 토마토저축은행에 당한 것이다. 은행문의 셔터가 내려진 일요일에 영업정지 소식을 듣고 해당은행으로 달려가 봤자 소용없는 일이었다.

다시 2011년 9월 18일 하루 동안 있었던 일을 복기해 보자. 그날은 일요일이었다. 따라서 은행 문을 열지 않으므로 은행을 방문해서 새롭게 계좌를 개설하는 사람은 없다. 나는 그날 아침 토마토저축은행에 대한 직전 재무제표를 분석한 보고서를 작성했고, 이 직전 재무제표 상으로는 금융기관이 계속기업으로 존속하는 데 별다른 문제가 없음을 전예협에 공개했다. 그러나 토마토저축은행에 대한 흉흉한

소문들을 무시할 수 없으므로, 만약 영업정지 처분을 받는다면, 이 직전 재무제표에 문제가 있음을 명기했다. 그리고 이 모든 복잡한 사항을 영업정지를 앞둔 몇 시간 전에 공개할 수밖에 없는 속사정을 솔직히 말했다.

이날 아침에 나의 고민을 글로 담아 까페에 올리고 홀가분하게 영화『죽음의 다섯 손가락(1972)』을 연출한 정창화鄭昌和 감독이 참석하는 간담회장을 향해 집을 나섰다.『죽음의 다섯 손가락』을 연출한 정창화 감독은 여전히 '리얼 액션'과 '남자들의 환타지'[6]를 꿈꾸고 있었다.『죽음의 다섯 손가락』은 아시아에서 제작한 영화 중에서 최초로 미국 박스오피스에서 1위를 차지한 영화다. 박스오피스 1위에 오르는 일은, 돈을 주고 영화를 극장에서 보겠다고 몰려든 사람이 가장 많았다는 사실을 의미한다. 나에게도 질문할 수 있는 기회가 돌아오자 여러 궁금한 점을 직접 물어봤다. 컴퓨터 그래픽이 없던 시절, 주인공을 맡은 배우 로례羅烈(나열)가 격투장면에서 철장鐵掌, iron palm 기술을 보여줄 때 손바닥이 빨갛게 변하는 것을 어떻게 촬영했는지 묻자, 정창화는 조명담당자의 몫이라고 둘러대며, 자신의 비법秘法을 드러내지 않았다. '영업비밀'을 지키려는 그의 장인匠人정신은 당당하면서도 조심스러웠다. 내가 보기에, 그는 여전히 야심을 숨기고 있었다.

그리고 그날 오후에 영업정지 소식을 확인했다. 예상대로였다. 고금리를 내세워 유혹했기 때문에, 영업정지발표 후에, 만약 살아남으

---

[6] '리얼 액션'과 '남자들의 환타지'는 정창화 감독의 표현이다. 그가 한국에서 감독생활을 할 때, 젊은 임권택林權澤은 정창화의 조감독을 맡았다.

면 계좌의 개설을 고민했던 에이스저축은행도 결국 무너졌다. 그날 금융위에서 기자들을 상대로 브리핑이 있었다. 나는 그 시간에 영화를 보느라 다른 곳에 가 있었지만, 그날 저녁에 집에서 금융위원회 홈페이지를 통해 김석동 금융위원장의 영업정지발표와, 주재성 금융감독원 부원장과 김주현 금융위원회 사무처장의 합동 브리핑이 담긴 동영상을 볼 수 있었다. 이 모든 것은 금융위 홈페이지에 공개됐다. 원래는 13개의 은행을 검토했는데, 7개를 영업정지 처분을 내리고 6개 저축은행에는 적기시정조치를 내렸다는 내용이 발표됐다.

이날의 금융위의 브리핑에서 몇몇 기자들에 의해 솔로몬과 한국저축은행이 6개에 해당하는지 질의가 오고갔다. '솔로몬'과 '한국'의 실명이 먼저 김주현 금융위 사무처장의 입에서 흘러나왔다.

> 김주현: ...85개 중에서 5% 미만 숫자는 기본적으로, 오늘 경영개선계획을 제출했다는 얘기는 BIS비율이 5% 미만이거나 아니면 자산이 부채를 초과했기 때문에 낸 것이거든요. 그러니까 기본적으로 '**13개를 제외한 나머지는 다 5% 이상이다**', 그리고 다만, **그러면 13개가 다 5% 미만이냐고 하면 그렇지는 않습니다. 그래서 '솔로몬'이나 '한국'의 경우에는 BIS비율은** (이때 주재성이 김주현을 손으로 치며 발언을 제지시킨다) **조금 숫자상으로 보면 어쨌든 넘는 게 있다는 것입니다.** 또 다른 질문 뭐 있었나요?

이 내용을 기사화한 언론은 없었다. 그러나 인터뷰 동영상의 공개를 통해서 많은 정보가 흘러나왔다. 이 장면을 노출시킨 건 금융위의 명백한 실수였다. 왜냐하면 적기시정조치를 당한 6개의 금융기관명을 밝혀서는 안 되기 때문이다. 주재성 금감원 부원장이 슬쩍 김주현 금융위 사무처장의 발언을 제지하려고 했지만, SBS의 박민하 기자가 이 장면을 보고 그냥 지나치지 않았다.

> 박민하: SBS의 박민하인데요, 지금 방금 13개 중에 솔로몬이랑 한국이 나머지 6개에 포함되어 있다고 밝히신 건가요?
> 김주현: 그것은 제가 질문을 정확하게 이해하지 못하고 혼동했습니다. 그러니까 그것은…제가 답변한 것에 대해서 잊어버리십시오.
> 박민하: 아니, 그것을 잊어버릴 수는 없는 것 같고요.
> 김주현: 제가 질문을 착각해서 질문의 포인트를 착각해서 다른 것을 답변했는데, 제가 질문의 답변을 잘못했기 때문에 주재성 부원장이 잘못 답변했다고 얘기한 것입니다.

박민하 기자는 집요했다. 기자정신이 살아 있었다. 받아쓰기에 정신없던 다른 기자와 달리, 그는 송곳 같은 질문을 어떻게 던지는지 알고 있었다. 그는 아프리카의 세렝게티 초원에서 먹잇감을 발견하고 달려드는 사자처럼 계속 김주현을 밀어붙였다.

> 박민하: 아니, 그러니까 지금 공식적인 자리에서 말씀하셨으니까, 솔로몬과 한국이 6개에 제외가 되었는데 잘못 얘기하신 것

인지, 아니면 6개에 들어가 있다고 되어있다면, 나머지 4군
데도 분명히 말씀을 해 주셔야 혼란이 없습니다.
김주현: 제가 말씀드리면, 6개의 이름은 분명히 오늘 말씀을 안 드
리겠다고 얘기했고, 그 다음에 공식적인 자리에서 제가 이
름을 얘기한 것은 제가 공식적으로 얘기를 잘못한 것이라
고 인정을 하겠습니다.
박민하: 그러니까 6개에 안 들어가 있다고 확인하시는 것입니까?
김주현: 그것은 확인을 못 해줍니다. 왜냐면 아까 분명히 말씀드
렸지만, 오늘은 6개에 대한 이름은 밝히지 않겠다고 분명
히 제가 말씀드렸습니다. **그리고 제가 아까 얘기할 때 잘
못한 것은 '제가 잘못 답변을 드렸다'라고 인정을 하겠습
니다.**

금융위 기자회견장에서 솔로몬저축은행과 한국저축은행의 실명을 언급한 김주현 금융위원의 사무처장이 허둥대는 모습을 기자가 포착했다. 나는 이 동영상을 보고 가만히 있을 수 없었다. 곧바로 솔로몬저축은행과 한국저축은행의 재무제표를 검토하기 시작했다. 김주현은 영업정지와 적기시정조치에 해당하는 13개의 저축은행 중에 모두가 BIS기준자기자본비율 5% 이하에 해당하지는 않는다고 하면서, 솔로몬과 한국의 예를 들었다. 박민하 기자가 이를 끈질기게 물고 늘어지자 공식적인 장소에서 전혀 어울리지 않는 이상한 답변을 하며 얼버무렸다. 내가 이 장면을 본 후, 지인들에게 알리고 한국 저축은행과 솔로몬 저축은행의 정보를 취합했다. 허겁지겁 조사해보니, 정

말 김주현의 말대로 솔로몬과 한국의 BIS기준자기자본은 5%가 넘었다. 솔로몬은 9.16%, 한국은 6%였다. 김주현이 기자들 앞에서 말하려다 중단한 내용이 사실일 확률이 커졌다. 이 모든 장면은 내가 낸 세금으로 운영되는 금융위의 홈페이지를 통해 볼 수 있었다.

당시 영업정지를 면한 6개의 적기시정조치은행의 실명이 무엇인지 나는 관심이 없었다. 왜냐하면 대충 짐작하고 있었기 때문이다. 나는 위험한 금융기관들을 이미 알고 있었다. 그래서 일찌감치 거래하지 않기로 결정하거나 돈을 미리 뺐다. 2011년 9월 18일 이전에, 그 중 어떤 은행들은 고금리를 제시하며 유혹했기 때문에 꽤 매력이 있었다. 그러나 만약 이 은행들이 영업정지 발표의 광풍이 분 후에도 살아남으면, 나는 그 때가서 거래할 것을 검토했다. 분명한 사실은, 그날 금융계의 공위 공직자에 의해 실명이 거론된 솔로몬저축은행과 한국저축은행은 결국 얼마 안 가서 영업정지 당했다는 것이다.

이날 공무원과 기자와의 대담은 모두 금융위 홈페이지에서 공개됐다. 이를 본 사람은, 공무원의 우물쭈물하는 모습과 이를 놓치지 않은 기자의 예리한 질문을 통해 앞으로 영업정지 당할 저축은행의 실명을 예상할 수 있었다. 어쩌면 이런 상황의 연출이 실수가 아니라 의도적인 행동일지도 모른다고 생각했다. 왜냐하면 금융의 홈페이지는 누구든지 방문할 수 있으니 말이다. 아무튼 금융위는 이 부분을 편집해서 도려내지 않았다. 동영상을 본 사람이 알아서 판단하고 행동하라는 신호인지도 몰랐다. 그렇다면 분명 예금자에게 도움이 되는 애국적인 행동이다. 왜냐하면 이 장면을 통해 해당저축은행에서 미리 돈을 뺀 사람은, 영업정지 당하는 저축은행에 돈이 묶이는 유동성 위기를 미리 감지할 수 있었고, 예금보호공사로부터 지급되는 가假지급금의 낭비와 행정력의 손실 및 세금의 출혈을 막을 수 있었다. 유감스럽게도 이 내용이 활자로 기사화하거나 취재한 언론은 없었다. 나는 이 사실을 전예협에 공개했다. 따라서 대부분의 예금자가 알 수 없었으며, 전예협 회원과 금융위 홈페이지를 직접 방문한 극소수에 의해서만 이 사실이 포착되었다. 관리감독을 철저히 못한 금융기관에 돈을 맡긴 예금자들의 돈과 납세자의 세금은 이렇게 공식적으로 사라졌다.

해방 후에 영화계에 투신하여 최인규 감독의 조감독으로 일을 시작한 정창화 감독은, 이날 열린 간담회에서 여전히 영화연출에 대한 미련을 보이면서도 꿋꿋이 자존심을 지키려고 노력했다. 한국영화사의 선설인 그는 많은 비밀을 알고 있었다. 리샤오룽 최후 며칠 동안의 행적과, 아직까지 호사가들의 입방아에 오르는 그의 사인死因을 명쾌히 증언했다. 그는 영화감독의 품격을 지키려고 애를 썼다. 다른 사람은 몰라도, 내 눈에는 이것이 분명히 보였다. 이날 멍텅구리들의 탐욕으로 날린 돈의 극히 일부만 정창화 감독에게 투자해도 괜찮은 영화 한 편이 만들어질 수도 있겠다는 생각을 했다. 장난꾸러기 어린 청룽成龍(성룡)을 엑스트라로 부리고, 쿠엔틴 타란티노Quentin Tarantino에게 영향을 준 한국인 영화감독의 육성을 기억하는 사람은 점차 사라질 것이다. 납세자의 세금과 예금자의 돈을 탕진한 사기꾼에 합세하는 모든 나쁜 놈, 그리고 욕심에 눈이 멀어 이들에게 속는 어리석은 고객들의 아우성도 곧 잊힐 것이다. 나는 정창화 감독의 등장인물처럼 공중으로 뛰어올라 악당들에게 분노의 박치기를 날리고 싶었다. 그날따라 유독 하늘이 눈이 부시게 푸르렀지만, 땅위의 현실은 참혹했다. 정창화 감독의 복수극처럼, 나쁜 놈들의 피로 대지를 물들이고 싶었다. 그러나 현실에서 선량한 사람은 항상 당하기 마련이다. 정보에 어두운 예금자는 피 같은 돈이 사라졌음을 확인하며, 영업이 정지되어 닫힌 은행의 문 앞에서 하염없이 서성거렸다. 나는 이날의 기억을 글로 남길 뿐이다. 내가 할 수 있는 유일한 방법이다.

8-4 나는 고발한다

1898년에 드레퓌스Alfres Dreyfus(1859~1935) 사건의 진실을 에밀 졸라Émile Zola(1840~1902)가 폭로했다. 21세기의 대한민국에서 브로커 수준의 출판계와, 기자를 참칭한 인간의 표절과 교묘함은 보통 사람이 보기에도 너무나 확연히 드러난다. 두뇌가 좋지 않은 범죄자처럼 그들은 증거를 남긴다. 모 인터넷 언론 재테크 담당기자라는 사람이, 내 책의 내용이 흥미롭다고 이메일을 보냈다. 나에게 접근해서는 책을 들고 와서 특정한 부분을 집중적으로 물어보고, 이를 기록한 엑셀 문서를 요청했다. 처음 보는 사람에게 모든 자산내역을 담긴 엑셀 문서를 보여주는 미친놈은 없다. 이는 지나가는 생면부지의 사람을 붙잡고 뜬금없이 한 달에 얼마 버느냐고 묻는 짓과 같다. 나는 당연히 거절했다. 나중에는 내 방식대로 자산을 운용하는 사람이 있냐고 하기에, 나는 전예협 회원이자 전예협 정기모임에 나온 적이 있는 어떤 공기업직원의 연락처를 알려줬다. 그리고 한 달 후에 내가 전수한 내용이, 내가 소개해준 공기업직원의 이름으로 출처가 바뀌어 책으로 세상에 나왔다. 책 어디에도 나와 전예협의 흔적은 전혀 찾아볼 수 없었다. 이는 명백히 나를 인정하지 않으려는 시도였다. 물론 나를 무시해도 상관은 없다. 그러나 졸저의 내용에 흥미 있다는 이메일을 보내고, 인터뷰를 빙자해 졸저의 내용을 집중적으로 배운 후, 그 부분을 다른 사람의 지식인 양 내세워서 자신의 책에 싣는 일은, 글쟁이로서 해서는 안 될 파렴치한 행위다. 나중에는 관련자들이 입을 다문다. 불의不義를 보고 침묵을 지킨다면, 결국 부정한 세력과 한패라는 얘기다.

그리고 나에게 접근한 자칭 기자는, 한국저작권위원회에 등록된 나의 책에 명시된 이론을 내가 소개한 전예협 회원에게 배운 듯 천연덕스럽게 연기했다. 이유는 간단하다. 나에게 다가온 이유는, 자신의 책에 쓸 내용을 전수받고 교묘히 출처를 숨기려고 했기 때문이다. 내가 이 사실을 출판사에 전하니, 출판사의 사장도 침묵한다. 모두가 한통속이다. 나는 이 출판사에서 출판한 책을 보지 않기로 했다.

몇 달 후 이 작자가 강의를 한다기에 나는 시간을 내어 현장을 방문했다. 나를 조롱하며 강의하는 표절꾼의 헛소리를 들으러 돈을 내고 자리를 잡았다. 나는 가만히 듣고만 있을 수는 없었다. 나를 표절한 인간은 강의를 진행하면서 나의 책에 언급된 내용을 읊어댔다. 지금도 도저히 이해할 수 없는 사실은, 강의 도중 나를 경멸적으로 칭稱하면서, 한편으로는 졸저에 있는 내용을 설명하기 위해 상당시간을 할애하는 것이었다. 정말 알다가도 모를 괴이한 체험이었다. 강의 말미에 질문시간이 주어지기에, 내 책의 내용을 무단으로 유포한 자에게 직접 물어봤다. 표절작에는 나의 이론을 그대로 설명하는 공기업 직원의 이름이 등장하는데, 이 사람을 소개해준 사람이 누구냐고 물었다. 그러니까 대답이 걸작이다.

"그 질문에 답할 의무가 없는데요."

자기는 그 질문에 말할 의무가 없단다. 그러니까 『구르는 돈에는 이끼가 낀다』의 저자에게 접근하고는, 인터뷰 장소에서 책의 내용을 집요하게 물어본 후, 한국저작권위원회에 등록된 『구르는 돈~』의 내용을 자신의 책과 강연에 공개하지만, 원천기술의 출처를 숨기기 위해 제3자를 내세우고는, 제3자를 원래 작가로부터 소개받은 사실은 공개하지 않겠다는 말이다. 마치 뇌물 받다가 걸리고 허둥지둥 도망치는 정치인의 뒷모습을 보는 듯 했다. 나에게 접근했을 때, 나에게 엑셀 문서를 구걸하고, 나와 동일한 방법을 실천하는 사람이 누구인지 물어볼 때의 애처롭고 간절한 모습과는 아주 딴판이었다. 해명을 요구하는 질문에 말을 돌리거나, 침묵을 지키면 결국 잘못을 시인하는 것이다. 이런 사람이 재테크 책을 쓰고 강연을 한다. 그러면서 질문을 한 나에게 영업방해로 고소하겠다고 협박한다. 만약 내가 고소당하면, 강연회장에서 표절여부를 따지다가 고소당한 세계 최초의 작가가 될 것이다. 나는 적반하장賊反荷杖이라는 한자성어를 떠올렸다. 내가 전과자가 되면, 야구심판 노릇도 그만두어야 하지만, 이 사정의 진실이 세상에 전파되면 아주 재미있을 것이다.

좋다! 나는 작가니까 이 얘기를 쓰면 된다. 나는 뜬금없이 가해자와 피해자가 뒤바뀌는 상황이 영화의 주제가 되겠다고 생각이 들었다. 강의현장에서 나를 조롱하지 말라고 요청하고 표절방지를 요구하다가 나는 영업방해로 고소당할지 모른다. 나는 이 내용을 영화로 제작하기로 결정하고 시나리오를 쓰고 있다. 속세의 번잡함이 싫어서 조용히 글이나 쓰면서 사는 나 같은 백면서생白面書生도 범죄자의 누명을 뒤집어 쓸 수 있는 세상이다. 주변사람들에게 이 사실을 전하니 구로자와 아키라 감독의 영화『라쇼몽羅生門(1950)』의 이야기를 떠올리는 사람이 있었다. 『라쇼몽』의 등장인물들은 동일한 사건을 경험하지만, 처한 입장에 따라 다른 증언을 진술한다. 사건 당사자들의 기억은 뒤죽박죽 편집되기 일쑤며, 진실은 아무도 알 수 없게 된다. 그래서『라쇼몽』의 결말은 불가지론의 성격을 띠고 있다. 따라서 피해자와 가해자의 구분이 명확한 표절과는 거리가 있다.

나는 지인들이 떠올린 라쇼몽의 줄거리보다는, 뉴욕 현대미술관MOMA 지하의 타이터스Titus극장에서 본 영화, 『선셋 대로Sunset Boulevard(1950)』의 주인공을 떠올렸다. 『라쇼몽』과 같은 해에 만들어진 이 영화에서, 주인공 노마 데스먼드Noma Desmond[7]는, 과거의 영화 榮華에 취해 현재의 몰락沒落을 부정한다. 흘러가는 세월의 흐름을 받아들이지 않으며, 끝내 살인까지 저지른다. 그리고는 경찰에 체포되는 순간까지 자신을 속이며 망상에 빠진다. 현실에서 이런 사람은 피하는 게 답이다. 이런 사람이 순진한 피해자의 꿈을 무너뜨린다면,

---

7) 글로리아 스완슨(Gloria Swanson, 1899~1983)이 늙은 여배우역을 맡았다.

좋은 시나리오의 소재가 되지만, 현실에서 직접 재산상의 손해를 겪는 피해자에게는 재앙이다.

　나는 굳이 지적절도의 예방이, 공공의 이익에 부합된다고 거창하게 말하고 싶지도 않다. 아무튼 창작자들은 늘 표절에 대해서 조심해야 한다. 믿을 수 없는 기자의 인터뷰요청은 사절하는 편이 낫다. 진실을 알면서도 태연하게 거짓을 말한다면, 단수段數가 약간 높지만, 그런 저질 수법에 당할 정도로 나는 그리 호락호락하지 않다. 수준 낮은 반거충이가 나에게 졸저의 방법을 문의하고는, 나에게 소개받은 제3자인 공기업직원을 내세워서 출처를 숨긴다. 나는 만일의 사태에 대비해서 모든 증거를 확보하고 이를 지인들에게 보관케 했다. 나의 책에 언급된 방법을 무단으로 표절하고는, 이를 지적하는 나에게, 진실을 말할 의무가 없다고 당당히 말하는 사람의 직업이 기자라면 상황은 심각하다. 굳이 언론인의 윤리강령을 언급하고 싶지도 않다. 어차피 법과 도덕은 별개라는 것을 나는 잘 안다. 정상적인 질문을 회피하는 사람이 책을 쓰고, 강연장에서 남의 지식을 자기 것인 양 사설을 늘어놓는다. 나는 남극성 이론을 창시한 사람이다. 굳이 수학적 지식이 떨어지는 어리석은 대중들을 일일이 상대할 필요는 없다. 그러나 표절은 명백한 절도행위이자 사기행위다. 이 모든 일이 한 달도 안 되는 사이에 벌어졌다. 이는 대한민국 전체의 문제다. 학력위조가 문제가 되자 학력을 허위로 기재하는 사람이 거의 사라졌다. 신경숙의 표절의혹이 제기된 후, 몇몇 인사가 출판계를 떠났다. 그러나 재테크를 빙자한 출판계에는 아직도 교묘함이 남아있고, 나는 똑똑히 전모를 파악했다. 지적절도가 근절되지 않는다면, 앞으로 대한민국에서 새로운 이론의 창시를 위해 연구하는 사람은 없게 될 것이다.

　나는 수사실무를 전문적으로 교육받은 사람이다. 조사를 받는 피의자의 태도를 보면, 죄를 졌는지 아닌지 심증으로 99% 맞춘다. 나는 범죄의 현장을 직접 목격하고, 한 대 갈기고 싶었지만, 이를 악물며 모든 증거를 채증했다. 적절한 시기에 이를 공개할 것이다. 표절을 전문적으로 적발하는 사람의 말에 의하면, 원래 남의 지식을 훔치며 주인 행세하는 인간이 뻔뻔하다고 한다. 그러나 내가 가해자에게 폭력을 쓴다면, 내가 폭력범으로 몰린다. 피해자가 가해자로 뒤바뀌는 이야기는 사악한 그들이 좋아하는 시나리오다. 그들이 원하는 방식으로 내가 농락당할 수는 없다. 이 문제가 어쩌면 나의 개인적인 문제가 아니라고 생각했다. 출판계의 표절이 문제가 아니라, 소위 금융이라고 불리는 야바위판에서 돈을 챙기는 종사자들의 행위가, 모두 사기라는 판단이 들었다. 금융기관의 휘황찬란함에 현혹되며 거대한 놀음판에 모두가 놀아나고 있는지도 모른다. 가짜 정보와 그릇된 수학에 의해 속는 줄 모르는 사람은, 도박장에 돈을 들고 불나비처럼 뛰어든다.

　부풀린 이력履歷과 얼굴의 성형으로 이미지를 조작하고 대중을 쉽게 속이는 세상이다. 몇몇 사람만이 가끔 똑똑하므로 사기극은 웬만해서는 잘 드러나지 않는다. 저자의 빈곤한 철학과 천박한 교양, 그리고 믿을 수 없을 정도로 엉망인 수학적 지식 따위에 관심을 갖는 구경꾼은 적다. 그러니까 사기꾼이 안심하고 활개 치는 것이다. 그리고 여기에 인간의 무지와 비겁이 영합한다. 실력과 실체가 없는 우상

偶像이 으스대고 있으니, 당연히 권위자는 무시되고 공동체의 질서는 타락한다. 아마 소련의 스탈린 체제를 떠올리는 사람이라면, 겁을 먹고 진실을 알면서도 비굴하게 입을 닫는 경향을 쉽게 이해할 수 있을 것이다. 만취한 사람이 행패를 부리며 난동을 부리고, 정신이 멀쩡한 사람은 이를 제지하지 않고 도망가기 바쁜 한심한 상황이다. 똑똑하고 천사 같은 사람이 없어서 세상이 시끄러운 것이 아니라, 깡패를 몽둥이로 때려잡는 의인義人이 없어서 나라가 망하는 것이다. 대한민국 출판계의 수준은 개판이다. 멸망하는 세상의 마지막 풍경은 이런 장면으로 넘쳐날 것이다. 생업을 포기하고 수년 동안 계산식에 매달린 사람의 노고는 순식간에 부정 당한다. 따라서 대한민국에서 세계적인 이론가가 나올 수가 없다는 결론에 이른다. 혹시 자신의 이론이 독창적이라고 생각하는 사람은 이 점을 잘 고려하기 바란다.

나는 대학에서 매 학기 첫 시간에 표절plagiarism에 대해 귀가 따갑게 들었다. 타인의 저작물뿐만 아니라 구두상으로 전달된 내용의 출처를 명기하지 않는 것도 표절이다. 몇몇 교수는 표절을 잡아내기 위해 프로그램까지 가동시킨다. 그러니까 유명한 외국의 신문에서는 기자가 탑승한 택시 기사의 말을 인용하더라도 정확히 실명을 기재하는 것이다. 나 또한 타인의 학위논문에 인터뷰 대상으로 참여한 적이 있으므로, 논문dissertation에 실명이 공개되고, 연구에 기여한 대가를 받은 적이 있다. 그런데 이런 원칙은 대한민국에 전혀 없다.

거짓과 사기를 일삼는 일이, 남의 지식을 훔치는 표절에서만 일어나는 것이 아니다. 은행은 위험한 금융상품을 마구 판다. 창구의 직원은 투자원금마저 돌려받지 못하는 일이 일어날 리가 없다고 안심시키지만, 그런 일은 현실이 되고 악몽은 이뤄진다. 판매할 때 금융상품의 위험성을 충분히 설명했으며, 상품계약서에 서명까지 받았다고 당당히 금융기관의 종사자들은 항변한다. 결국 고객은 돈을 잃고 업계의 수뇌들은 성과급잔치를 벌인다. 형편없는 수준의 기자들은 이 장단에 놀아나며 상품을 소개하며, 신문과 잡지에 책임질 수 없는 말을 지껄인다. 이런 일이 왜 일어났을까? 광고를 보고 찾아온 순진한 사람들은 금융기관, 금융업자, 혹은 그들이 고용한 똘마니들을 신뢰하고 덥석 자신의 돈을 맡긴다. 선량한 백성이 계약서에 서명하는 순간, 마피아 조직원들은 회심의 미소를 지을 것이다. 피해자들은 금융상품의 손실가능성을 잘 모른다. 모든 금융인이 사기를 친다고 말할 수는 없다. 단지 손해가 발생하는 투자의 불확실성을 얘기하지 않거나, 악몽의 시나리오가 현실이 되는 개연성을 강조하지 않을 뿐이다. 호구들은 금융인의 우아한 이미지의 본질을 모르거나 알려고 하지도 않으며, 그들을 위해 기꺼이 노예가 되려고 자진해서 그들을 찾아오고 순순히 가랑이 밑으로 기어든다.

금융계의 전문가로 행세하며 수준이하의 행동을 일삼는 사람들이, 실제로는 통장을 개설하지 않는다는 것을 나는 알고 있다. 그들은 호들갑 떨며 개설했다고 떠들기만 할 뿐, 자신들의 책에 언급한 통장을 실제로 가지고 있지 않다. 세밀히 살펴보면 그들이 쓴 책에서 이 모순점을 찾아 낼 수 있다. 거짓이 일상화하니, 앞뒤가 안 맞는 내용을 여기저기에 흘리고 서투른 범인처럼 증거를 글로 남긴다. 물론 독자

누구도 저자에게 통장을 보여 달라고 말하지 않는다. 따라서 이들의 사기를 감시하는 사람이 전혀 없다. 대부분의 사람들은 책을 꼼꼼히 읽지 않으므로 거짓말은 잘 드러나지 않는다. 사기꾼에 현혹된 독자들이 '남극성 이론'을 모르는 것도 당연하다. 분명한 사실은, 그들은 기록하지 않거나, 기록할 능력이 전혀 없다는 것이다.

이 사정은 정부도 마찬가지다. 경제발전과 석유파동이 일어났던 1960년대와 1970년대의 경제자료를 오늘날 파악하기 위해서는, 공무원이 직접 손으로 쓴 자료를 찾으러 문서보관소를 뒤져야한다. 어딘가에 남아있을지 모르는 문서를 뒤적이기 위해, 시간을 허비하며 수고를 마다하는 공무원은 없다고 봐야한다. 몇몇 지표와 금융관련 자료를 수량화하여 컴퓨터에 입력한 작업은 극히 최근의 일이다. 남들이 아무도 관심을 안 갖는 자료를 분석하는 내가 외계인처럼 여겨지는 세상이다. 이런 분위기 속에서, 이기주의는 너무나 당연한 미덕이 되었다. 자료를 정리하느라 새벽 4시에 잠드는 남극성을 제외한 그 누구도, 공익적 목적으로 수학적인 자료를 공개하지 않는다.

이것이 정보화 시대의 한계일지도 모른다. 정보에 대한 접근이 가능하다고 착각하지만, 실제로 고급정보를 가지고 있는 사람은, 이를 공개하지 않고 독점하며 남보다 한 발 앞서 행동한다. 그리고 돈을 번다. 상대적으로 지닌 정보의 양이 적거나, 엉터리 정보를 가진 가난한 사람과의 차이는 더욱 벌어진다. 모든 사람이 정보를 가질 수 있다는 환상이야 말로 정보화 시대의 가장 큰 거짓말이다.

지금은 컴퓨터에 쉽게 입력하지만, 과거의 공대생은 설계도를 완성하기 위해 제도지에 자를 대고 직접 선을 그었다. 나는 옛날방식으로 계산식과 공식의 검증을 위해, 숱한 계산식을 종이 위에 연필로 쓰고 지우기를 반복했다. 수많은 시행착오를 거듭한 끝에 '남극성 이론'이 탄생했다. 기존 금융인들에게 이런 걸 기대할 수는 없다. 그들의 가장 큰 죄는 '금융'이라는 단어를 자신만의 언어로 독점하고, 학대하며, 왜곡한다는 것이다. 왜 대한민국의 국가대표 야구팀은 가끔씩 일본을 이기는 데, 기초과학의 수준은 일본과 현격한 차이가 날까? 평균적인 국민의 지능에 차이가 있다고 볼 수밖에 없다. 이를 인정하지 않는 자는 세상을 객관적으로 보지 못한다.

8-5 남극성 이론을 내세우는 이유

2015년에 제1금융권이 소위 '풍차 돌리기'를 운운하는 사태가 일어났다. 이것이 단순한 사건이 아니라 '사태'라고 규정되는 이유는 바로 금리와 관련된 오해 때문이다. 금리는 항상 중요한 고려대상이다. '풍차 돌리기'를 상품판매에 이용하는 제1금융권의 이것저것 복잡한 조건을 다 들어주고 24개월이라는 만기기간을 충족해야 겨우 2.3%의 확정금리를 얻을 수 있었다. '남극성 이론'을 실천하는 나는 당시 제2금융권을 이용하면서 24개월 만기 4.1%짜리 상품에 가입하고 있었다. 내가 계약한 금융상품의 약관에 '잡스런' 조건은 전혀 없었다. 따라서 나는 '풍차 돌리기'라는 명칭을 상품판매에 이용하는 제1금융권을 거들떠보지 않았다. 주목해야 할 사실은, '풍차 돌리기'라는 용어를 제1금융권에서 무분별하게 사용한다는 것이다. 제1금융권은 그들에게 절대적으로 유리하도록 지저분한 조건을 달아둔다. 잡다한 조건 없이 남극성 이론에 따라 고른 상품에 가입하면 4.1%의 금리소득을 거둘 수 있었다. 그러나 제1금융권이 내세운 악마의 계약서에 따르면, 그들이 제시한 여러 조건을 고객이 만족시켜야 고작 2.3%의 소득을 올릴 수 있었다. 이 계약조건의 차이를 비교하지 않고, 금리만 놓고 따져도 '남극성 이론'을 실천하는 내가 더 돈을 많이 번다.

$$4.1 - 2.3 = 1.8$$

$$\frac{1.8}{2.3} \times 100 = 78.2608...$$

'풍차 돌리기'를 내세우는 제1금융권에 농락당한 고객에 비해, 나는 약 78.26% 많은 수익을 올린다. 결국 '남극성 이론'을 따르는 사람보다 훨씬 수익이 떨어지는 상품을 팔기 위해, 제1금융권이 '풍차 돌리기'를 내세운다. 이 사태의 전말을 '사기극'이라고 규정할 수는 없지만, 제1금융권은행이 내세우는 '가짜' 풍차 돌리기보다 '남극성 이론'이 훨씬 수익률이 좋다고 분명히 말할 수 있다. 아무튼 이제는 제1금융권의 주도하에 '풍차 돌리기'라는 용어를 금융상품팔이에 이용하는 세상이 되었다. 상황이 이러니 '풍차 돌리기'를 폐기하고 '남극성 이론'을 정확히 사용하자는 것이다. '남극성 이론'의 주창主唱은 절대로 개인의 명예욕 때문이 아니다. 이는 정명正名의 문제다. 내가 만든 '적금 풍차 돌리기'의 개념을 그들은 파괴하며, 자신들의 이익을 위해 악용했다. 제1금융권이 낮은 금리로 고객들을 유혹하면서,

'풍차 돌리기'라는 용어를 남용하며 내 뜻을 철저히 왜곡했다. 난장판을 바로 잡을 시점은, 빠르면 빠를수록 좋다. 왜냐하면 그 시점이 늦춰질수록 가난해지기 때문이다. 오늘날의 독일 국민에게는 대단히 미안한 얘기지만, 상황을 올바르게 파악하지 못하는 사람들은, 마치 제2차 세계대전 직전에 나치에게 세뇌당하여 판단능력이 떨어져서 집단광기에 빠져드는 군중과 같다. 히틀러는 꾸데타에 의해 정권을 잡은 것이 아니라 합법적인 선거를 통해 집권했다. 과거의 독일인들이 어리석은 선동에 빠져든 것처럼, 오늘날의 금융기관은 내가 만든 말을 간단히 비틀어 자신들의 밥벌이에 이용하고 있고, 이런 사정을 모르는 예금자는 꼼짝없이 수렁에 빠져든다.

'풍차 돌리기'라는 용어가, 독자들에게 제1금융권의 저금리를 속이는 수단으로 사용되는 현실은 너무나 끔찍하다. 그러나 엄연한 사실이다. 이 말장난에 속아 넘어간 사람도 있을 것이다. 그러니까 '풍차 돌리기'라는 용어를 공식적으로 오염시킨 주범이 바로 제1금융권이다. 이들은 나 같이 꼼꼼한 사람이 찾아보기도 힘들 정도로 금리를 꽁꽁 숨겨 놓고는, 전혀 특별하지 않은 '특별상품'을 내걸고 고객들을 유인한다. 이들이 벌이는 굿판은 갈수록 가관이다. 금융감독원은 이런 사실을 지적해야 하지만, 두 손을 놓고 있다. 내가 출판을 서두르며 '남극성 이론'이라는 단어의 사용을 주장하는 이유가 바로 이것이다. 제1금융권이 낮은 금리의 상품을 내놓으며, 감히 '풍차 돌리기'라는 말을 사용하는 것은, 『구르는 돈~(부제 '적금 풍차 돌리기의 이론과 실제')』의 저자인 나의 뜻을 철저히 짓밟는 행위다. 사기꾼들은 멱살을 잡고 길바닥에 패대기쳐야 한다. 이미 수학적으로 틀렸음이 증명된 '정기 예금 풍차론자'들이 기승을 부리며, 그들의 업적을 칭송하는 사람들이 넘쳐나고 있다. 이제 멋도 모르고 풍차 돌리기라는 말을 본뜻과 달리 쓰는 사람이 생겨나기 시작했다.

  결국 그들을 비판하기 위해, '정기 적금 풍차 돌리기'의 이론적 토대를 마련한 나조차 어쩔 수 없이 용어를 폐기해야 했다. 그 책임은 풍차 돌리기의 진정한 뜻과 달리, 낮은 금리로 고객을 꼬드기는 제1금융권에게도 있다. 그들의 만행은 내가 직접 확인했다. 그들은 풍차 돌리기의 실체가 정확히 뭔지도 모르면서, 풍차 돌리기라는 용어를 남발하며 금융상품을 팔아먹고 있다. 그리고 자신들이 써먹는 개념을 창시한 남극성의 존재를 알면서도, 짐짓 모른 체 하고 있다. 그들의 수학실력은 엉망임이 드러났다. 그들은 광고목적으로 '풍차 돌리기'라는 단어를 내세우기 전에, 나에게 허락과 자문을 구했어야 했다. 그들의 선택이 얼마나 허황됐는지 알기 위해 비유를 들어 설명하자면, 1990년대에 용산전자상가에 있는 가게에 아무 정보 없이 들어가서, 무턱대고 486컴퓨터나 586컴퓨터를 조립해 달라고 요청하는 컴맹 고객을 생각하면 된다. 컴퓨터의 설치과정과 부품의 사양은 일절 모르고, 오직 컴퓨터가 어떻게 불리는지를 중요하게 여기는 사람처럼, 금리와 상관없이 은행에서 무작정 '풍차 돌리기' 상품을 요청하는 사람도 있다.

  자신들이 쓰는 용어의 출처를 밝히지도 못하면서, 금융기관이 장사의 수단으로 엉뚱한 말을 무분별하게 사용하고 있다. 이들의 이성적 능력을 판단하는 기준은 수학이다. 수학문제를 풀지 못한다고 해서 한 사람의 인격을 무시할 필요는 없다. 그러나 금융기관이 앞장서서 용어의 뜻을 왜곡하고 혹세무민한다면 얘기가 달라진다. 이들이 기승을 부리는 수준이 바로 대한민국 금융계의 기괴한 현실이다. 물론 금융위와 금감원은 이런 일을 바로잡아야 하지만, 나는 경험상 그들의 성격을 잘 알고 있으므로 애당초 포기했다. 사실 제2금융권이 제1금융권을 향한 투쟁에 앞장서야 한다. '남극성 이론' 대신에 근거 없는 용어를 쓰며 허위광고 하지 말라고 제1금융권에게 항의해야 한다.

금융기관의 상황이 이러니 출판계마저 놀아난다. 학문적 에세이는커녕 일관성 있는 글을 쓸 능력이 없는 저자가 '풍차 돌리기'를 운운하며, 자신의 책에다 개념파악이 안된 용어를 허겁지겁 주워 담는다. 계산능력과 수학적 지식이 없으니, 마구잡이로 '예금 풍차'와 '적금 풍차'를 뒤죽박죽 섞고는 독자들에게 혼동을 준다. 그러면서 명백히 소득이 떨어지는 '예금 풍차'를 찬양한다. 이들이 엉성한 글을 대충 써 갈기는 이유를 나는 잘 안다. 왜냐하면 이들과 직접 대화를 나눠봤기 때문이다. 이들은 학문적 훈련이 전혀 되어 있지 않으며, 수학적 데이터를 분석할 능력이 없다. 그러니까 자신이 한 말을 입증하지 못하며, 자신들이 이해하지 못한 용어를 정립하지도 않고서, 버젓이 책에 쓰는 것이다. 더구나 이들은 여전히 수학적 혼동을 느끼므로, 절대 '예금 풍차'를 비판하지 않는다. 이런 글을 쓰는 수준의 인간들이 학계에서 논문심사를 받으면 바로 탈락이다. 왜냐하면 교수들은 수학의 바보가 아니기 때문이다. 그렇다면 이들의 독자와 청중들은 사기에 잘 속아 넘어가는 우매한 백성인가? 유감스러운 현실이지만 '그렇다'는 대답을 할 수 밖에 없다.

거짓으로 먹고사는 사람은 주로 눈에 보이지 않는 것을 언급하며 피해자들을 속인다. 1더하기 1이 2가 아니라 3이라고 우기는 사람이 있다고 하자. 현실세계에서 마주치면, 미친 사람으로 취급하고 무시하면 그만이지만, 출판계에서는 이런 사람이 각광받는다. 마치 지리상의 발견으로 지구가 둥글다는 사실이 드러났는데도, 여전히 중세의 세계관을 강요하는 기득권 세력을 보는 것 같다. 멍청한 주장을 고집하는 인간의 절규는 역사에서 별로 중요하게 기록되지 않는다. 그러나 진실이 보편화하기까지 거짓이 한시적으로 권위를 갖는다. 아직 '남극성 이론'이 널리 펴지지 않았기 때문에, 어리석은 자들이 거짓을 찬양하고 있다. 현명한 사람은 우매한 백성의 성스러운 단순함을 인정하며, 자신을 잘 드러내지 않는다. 오직 소리 없이 현금을 챙길 따름이다.

8-6 인터넷 전문은행과 핀테크의 전망

솔직히 의문이다. 마치 '안개 낀 장충단 공원'을 보는 것 같다. 인터넷전문은행이 제힘으로 설 수 있을지 의문이다. 왜냐하면 인터넷전문은행의 컨소시엄에 천편일률적으로 기존 제1금융권의 금융회사가 끼어있기 때문이다. 남극성 같은 '돌연변이' 혹은 '괴짜'가 업계에 뛰어들어 금융시장의 창의적 파괴를 외치는 혁신은 기대하기 어렵다. 무표정한 전경들에 의해 집회현장이 원천 봉쇄되는 것처럼, 非금융사업 전문가가 시장에 진입할 가능성은 촘촘히 가로막혀 있다.

비금융사업자나 신규업자가 창조적 파괴를 부르짖고 나서면, 기존 금융회사에 의해 규제를 당할 가능성이 크다. 한마디로 인터넷전문은행은 빛 좋은 개살구일 뿐이다. 인터넷의 속도가 세계 몇 번째라고 자랑하는 나라에서 이 모양 이 꼴이다.

신규업체가 독자적인 방법으로 추진해야 할 비대면非對面업무의 확장은, 기존의 제1금융권의 입맛에 따라 놀아 날 것이다. 극단적으로 말하면 인터넷전문은행의 업무와 제1금융권의 기존의 인터넷 뱅킹과 별 차이가 없을지도 모른다. 그렇다면 상황은 끝이다. 인터넷전문은행을 통한 비대면업무의 확장은, 기존 제1금융권 점포의 구조조정과 대면對面업무 담당자의 대량해고를 의미한다. 제1금융권이 이런 일을 주도하지 못할 거라는 걸 누구 못지않게 잘 알고 있는 곳이 금융위다.

자, 다른 비유를 들어 얘기를 해보자. 깡패 단속을 해야 하는데, 경찰 내에 조직폭력단의 조직원이 침투해 있고 정보가 새어나간다면 어떻게 할 것인가? 금융위와 제1금융권에서 인터넷전문은행을 주무른다고? 인터넷전문은행의 출범은 초장부터 날 샌 것이다. 개혁의 대상이 개혁의 주체로 등장하고 있다. 나는 이것이 진정한 금융개혁이라고 전혀 생각하지 않는다. 금융당국은 업무실적을 쌓기 위해서 계속 이상한 짓을 할 뿐이다.

인터넷전문은행이 출범한다면, 제2금융권보다 수신이자율이 높지 않을 수도 있다. 그렇다면 인터넷전문은행을 통해 남극성 이론을 적용할 가능성은 희박해진다. 한마디로 예금자가 얻어먹을 게 없다. 인터넷을 통한 비대면업무의 비용은 기존 점포 운용비용의 수십 분의 일에 불과하다. 당연히 수신이자는 올라야 한다. 그러나 아직까지 얼마만큼 올릴 거라는 말이 없는 걸 봐서 제2금융권보다 낮을 가능성이 크다. 물론 제2금융권보다 더 많은 예금이자를 준다면 고마운 일이다. 만약 나의 예상대로 제2금융권보다 많이 주지 않는다면 예금자는 또 한 번 야바위판에 속을 가능성이 크다. 그러니까 결론적으로 '그들'만의 개혁인 셈이다. 인터넷전문은행과 핀테크를 내세우지만, 그들은 실상 감원減員의 칼자루만 휘두를 뿐이다. 남극성 이론의 전문가들이 업계의 변화를 심각하게 고민할 가능성은 0에 가깝다. 피바람이 불고 피냄새가 나지만, 어디까지나 남의 일이다.

국내 굴지의 대기업이 이미 금감원과 금융위는 포기했다. 산업자본을 비교적 자유롭게 유입시키는 인터넷전문은행을 적극 밀어주는 다른 나라와 은밀히 손을 잡았다. 남극성만큼 머리가 돌아간다면, 이미 글로벌화 작업을 마친 그들의 선택은 너무나 당연하다. 대한민국의 은행법상으로 산업자본이 은행업에 참여하려면, 겨우 소수의 의결권만을 행사할 수 있다. 오늘날 '금산분리'와 '지분한도 제한'이라는 용어는 재벌의 참여를 견제하기 위해서만 사용되지 않는다. 이 단어들은, 금융 산업의 변화에 적극적으로 대처하는 '믿을 수 있는 양심세력'[8]의 참여를 원천적으로 배제시키는 무시무시한 무기다. 독재란 늘 이런 식이다. 납세자가 고지서에 적힌 대로 세금을 순순히 내기를 바라면서도, 한편으로는 죄 없는 양민의 팔다리를 고문당하는 피의자처럼 꽁꽁 묶어서 꼼짝 못하게 만드는 무리들이 있다. 그리고는 새

---

8) '믿을 수 있는'이라는 형용사를 추상적으로 판단할 자유는 있다.

로운 산업의 먹을거리에 합법적으로 '우리'를 배제하면서 오직 '그들'만이 숟가락을 들고 덤빈다.

정부주도의 경제개발의 시기에는 '독점재벌'이라는 단어가 재벌을 비판하기 위해 쓰였다. 오늘날 21세기에는 누가 금융시장을 지배하는가? '독점금융', 혹은 '금융독점'이라는 용어는 존재하지 않는다. 용어가 없으니 그 개념을 정확히 규정하여 비판적으로 사용하기도 힘들다. 분명히 말하는데, 21세기에 어울리지 않는 금융권의 비민주적인 규제는, 누가, 언제 만들었는지 아무도 모른다. 관련자와 공무원들은 불합리한 줄을 알면서도, 원래 법에 그렇게 나와 있다고 변명을 늘어놓는다. 이런 규제와 법률을, 영혼이 없는 앵무새처럼 중얼거리는 사람들을 보면 맥이 빠진다. 결국 '독립적인' 인터넷전문은행을 출범시키는 작업이 대한민국에서는 애당초 불가능하다는 결론을 내릴 수밖에 없다.

금융위의 인허가 방침이 보수적이라고 지적하는 것은 시간낭비다. 박근혜 대통령은 2015년 8월 6일에 '핀테크fintech 혁명이 세계 금융질서 판도를 바꾸고…그 흐름을 따라가지 못한다면 우리 금융 산업은 도태될 것'이라고 했다. 대통령의 예언은 정확하다. 반박할 여지가 전혀 없다. 업계의 종사자들이 정신을 못 차린다면, 대통령이 말대로 금융 산업은 알아서 도태될 것이다. 그러나 대통령은 사업가들의 속성을 잘 모른다. 현금의 흐름을 감지한 사람들은, 돈이 된다면 대통령이 뭐라고 하건 총알이 빗발치는 전쟁터에서도 몸을 사리지 않을 사람들이다. 대통령의 말은 화려한 것처럼 보이지만, 개혁의 대상을 분명히 지적하지 못했다. 내가 보기에, 대통령은 업계에 변화를 요구할 것이 아니라, 정부기관에 규제완화를 분명히 주문해야 했다. 그렇지 않고서는 핀테크와 관련된 대통령의 외침은 공염불이 될 수가 있다.

만약 최악의 경우에는, 우리나라 금융시장을 다른 나라의 핀테크 전문가에게 내줄 수도 있다. 그때쯤에는 과연 누가 안개 낀 장충단공원에서 가슴을 움켜쥐고 울고 있을까? 아마 자기 영역을 내준지도 모르고 있다가, 한참 후에 쓰러지고 나서야 두 눈을 뜬 채로 당했음을 알 것이다. 기본적인 애국심조차 없는 정부당국자와 정치꾼들은 이런 결과를 초래한 후에야 허둥댈 것이다. 물론 지금 이 시간에도 이런 인간들의 월급과 퇴직금의 지급을 위해 세금은 투입된다.

따라서 개혁은 쇼로 끝날 가능성이 크다. 인터넷전문은행과 핀테크 개혁을 아무나 말장난처럼 운운할 것이다. 토마스 쿤이 저승에서 배꼽을 잡고 웃을 정도로, 쥐뿔도 모르면서 핀테크의 후폭풍을 과장하기 위해 '패러다임의 변화'를 지껄이는 사람도 있다. 이미 '남극성 이론'을 실천하는 개인에게 핀테크 혁명은 별로 먹을 게 없다는 사실이 드러났다. 복지부동하는 공무원이나 업계종사자들은 멋도 모르고 외부의 충격을 기대하겠지만, 남극성 이론의 실천가들은 내부의 새로운 변화를 추진하며 오늘도 이자를 챙길 것이다. 진정한 변화는 과연 누가 현재 도모하고 있는가? 남극성 이론을 창조한 나 역시 정부당국의 말을 믿기 어렵다는 결론을 내렸다.

인터넷전문은행과 핀테크라는 말을 공무원이 떠든다면 사실 문제가 있다. 정부에 반도체관련 부서가 없었기 때문에, 이병철의 삼성전자가 64KD 램⁹⁾을 개발하여, 세계로 뻗어나가는 전환기를 삼았다. 이 역사적 사실을 안다면, 창업자 정신의 중요함을 새삼 깨달을 것이다. 바꿔 말하면, 안타깝게도 세계 금융시장에서 금융계의 '삼성전자'가 등장할 가능성이 없다는 뜻이다. 인터넷전문은행과 핀테크와 관련해서 정부나 제1금융권이 떠드는 얘기는, 일반인들이 관심을 끄는 편이 정신건강상 낫다. 중요한 문제는 금융계의 '공공개혁'이나 '노동개혁'을 운운하면서, 누가 주도권을 쥐고 휘두르느냐가 문제가 아니라, 그들의 쇼를 관람하면서 얼마나 많은 현찰을 챙기느냐는 것이다.

물론 바보들의 행진은 계속될 것이다. 인터넷전문은행과 핀테크의 허상에 속아, 돈은 돈대로, 청춘은 청춘대로 날리는 머저리들은 천지분간을 못하고 날뛸 것이다. 보통의 상식을 가진 사람들이 핀테크의 진상을 알지 못하니, 전문사기꾼들이 '핀테크'를 주장하며 이 판에 끼어들고, 희생자들이 불나방처럼 날아들 것이다. 그들의 광란을 내가 주도해서 말릴 수는 없다. 내가 운영하는 인터넷 까페에 글을 올려도 종종 삭제 당하는 지경이다. 권위주의 통치시대도 아닌, 언론의 자유가 보장된 21세기에 말이다. 독자들은 이런 사실을 모르니 아무도 분노하지 않는다. 나는 이 상황을 겪고 절망했다. 작가로서 그저 책이나 쓸 뿐이다. 아무리 말려도 도무지 새겨듣지를 않으니, 이제 백성의 구제를 포기했다. 그저 구경꾼이 되어 그들의 난동을 조용히 지켜보는 수밖에 없다. 야바위꾼들은 그 와중에 욕망에 사로잡힌 눈

---

9) 삼성의 창업자 이병철이 죽기 4년 전인 1983년에 삼성전자는 세계에서 3번째로 64KD 램의 개발에 성공했음을 발표한다.

먼 자들을 꾸준히 모을 것이다. 부디 이 글을 읽는 사람이 피해자 명단에 이름을 올리지 말기 바랄 뿐이다.

8-7 금융업계의 조작과 명예훼손

나는 대한민국 국적을 바꾼 적이 없는 한국인이다. 비교적 남보다 오래 주유천하周瑜天下하면서 글공부를 한답시고 지구별 여기저기를 떠돌다보니 학적이 여러 곳에 남았다. 그리고 졸업을 정식으로 마쳐 학위가 여러 개다. 그러나 굳이 나 자신을 국제적이라고 생각해 본 적은 없다. 단지 여러 나라에 걸쳐 살면서 다양한 인간군상群像을 겪다보니, 국적을 판단의 기준으로 삼아 특정한 인간의 성격을 평가하고 싶지 않을 뿐이다. 따라서 나는 몇몇 저축은행이 일본계라는 이유로 비난하는 것을 극력 반대한다. 이는 아무 죄 없는 재일동포에게 테러를 가하는 혐한론자의 주장과 한심한 정도가 비슷하기 때문이다. 여태껏 나는 단 한 번도 일본계라는 이유만으로 누구를 이유 없이 공격해 본 적이 없다. 그러나 돈을 가지고 장난치는 행위는 용서할 수가 없다. 이런 짓은 금융기관 대표의 국적과 상관없이 자본주의 세상에서 욕을 먹을 일이다.

2015년 가을의 얘기다. 어떤 일본계 저축은행의 상품에 가입하여 만기를 기다리고 있었다. 만기일이 되기 전에 만기액을 조회하니, 가입할 때의 예상만기액과 차이가 있었다. 같은 상품의 이율인 상품1(여기서는 편의상 '상품1'이라고 하겠다)의 금리 4.5%를 지난달에 이미 받은 적이 있어서, 같은 예상만기액을 타려고 예상했지만 약간 차이가 발생했다. 이를 이상히 여겨 은행 창구의 직원에게 물어보니, 내가 지난달에 받은 상품1의 금리는 4.5%가 아니라 4.4%를 받은 것이고, 아울러 이번 달에 만기가 도래하는 4.5%의 상품 역시 조건을 충족하지 못했으므로, 4.5%의 약정금리를 주지 못한다고 했다.

내가 약관을 확인해보니, 세부사항이 내가 가입했을 당시와 다르게 적혀있었다. 즉 내가 가입한 후에 약관이 바뀐 것이다. 그렇다면 가입당시의 약관대로 처리해야 옳다. 금융상품에 가입하고 난 후에 금융기관이 약관을 바꾸었다면, 고객이 지킬 의무는 전혀 없다. 내가 이 점을 창구직원과 따지니 뒤에 앉아있던 김 모 과장은 '사은품 제공'을 운운하며 나의 정당한 항의를 무마하려고 했다. 나는 해당 저축은행의 상품을 수십 개 가입해왔지만, 여태껏 사은품을 요구한 적은 단 한 번도 없다. 받아보지 않았으니 사은품이 솔직히 뭔지도 모른다. 사은품을 운운하며 문제를 덮으려는 시도는 나에 대한 능멸이다. 비록 나는 돈이 없다는 이유로 술집에서 주인에게 큰소리치며 외상으로 마신 적이 있지만, 금방 갚았다. 그러나 단 한 번도 전예협 대표와 작가의 지위를 이용해서 약자 앞에서 목에 힘을 주거나 거들먹거려본 적이 없다. 은행창구직원이 실수를 해도 웬만하면 참는다. 이 문제의 본질은 국적과 상관없으며, 어디까지나 고객에 대한 금융기관의 일방적인 약속위반에서 비롯됐다.

집에 와서 확인해보니 상품1의 약정금리는 4.5%이고, 나는 이 4.5%의 이자를 고스란히 받았음을 확인했다. 그러니까 지난달에 내가 4.5%가 아닌 4.4%를 받았다고 주장한 김 과장의 주장이 거짓인 셈이다. 나는 모든 금융 기록을 적어놓는다. 이 기록을 확인하지 않거나 적어놓지 않았다면, 나는 김 과장에게 완전히 속을 뻔 했다.

여기서 나는 다시금 교훈을 되새겼다. 가급적 통장을 개설할 때 직원명과 약관을 기재해야 한다. 기록하지 않고 확인하지 않으면 금융기관 직원의 거짓말에 꼼짝없이 당할 수 있다. 전국예금자협의회의 대표 남극성조차! 은행창구에 앉은 은행원이 컴퓨터 모니터를 확인하면서, 내가 과거에 4.5%이 아닌 4.4%를 받았다고 주장하는데, 그 말을 어찌 의심할 수 있겠는가? 나는 다음날 전화를 걸어 김 과장을 찾았다. 전날 옥신각신하며 창구에서 실랑이를 벌인 적이 있으므로, 이미 전화를 받는 직원이 나의 정체를 알고 있었다. 김 과장은 지금 출장 중이며, 언제 돌아올지 모른다고 했다. 그러면서 기분 나쁘게 웃었다. 나는 전화를 끊었다가 도저히 참을 수 없어서 다시 전화를 걸었다. 창구직원의 교육이 엉망인 지점에서 직원의 관리를 맡은 과장의 부재不在를 그대로 믿기는 힘들었다. 조금 전에 웃음 짓던 직원이 전화를 받았다. 김 과장이 출장 나간 건 내 사정이 아니므로, 11시까지 김 과장으로부터 나에게 전화가 오지 않으면 문제가 커진다고 큰소리쳤다. 남에게 의식적으로 겁박劫迫해 본 적은 그때가 처음이었다. 그리고는 전화를 끊었다.

정확히 11시가 되기 10분 전에 출장 나갔다는 김 과장에게서 전화가 왔다. 나는 공식적으로 금융기관에 문제를 제기하면서, 내가 지적한 사안을, 은행지점장과 본사의 중앙 컴퓨터를 조작하며 멋대로 약관을 바꾼 놈에게 알리고 원래대로 돌려놓으라고 명령했다. 그리고 김 과장이 나에게 창구에서 했던 모든 말이 거짓임을 인정하고 지점장의 사과를 요구하며, 나와 같은 상품에 가입한 모든 고객에게 가입시점의 약관을 적용할 것을 요구했다. 몇 시간 후에 지점장으로부터 전화를 받았다. 그러나 듣자하니 억지로 사과하는 게 역력했다. 그런 식으로 얘기하려면 그냥 끊으라고 호통 쳤다. 지점장은 통화를 먼저 끊지 않고, 나와 같은 상품에 가입한 고객에게 연락하여 원래의 약관대로 할 것을 다짐했다.

사실 나는 해당은행에 4.5%짜리 상품이 몇 개 더 남아있었다. 물론 지점장의 약속대로 4.5%의 금리를 고스란히 받았다. 그러나 다른 고객에 대한 지점장의 약속이 지켜졌는지는 의문이다. 지점장은 어떻게 금융기관종사자가 의도적으로 고객에게 거짓말을 할 수 있겠냐고 항변하며 단순한 실수라고 주장했지만, 문제는 직원의 실수를 저질렀는지, 아니면 고의로 사기를 쳤는지의 여부가 아니다. 중요한 사실은, 금융기관에서 일하는 금융업종사자가 고객에게 사실과 다른 말을 했다는 것이다. 컴퓨터 모니터를 보며 은행에서 내뱉은 직원의 틀린 말을 들은 고객이 잘못된 점을 지적하니까 뜬금없이 '사은품 제공'을 운운했으며, 고객이 집에 돌아가서 대부분 버려졌을 법한 기록을 찾아낸 후, 가까스로 은행원의 주장이 틀렸음을 확인한 다음에 전화를 걸어 공식적으로 항의를 제기를 했다. 만약에 은행에서 일하는 사람이 이 점의 심각성이 뭔지 모르겠거든, 어디 가서 자신을 금융업종사자라고 소개하지 말고 그냥 집에서 쉬는 게 낫다. 일본에서도 이렇게 고객을 속이다가 걸리고 쉬쉬하며 돈 장사를 하는지 나는 솔직히 일본인 대표에게 묻고 싶었다.

또 다른 일본계 금융기관의 이야기다. 다른 금융기관을 통해서도 쉽게 받을 수 있는 금리를 홍보하면서 고객에게 무리한 행동을 요구하는 곳이 있었다. 내가 보기에 알량한 금리를 더 얹어 준다는 명목으로 고객을 우습게 알며, 지점을 방문한 고객에게 '재롱떨기'를 강요하는 처사였다. 눈뜨고 도저히 볼 수 없었다. 그냥 넘어갈 수는 없었다. 대한민국 금융의 역사에서 그런 상품은 존재한 적이 없었다. 금융기관의 마케팅이라고는 도저히 묵과할 수가 없었다. 내가 이 점을 전예협에서 공식적으로 비판했다. 반응은 엉뚱하게 일어났다. 해당 저축은행에서 명예훼손을 운운하며 나에게 어떠한 문의도 없이 까페의 글을 삭제한 것이다.

나는 2011년 5월 이후 전예협의 대표로서, 살아있는 권력자인 이명박 대통령과 박근혜 대통령의 정책이 자유민주주의 시장경제의 원리와 모순되었을 때는 준엄히 비판했다. 고위 공직자의 처신에도 문제가 있으면, 실명을 거론하면서 지적인 수준에 문제가 있다고 신랄하게 비판했다. 그러나 청와대를 비롯해서 나에게 시비를 건 곳은 단 한 군데도 없었다. 왜냐하면 나는 대한민국 국민으로서 정당하게 비판할 권리가 있기 때문이다. 굳이 공익적 목적을 내세우고 싶지는 않다. 그저 전국예금자협의회의 대표로서 예금자를 대변해서 할 말을 했을 뿐이다. 해당 일본계 저축은행은 논객의 글을 양해도 없이 지우며[10] 대한민국을 지배하려고 한다. 정신이 완전히 나갔거나, 간이 배 밖으로 나온 것이다. 그들은 글쟁이를 그렇게 대접해도 된다고 생

---

10) 글을 지우는 것과 입을 막는 것 중에 무엇이 교묘한지 잘 생각해 보기 바란다.

각한다. 이것은 금융의 문제가 절대 아니다. 금융이라는 이름으로 대한민국에서 벌어지는 기막힌 현실이다. 예전 권위주의가 팽배하던 시절에 작가들이 모처에 끌려가서 두들겨 맞았다지만, 이제는 그냥 자기들이 보기 싫다고 지우면 된다. 이 상황을 보면서 피가 끓지 않는다면 그냥 죽기 바란다. 산소가 아깝다.

일개 금융기관이 사실에 입각해서 자신들이 벌인 작태를 꾸짖는 나에게 명예훼손을 운운하면서 멋대로 글을 삭제할 바엔 아예 먼저 대한민국의 헌법과 태극기를 찢고 나를 죽이는 편이 낫다. 내가 밉거들랑 조선시대 말의 민자영閔妃(1851~1895)처럼 나를 불태우고, 그 시체 위에 대한민국의 헌법도 집어 던져라. 나는 어디 가서 정체를 드러내지 않으려고 비교적 수수하게 옷을 입지만, 글공부를 한 사람이 어떻게 행동하는지는 대충 아는 사람이다. 면암勉庵 최익현崔益鉉(1833~1906)처럼, 목은 잘라도 머리는 못 자른다고 죽을 때까지 당당히 외칠 것이다. 사실 무도無道한 놈들과의 싸움은 매우 쉽다. 그들은 논리가 없고 글을 쓸 줄 모른다. 작가인 나는 그냥 쓰면 된다. 글의 힘이 센지 법의 힘이 강한지는, 그들도 약간 두뇌회전 능력이 있다면 생각할 것이다.

나는 이 문제를 언론의 탄압으로 받아들일 것인지, 아니면 표현의 자유차원에서 이해할 것인지 고민했다. 나는 삭제된 전문全文을 그대로 전예협에 다시 올렸다. 그리고는 대한민국의 헌법과 표현의 자유를 탄압하는 작태를 중지하라고 강력히 주장했다. 이렇게 나오니까 찍소리 못했다. 그런데 일은 예상치 못한 곳에서 벌어졌다. 이 상황을 지켜 본 몇몇 언론이 기사화하고 직접 일본계 언론에 전화를 걸었

나보다. 해당 금융기관은, '노 코멘트 하겠다'고 했단다. 나의 입장에 대해 뭐라고 지껄이건, 아니면 나를 명예훼손으로 고발하건, 어디까지나 그들의 자유다. 그러나 명확한 사실에 입각한 내용을 적은 글을 쓴 나에게 어떠한 반론을 제시하지도 않고, 내가 운영하는 까페에 올린 글을 삭제하면서, '노 코멘트 하겠다'는 태도는 도저히 이해할 수가 없다. 이는 극단적인 종교적 근본주의자들의 테러에 다름 아니다. 신문 만평의 내용이 자신들의 마음에 들지 않는다는 이유로, 언론사 샤를리 에브도Charlie Hebdo에 난입해서 총격을 가한 사람들과 심보가 비슷한 셈이다. 이런 테러리스트 같은 놈들이 돈을 받고 일하는 곳이 은행이다. 이런 마피아 같은 조직이 당당히 합법적으로 대한민국의 세무서에 사업자등록을 하고 금융업자 흉내를 내고 있다.

　내가 이런 꼴을 겪은 곳이 공교롭게도 일본계 저축은행이다. 유치하게 집단행동이나 불매운동 따위는 벌이지는 않겠다. 단지 글을 쓰는 일을 직업인 이상, 직접 겪은 경험을 기록으로 남긴다. 대한민국의 헌법과 전예협 대표 남극성이 우습게 보인다면 계속 이런 짓을 벌여도 된다. 은행대표의 사과 따위는 필요 없다. 왜냐하면 나는 불의에 맞서 끝까지 싸울 것이기 때문이다. 분명한 사실은 나의 직업이 작가인 이상 계속 글을 쓰며, 금융기관에 대한 감상感想을 적고 뻔뻔한 자의 표절을 기록한다는 것이다. 아무 근거 없이 국적이 다르다는 이유로 남을 공격하는 행위를 혐오하는 나조차도 분개할 정도로 상황은 심각하다. 그들은 나를 우습게 아는 듯하다. 원래 일본에서 금융업계가 일하는 태도가 이런 식인가? 대한민국의 국민들이 일본계 금융기관을 싸잡아서 조롱하는 풍조는 이들이 조장했다. 양식 있는 일본인들이 이 사실을 안다면, 일본 망신시키는 짓을 대한민국에서 하지 말라고 꾸짖을 것이다. 돈을 가지고 장난치는 자들이 천방지축 날뛴다면 말리지는 않겠다. 어차피 그들이 귀담아 듣지는 않을 것이기 때문이다. 나에게 칼을 겨눌 생각이 있다면 정정당당하게 논쟁의 장場에 나서기 바란다. 나는 전국예금자협의회 대표로서 피하지 않고 악당들과 대결하겠다.

사실 나와 거래를 하고도 별문제가 없는 일본계 금융기관이 있다. 그렇기 때문에 단지 사업대표자의 국적이 일본이라는 이유로 금융기관에 적개심을 가질 이유는 없다. 그러나 현재 대한민국 헌법에 보장된 자유를 정면으로 부정하는 금융기관이 몇몇 일본계 저축은행임은 분명하다. 일본에서도 일본인을 상대로 이런 식으로 행동하는가? 아니면 과거의 식민지배자들처럼 여전히 조센징들을 우습게 아는가? 물론 그들이 머릿속에 무슨 생각을 하는지 알고 싶지 않다. 그러나 무고한 민간인에게 양아치처럼 찝쩍거린다면, 나는 대한민국 예비역으로서 죽음을 불사하고 정면 승부를 벌일 것이다.

8-8 이성의 구심력과 감성의 원심력

소설 『크리스마스 캐롤』에 나오는 스크루지 영감이 살아 온 자세를 나는 별로 욕하지 않는다. 그는 마치 논리 실증주의자들처럼 형이상학적 가치를 대단히 여기지 않았다. 그가 밤에 유령들을 접하고 개심改心하고 소설의 주인공일 될 수 있었던 이유는, 재산이 많았기 때문이다. 만약 그가 늙고 가난했다면, 소설의 등장인물이 될 수 있었을까? 스크루지가, 대책 없는 베짱이처럼 여름철을 보내며 열심히 일하는 근로勤勞를 비웃었다면, 겨울이 되어 개미에게 도움을 구걸하는 신세를 면치 못했을 것이다. 소설의 시대적 배경이 되는 19세기보다 21세기의 자본주의는 훨씬 발달했다. 과연 소설에 등장한 스크루지를 비웃으며 오늘날 돌을 덜질 수 있는 사람이 몇이나 될까?

나는 스크루지가 살아온 자세를 존중한다. 사실 그는 나와 비슷하다. 나를 한국의 스크루지라고 불러도 좋다. 남의 단점만 강조하고 덮어씌우기를 좋아하면서 특정인을 험담할 수 있다. 그러나 스크루지를 비웃는 사람이 과연 얼마나 불쌍한 사람을 돕는지 의문이다. 분명히 말할 수 있는 건, 스크루지를 비판하기는 쉬워도, 형편이 힘든 남을 위해 기꺼이 자기 지갑을 여는 실천은 어렵다는 사실이다. 풍족한 돈이 있어야 인도주의를 실현할 수 있다. 나를 비롯해서 전예협의 회원은, 은행상품의 만기 시 원천징수하는 15.4%의 세금을 기꺼이 감수한다. 따라서 그 세금을 제대로 쓰면 기분이 흐뭇하지만, 공무원들이 엉뚱하게 탕진하는 모습을 보면 분노한다. 우리나라 노동자의 절반 정도가 소득이 적다는 이유로 세금을 내지 않는다. 해마다 5월에 신고해야 하는 종합소득세의 액수와 상관없이, 금융기관을 상대로 이자를 받는 사람은 소득세와 주민세를 반드시 낸다. 사회소외계층을 위한 상품에 가입한 극소수의 예금자를 제외하고, 금융기관으로부터 이자를 받을 때 빈부의 차이 없이 보통사람들은 15.4%의 세금을 내야한다.

예나 지금이나 크리스마스라고 해서, 금융기관이 예금자에게 이자를 더 주거나 대출자에게 받아야 할 이자를 깎아주지는 않는다. 지구가 한 바퀴 자전하는 사이에 하루의 이자가 발생한다는 점에서 크리스마스는 여느 다른 날보다 특별한 점이 없다. 스크루지를 조롱할 자유를 인정하는 만큼, 크리스마스를 특별히 여기지 않는 스크루지의 이성적 태도를 존중해야 한다. 은행 문을 닫는 모든 공휴일은, 사실 '남극성 이론'을 실천하는 게릴라들에게 성가신 날이다. 다음 영업일이 될 때까지 새로운 계좌의 개설을 미뤄야 한다. 계좌의 개설이 늦춰진 만큼, 계좌의 만기 시 받는 이자의 지급은 늦어진다. 계좌를 개설하지 못하고 무의미하게 공휴일을 보내는 사이에, 남극성 이론의 실천가에게 있어서 지구는 비효율적으로 돌고, 시간은 속절없이 흘러간다.

경제적으로 여유가 있는 사람이 크리스마스를 맞아 온 가족을 위해 칠면조 한 마리를 사는 것을 망설인다면, 구두쇠로 불릴 만하다. 나는 가족을 위해서 돈을 쓰는 일을 별로 후회해 본 적이 없다. 돈을 쓸 때는 써야 한다. 그러나 나의 과거를 돌이켜 봤을 때, 불필요한 지출이 없었다고 단언한다면 거짓말이다. 과거의 지출을 돌이켜보면 늘 후회하기 마련이다. 소비는 돈이 모이는 힘을 방해한다. 원심력 centrifugal force은 원圓의 중심에서 벗어나려는 힘이다. 소비를 위해 내 주머니 밖으로 나간 돈은 좀처럼 돌아오지 않는다. 빚은 자산관리에 있어서 원심력의 대표적인 예다. 왜냐하면 대부분 빚을 진 경우 이자까지 물어야 하기 때문이다. 빚을 통제하지 못하면 돈은 모이지 않고 주변으로 흩어진다. 결국 빚이 사람을 지배한다.

이와 정반대의 개념인 구심력centripetal force이 있다. 원운동의 중심으로 향하는 힘이다. 남극성 이론에 따라 금융기관을 애용하는 나는, 돈의 원심력을 실감한다. 은행에 맡긴 예치액은, 해당 금융기관이 망하지 않는 한, 무사히 귀환하는 우주왕복선처럼 다시 돌아온다. 그리고 무엇보다 약정기간이라는 시간이 지나면 이자소득이라는 선물을 가져온다. 미국식 우스갯소리를 섞어서 말하면, 나는 사실 돈을 많이 가지고 있지 않다. 현재 내 돈을 은행이 가지고 있기 때문이다.

돈이 산산이 흩어지는 원심력과 눈덩이처럼 돈을 모으는 구심력 중에서 무엇을 고를지 묻는다면, 구심력을 선택하겠다고 답하는 사람이 압도적으로 많을 것이다. 그러나 현실은 그렇지 않다. 파산할 것이 뻔한 결정을 내리고, 망하거나 돈을 잃는 사람이 많다. 늘 부자들의 개체수는 가난한 사람의 그것보다 훨씬 적다. 물론 패배자의 좌절이 있어야 승자의 환희가 빛난다. 자동차 경주의 곡선주로를 달리는 차들이 뒤집히지 않을 속도를 유지하면서 재빠르게 돌 때, 운전사는 원심력과 구심력의 균형을 아슬아슬하게 맞추며 나름대로 최선을 다한다. 그리고 경기가 끝나면 순위는 정해진다. 분명한 사실은, 모든 인간이 이성적이지 않다는 것이다. 어쨌든 그들 경제력의 순위는 정해질 것이다.

저축이 좋다고 머릿속으로 생각하지만, 실제로는 소비를 더 즐기는 사람이 많다. 그들은 돈을 써버리는 행동에 몰두하면서도, 이율배반적으로 나에게 저축의 방법을 문의한다. 물론 그들의 대부분은, 꼼꼼하게 금리를 조사하면서 은행을 방문하여 통장을 개설하는 행동을 실천하지 않는다. 이들의 언행불일치는 정신병에 걸린 환자와 동급이다. 나에게 자문을 구하는 사람들 중에서 지적수준이 떨어지는 부류들은 가난해지는 습관을 고수하며 자기 자신을 속인다. 나는 이들이 왜 이상한 행동을 하는지 잘 안다. 지구의 자전과 공전을 통한 이자의 생성을 고민하지 않기 때문이다. 천체의 운행은 우리의 의지와 전혀 상관없다. 어리석은 사람들은, 이 과정의 이해를 통해서, 누구나 좋아하는 화폐를 저절로 생성할 수 있는 가능성을 연구하지 않는다. 그들은 인생을 비효율적으로 낭비하며 젊음과 청춘이 영원한 줄 착각한다. 지금도 시간은 흐르고 죽음을 향해 조금씩 다가가지만, 이 사실을 애써 외면한다. 즉 죽음이 남의 일인 것처럼 여긴다. 태어난 유기체는 모두 죽는다. 나 또한 죽음을 피할 수 없다. 30년 후, 아니 50년 후에 죽는다는 것을 인식하는 사람의 행동은, 영생불사永生不死할 것처럼 설치는 철부지들과 확연히 다르다.

인간에 대해서 섣부르게 일반화하며 뭉뚱그려 말하기 좋아하는 사람이 범하기 쉬운 실수가 있다. 사실 사람은 갓난 아기 때부터 인간人間으로 규정되지 않는다. 연약한 유기체가 점차 사회에 동화되며 인간이 되어 갈 뿐이다. 그 발전 속도는 인간마다 다르다. 인생이라는 교실에는 우등생과 열등생이 있다. 만약 진정한 지식인이라면, 시대를 앞서간다는 이유로 겪는 사회적 불화를 담담히 받아들여야 한다. 이것은 당대에 핍박받는 선각자들의 피할 수 없는 숙명이다.

대부분의 기업인은 생산성을 향상시키려고 노력한다. 이는 경영에 있어서 지극히 당연한 개념이다. 그러나 개인의 경제적 효율을 진지하게 고민하는 사람은 보기 힘들다. 우스꽝스럽게도 전혀 과학적이지 않은 방법을 찬양하는 사람 중에서, 돈을 버는 방법을 책으로 내는 일을 직업으로 삼는 사람도 있다. 이런 한심한 사람들이 세상을 교란시킨다. 결국 가난한 사람이 부자가 되는 방법을 터득하는 걸 방해하는 셈이다. 이 상황을 냉철히 판단하자면, 얼치기들이 날뛰도록 조장하며, 부자의 언어를 독점하려는 세력의 음모가 있다고 봐야 한다. 피지배계급에게 문자를 가르치기 시작한 시점이, 역사시대를 통틀어서 불과 몇 백 년이 되지 않는다. 요즘에는 수준 낮은 사람이 글쟁이노릇을 하고, 백성들을 더 멍청하게 만들며 지성의 세계를 교란한다. 나는 이 불합리한 광경을 가만히 지켜볼 수는 없다. 어처구니없는 작자가 자신의 '수학적 무식'을 책으로 펴내고, 다른 사람을 정신적으로 오염시키는 풍조가 널리 퍼졌다. 그들은 수많은 단어의 본뜻을 왜곡하고 판독이 불가능한 외계인의 언어를 남발한다. 무엇보다 한심한 일은, 독자를 빈곤한 상태에 머물게 한다는 것이다. 이 상황을 극복하려는 과정에서 남극성 이론은 탄생했다. 수학의 설명과 이해는 인종이나 정치적 성향을 가리지 않는다. 이런 점에서 남극성 이론은 지극히 평등하다. 그러나 아직도 모르는 사람이 많다. 남극성 이론을 모르면, 점점 가난해지거나 남보다 느리게 돈을 번다. 물론 그 상황을 즐기는 변태들은 내 주장을 외면할 것이다. 마이동풍馬耳東風의 머저리들과 더 이상 친선관계를 유지할 필요는 없다. 차라리 그 시간에 도서관이나 서점에서 정확한 내용이 적힌 책을 골라야 한다. 순간의 선택이 개인의 경제를 좌우한다.

맺음말

    금융감독원은 2016년 1월 14일 목요일부터 '금융상품 한눈에 (http:// finlife.fss.or.kr)'를 개시했다. 전국에 있는 예·적금상품을 비교하는 서비스를 정부가 제공하게 된 것이다. 유사금융상품을 쉽게 비교할 수 있으므로, 결국 국가가 금융사 간의 경쟁을 촉발시킨 셈이다. 이제 남극성 이론의 기초를 국가의 이름으로 후원하고 있다. 금융상품에 대한 정보를 얻기 위해 굳이 개인이 사방팔방으로 뛰어다니지 않아도 되었다. 각종 금융상품의 정보가 제공된 날짜는 해당 기관마다 다를 수 있으니, 해당기관에서 상품정보를 제공한 최종 업데이트된 시점까지 기재되었다. 나는 잠시나마 납세자의 보람을 느꼈다. 세금은 이럴 때 쓰라고 있는 것이라고 일시적으로 착각했다.

    그러나 그들이 밥값을 한다고 여기다가, 곧 실망한 것은 얼마 지나지 않아서였다. 금융감독원은 금융상품의 금리는 자세히 밝혔지만, 금융기관의 BIS기준자기자본비율과 고정이하 여신비율을 고시하지는 않았다. 결국 금융당국이 금융기관의 경영건전성에 대해서는 전혀 상관을 안 하겠다는 것이다. 저축은행사태가 터졌을 때, 금융당국의 허술한 관리감독이 한몫했음은 주지의 사실이다. 속절없이 저축은행이 문을 닫고 예금자의 돈을 날리며, 현금 유동성이 동결되는 일을 겪었으면서도 금감원이 아직도 정신을 못 차렸다는 증거다.

그리고 특정한 조건을 갖추기 힘든 보통의 대한민국 국민이 가입하기 어려운 조건의 상품을 버젓이 목록에 올려놓았다. 그러니까 해당 금융기관의 싸이트에 들어가서 기재된 가입조건을 읽어봐야 알 수 있는 세세한 조건을, 금감원 싸이트를 통해서는 전혀 알 수 없다는 말이다. 이 글을 읽고 가슴이 뜨끔한 공무원들이 있다면 각성하기 바란다.

2000년대 중반에 뉴욕에서 학교를 다니던 시절이었다. 중국환경의 역사The environmental history of China라는 다소 생소한 과목을 수강하던 때였다. 문화혁명의 시기에 사용됐던 몇몇 용어에 대해 홍콩출신의 교수에게 질문하러 연구실에 들렀다. 남편의 성姓을 따르는 여교수의 처녀 때 성이 차이Tsai, 蔡(채)라는 걸 알고는, 같은 성씨姓氏인 차이밍량蔡明亮 감독의 『안녕, 용문객잔(2003)』을 본 적이 있다고 했다가, 대화의 주제가 엉뚱한 곳으로 흘러가서, 후진취안胡錦銓 감독의 『용문객잔龍門客棧(1967)』까지 이어졌다. 나는 이 영화를 극장에서 본 적이 있다. 원래 연구실을 방문하려던 목적과는 다르게 옛날 영화 얘기가 이어졌다. 한동안 잊고 지내던 장철張徹(지금부터 우리말 음독音讀으로 표기 하겠다) 감독의 외팔이 씨리즈들과 왕우, 강대위와 적룡이 출연한 영화들을 정신없이 읊어댔다. 이럴 때는 서로가 흥분하기 마련이다. 중화권 개봉명과 미국에서 개봉했을 때의 영어제목이 뒤섞이고. 중국식 발음 및 한국식 음독, 그리고 한자필담漢字筆談이 사용된다. 그래도 얼추 서로 다 알아듣는다. 과거에 만들어진 홍콩과 중화민국의 영화에 대해서 내가 술술 얘기를 하니 오히려 교수가 흥미를 느끼고는 질문을 했다. 그녀는 장백지가 나오는 송해성 감독의 『파이란(2001)』을 프랑스에서 봤다고 했다.

대화는 끝없이 이어져 쇼브라더스의 런런쇼邵逸夫(1907~2014)[1]와 골든 하비스트의 레이먼드 쵸우鄒文懷(1927~)가 주도하던 스튜디오 황금기로 흘러갔다. 런런쇼와 1950년대에 합작영화를 만들었다는 임화수林和洙(1924~1961)가 4.19혁명이 끝나고 형장의 이슬로 사라진 사연으로 흘러갔다. 오늘날 미국에서 태어난 중화권 2세들은 이런 얘기를 안 한다고 한다. 물론 한국에서도 이런 내막을 미친 듯이 게거품을 물고 떠드는 사람은 거의 없다. 이유는 간단하다. 왜냐하면 아무도 관심을 안 갖는 주제이기 때문이다. 20세기의 한 자락에 아시아에서 일어난 이야기 한보따리를, 한국에서 온 학생과 21세기의 미국에서 나누니, 교수는 약간 신이 난 듯 했다.

내가 이런 얘기를 풀어놓는 이유는, 변화와 개혁을 주장하는 일이, 실은 지나간 잡담을 늘어놓듯 매우 쉬운 일이기 때문이다. 옛날의 영화榮華를 언급하는 일은 누구나 할 수 있다. 문제는, 늘 사람들이 현재의 변화를 언급하지만, 지나간 과거를 정확히 기억하지 못한다는 것이다. 특히 당시를 직접 체험하지 않은 세대는, 늙은이들의 사연을 허투루 여기기 쉽다. 중요한 것은 변화의 역사를 기록하고 제대로 아는 일이다. '개혁'이라는 말은 오늘날의 무능한 정치꾼과 능글거리는 사기꾼도 외칠 수 있다. 그러나 나날이 새로운 뉴스가 넘쳐나는 세상

---

[1] 런런쇼는 2014년에 작고했다. 대화를 나눴던 당시에 런런쇼는 노익장을 과시하며 아직 생존해 있었다.

에서, 변하는 흐름을 탐지하여 미래를 예측하기란 쉽지 않다. 지금은 일반신문과 구별되는 경제신문이 따로 팔리는 세상이지만, 불과 100여 년 전에 경제학을 전공하는 학자는 거의 없었다.

2011년에 노벨 물리학상은, 우주가 팽창하는 가속도를 연구한 공로를 치하하여, 솔 펄머터Saul Perlmutter와 브라이언 슈미트Brian Schmidt, 그리고 애덤 리스Adam Riess에게 수여됐다. 나는 은행이 망하지 않는 전제하에, 돈이 팽창하는 가속도를 기술했다. '남극성 이론'은, 금융기관에 보관된 화폐의 양이 시간의 흐름에 따라 저절로 팽창하는 가속도에 대한 수학적 설명이다. 따라서 지적으로 훈련된 경험과 폭넓은 교양을 지닌 사람은, 이 책을 재테크 관련서적이 아니라 물리학에 관한 논문집으로 여길 것이다.

쿠엔틴 타란티노 감독은, 과거의 아시아 영화들을 합치고 에피소드를 섞어서 낯설지만 친숙한 영화들을 만들었다. 그의 영화들을 보면 알겠지만, 어디서 본 것 같지만 새로운 에피소드들을 잘게 쪼개며 뒤죽박죽 섞는다. 그리고는 첫 화면에 홍콩의 영화제작사 쇼브라더스에 대한 존경을 표현하며, 영화적 정체성을 드러낸다. 그런 면에서 쿠엔티 타란티노는 야비한 표절꾼들과 달리, 새로운 창조를 위해 자신이 걸어온 과거 발자취를 절대로 부정하지 않았다.

'급변하는 세계'를 얘기하기란 쉽다. 그러나 중요한 것은, 그 과정을 이해하고 자기에게 도움이 되는 어떤 무언가를 빨리 찾는 실행이다. 재빠르게 움직이지 않고서는 낙오자가 된다. 금융실명제와 IMF 관리체제도 벌써 과거의 이야기가 되었다. 대한민국 산업화의 기틀을 마련했던 정주영이나 이병철은 이미 고인이 되었다. 나는 낙관적인 이야기를 좋아하지만, 쌀집배달부에서 재벌회장이 되는 정주영의 신화가 오늘날 일어날 가능성은 거의 없다고 본다. 왜냐하면 21세기가 쌀가마니를 자전거에 싣고 배달하던 사람에게 재벌회장이 될 기회를 주리라고는 도무지 상상할 수 없기 때문이다. 그러나 그렇다고 해서 신세타령이나 늘어놓으며 아무 것도 하지 않으면, 아무 일도 일어나지 않는다. 다양한 시도를 통해 잡다하게 배울 수 있다는 점에서 젊음은 좋다. 왜냐하면 죽기 전에 아직 실패할 시간과 성공의 기회가 많이 남아있기 때문이다.

삼성의 이건희 회장이 '기업경쟁력은 2류, 국가행정은 3류, 정치는 4류'라고 말한 시점이 1995년이다. 어리석게도 당시 몇몇 정치꾼들은 이 말을 듣고 격분했다. 만약 아직도 이건희의 발언에 발끈하는 사람이 있다면, 정신감정을 받는 편이 낫다. 이들이 조속히 사회에서 격리되어 정신병원에 입원한다면, 대한민국 발전의 걸림돌이 제거되고, 세계의 평화가 조금은 진전될 것이다. 이건희의 말은 재평가 받아야하고 위인의 어록에 남겨야 한다. 이건희의 양심적인 발언에 광란의 반응을 보여도 된다. 왜냐하면 우리는 표현의 자유를 만끽하는 사회에 살기 때문이다. 그러나 특정인의 솔직하고 준엄한 충고를 우습게 여기고, 자신들이 발광할 권리만 주장하는 이중 잣대는 그리 오래 가지 못한다. 얼마 안 가서 이건희의 호소가 지극히 옳았음이 밝혀졌다. 곧이어 IMF관리체제가 몰아닥쳤다. 세상이 곧 뒤집히는 줄도 모르고, '민주화民主化'라는 세 글자에 취해 '신한국당의 9룡'이 어쩌니 떠들며 언론에서 나팔을 불던 때가 바로 그 시기였다. 그 당시에 모두가 얼마나 바보 같았는지 잘 모르겠거든, 1997년의 신문을 뒤적여 보기 바란다. 당시 어설프게 이건희를 비판하는 '자칭 민주주의자'들의 굿판을 비웃을 수 있다면, 심신이 지극히 건강하고 정상이라는 증거다.

이건희의 외침을 듣고 광분하는 세력이 정치와 행정을 장악하니 국민의 마음이 불행해졌다. 더욱 비통한 사실은, 20여 년 전 이건희가 한 말이 아직도 유효하다는 것이다. 우리는 지금도 미친놈과 사기범, 그리고 표절꾼 및 이에 야합한 출판사마저, 뻔히 범죄인줄 알면서 자신의 잇속을 챙기며 세상을 더럽히고 있다. 독자들과 유권자의 분별력에 문제가 있어서일까? 아니면 모든 사람에게 똑같이 투표권을 하나씩 나눠주는 직접민주주의제도가 잘못된 것일까? 여전히 2류, 3류 및 4류의 걸레인생들이 목에 힘을 주며 선량한 납세자를 속이며 지배하려고 든다. 교활한 독재체제는 갈수록 공고해지고 있다. 더 큰 문제는, 그들의 광기에 너무나 익숙해져서 이제는 입을 다물고 노예처럼 순응하는 것이 숙명인 양 받아들이는 사람이 갈수록 늘어난다는 것이다. 내가 보기에, 불합리를 당연히 받아들이며 침묵하는 이들은 5류다. 매천야록梅泉野錄을 남긴 황현黃玹(1856~1910)의 말처럼 글공부한 사람 노릇하기가 힘든 세상이 되었다. 1류가 아닌 내가 그들보다 나은 것이 있다면, 나 자신이 1류가 아님을 솔직히 시인하고, 1류가 되기 위해 정신적인 양반과 귀족의 태도를 추구하면서, 남에게 폐를 안 끼치려고 노력한다는 점이다. 효율성을 향한 이건희의 진심을 모르는 사람들이 아직도 설친다면, 세상은 더욱 비참해지고 순진한 납세자들은 앞으로도 계속 우울증에 시달릴 것이다.

모든 것의 효율성은 시간에 의해 기록되고 증명할 수 있다. 시간은 역사적 사실이 언제 일어났는지 표시하는 좌표다. 그 좌표값의 분석을 통해 앞으로 일어날 일을 가늠할 수도 있다. 졸저를 통해 강호제언江湖諸彦의 금융관이 바뀌고, 소득의 증대를 가져왔다면, 여유 있을 때 전작 『구르는 돈에는 이끼가 낀다』를 읽기 바란다. 이 책에서 다루지 않는 남극성의 제3공식에 해당하는 비법秘法을 전작에서 발견할 수 있을 것이다. 더욱 소비는 줄이고, 저축액의 잔고는 증가시키는 방법이다. 죽을 때까지의 시간은 점점 줄어들고 있다.